사이클

Cycles

Copyright ⓒ Foundation for the Study of Cycles.
First published 1971. This Harriman House edition published 2024.
www.harriman-house.com.

All rights reserved.
No Part of this book may be used or reproduced in any manner whatever without written permission except in case of brief quotations embodied in critical articles or reviews.

Korean Translation Copyright ⓒ 2025 by Chungrim Publishing Co., Ltd.
Korean edition is arranged with Harriman House Ltd., Petersfield through BC Agency, Seoul.

이 책의 한국어판 저작권은 BC에이전시를 통해
저작권자와 독점계약한 청림출판(주)에 있습니다.
저작권법에 의하여 보호를 받는 저작물이므로 무단 전재와 복제를 금합니다.

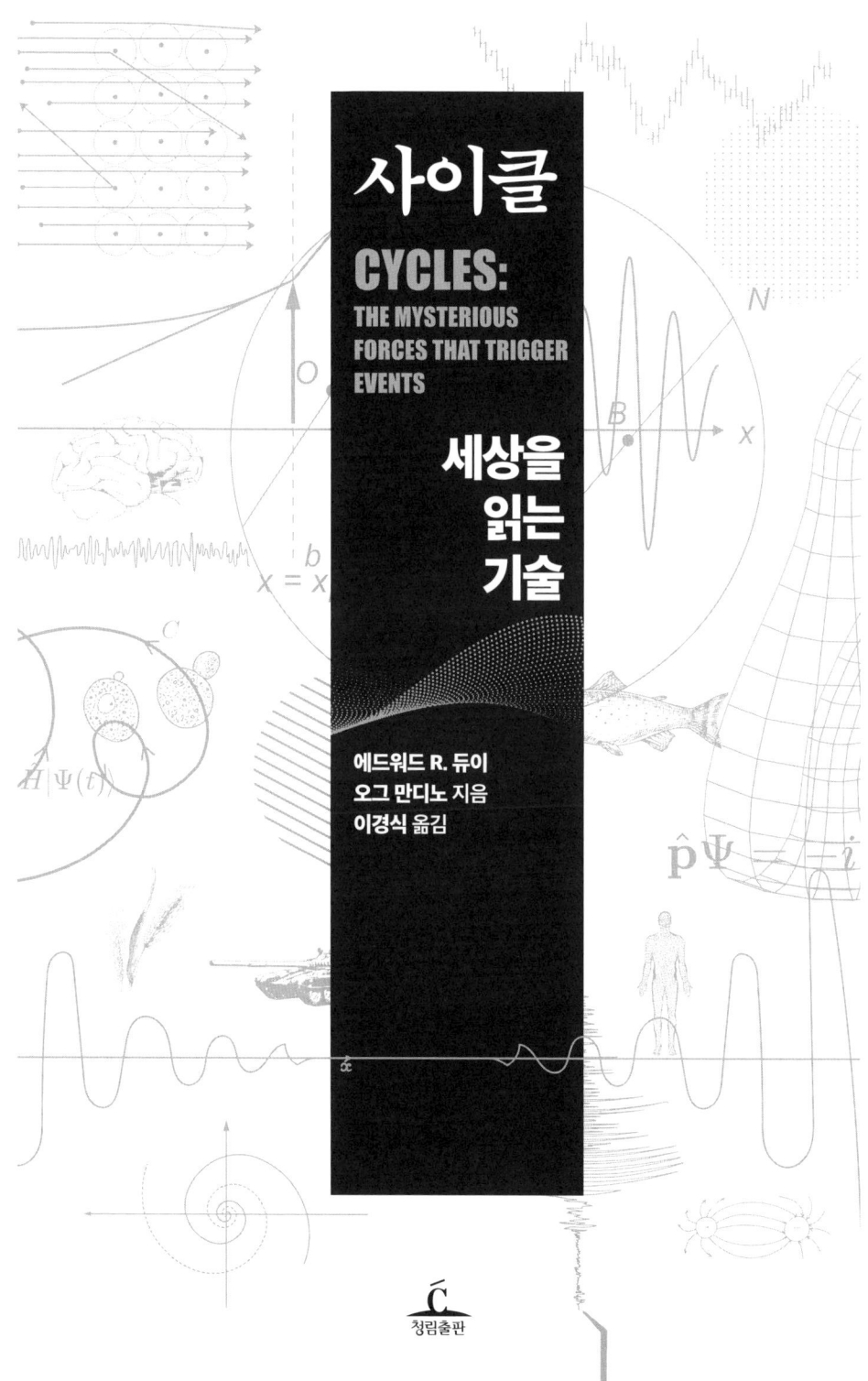

이 책에 보내는 찬사들 ──

1972년 사이클연구재단에 합류한 나는 에드워드 듀이의 연구와 저작을 보고 사이클의 개념을 활용하기만 하면 기존의 기본적 분석과 기술적 분석이 채우지 못하는 공백을 제대로 채울 수 있겠다는 영감을 얻었다. 사이클이라는 개념은 내가 투자 전문가로서 활동하는 동안 커다란 도움이 되었다. 그렇기에 나는 젊은 투자 전문가들에게 사이클을 공부하라고 강력하게 권한다. 투자 공부를 시작하기에는 이 책이 최고다.

- 빌 사루비Bill Sarubbi, 사이클연구투자Cycles Research Investments 이사

나는 1970년대부터 전 세계를 돌아다니면서 주식을 거래하는 사람들에게는 주식 거래 방법을 또 투자자들에게는 투자 방법을 가르쳐왔다. 야망을 가지고 있으며 경험도 많은 이 분야의 전문가들이 늘 나에게 묻는 질문이 있다. '더 나은 투자자가 되고 싶은데, 이런 나에게 도움이 될 만한 책이 있습니까?'라는 질문이다. 이 질문을 받을 때마다 나는 어떤 책을 권해야 할지 몰라서 망설이곤 했는데, 이제는 망설이지 않고 대답을 할 수 있게 되었다. 듀이의 《사이클》을 읽으면 된다고.

이 놀라운 책은 이미 성공을 거둔 투자 전문가나 성공 가능성을 조금이라도 높이고자 하는 모든 투자 전문가에게는 필독서이다. 돈을 잘 버는 사람이라면 이 책을 읽은 후 돈을 더 벌 수 있을 것이다. 돈을 벌지 못하는 사람이라면 이 책을 읽고 난 후 돈을 버는 길에 제대로 올라탈 수 있을 것이다. 그러나 분명한 사실은 이 책을 읽지 않고서는 당신 앞에 놓인 주식이나 증권 거래의 정보가 결코 완벽할 수 없다는 점이다. 이 책은 '빨리 부자가 되는 법'을 일러주지는 않는다. 사이클의 이론적 구성을 제시한 다음에 확실한 증거로 그 이론을 뒷받침하고 있을 뿐이다.

- 제이크 번스타인Jake Bernstein, 《시크리시 월드Secrecy world》 저자

지구상의 생명체가 가지는 리듬에 관심이 있는 사람이라면 사이클이 규칙적으로 반복된다는 인식과 친해져야 한다.

- 로버트 프렉터Robert R. Prechter, 《엘리어트 파동이론Elliott Wave Principle》 저자

사이클 연구는 이 분야가 다루는 '사이클'이라는 주제처럼, 대중의 의식 속에서 인간사의 규칙적인 오르내림과 함께 부상하고 사라지기를 반복한다. 19세기와 20세기의 뛰어난 몇몇 연구자들은 이 틈새 분야의 주제를 파헤치는 데 평생을 바쳤다. 클레망 주글라Clement Juglar, 니콜라이 콘드라티예프Nikolai Kondratiev, 조지프 키친Joseph Kitchin, 사이먼 쿠즈네츠Simon Kuznets, 조지프 슘페터Joseph Schumpeter, 에드워드 듀이가 그 대표적 인물이다. 1930년대, 지금은 당연하게 여겨지는 정보조차 부족하던 시절에 듀이가 이러한 연구를 시작했다는 사실은 놀랍기만 하다. 당시 대공황이 미국 경제에 얼마나 큰 타격을 입혔는지 정확히 알 수 없었지만, 듀이의 통찰 덕분에 우리가 살아가는 세상 속에 숨겨져 있던 근본적인 리듬들이 다수 밝혀졌다.

- 아킬 파텔Akhil Patel, 《부를 창출하는 경제 사이클의 비밀The Secret Wealth Advantage》 저자

이 고전적인 책을 읽지 않으면 사이클을 이해할 수 없다. 이 책은 필독서다.

- 래리 윌리엄스Larry Williams, 61년 경력의 베테랑 트레이더이자 《장단기 투자의 비밀Long-Term Secrets to Short-Term Trading》 저자

1931년, 허버트 후버 대통령은 당시 상무부 소속의 경제 전문가 에드워드 듀이에게 불황의 원인을 조사하도록 지시했다. 듀이는 불황이 단순히 반복되는 것이 아니라 일정한 주기를 두고 규칙적으로 발생한다는 사실을 밝혀냈다. 그의 분석에 따르면 '사이클'이라는 개념을 통해 사회적 불안의 지속 기간뿐 아니라 주식시장, 날씨, 물가 변동 등도 예측할 수 있다. 사이클은 가까운 시점에서는 명확히 드러나지 않고, 그 발생 원인도 모호할 수 있지만 모든 시스템은 사이클의 영향을 받는다. 사이클은 아원자 입자의 양자 영역에서부터 행성의 궤도에 이르기까지 다양한 곳에서 발견된다. 인간의 사회 활동에서도 비록 덜 분명하게 나타나지만 사이클은 존재한다.

이러한 통찰은 경제 이론에 본질적인 의문을 던지며, 특히 정부가 경제에 개입해야 할

때 중요한 고려사항이 된다. 다행히 최근 과학적 연구는 우리의 이해를 크게 넓히고 있으며, 곧 '상승에는 반드시 하락이 따른다'는 개념이 공개적으로 받아들여질 것이다. 이제 '진동vibrations'이라는 개념은 더욱 주목받고 있으며, 이 책은 그러한 논의를 시작하기에 적절한 출발점이 될 것이다.

- 토니 플러머Tony Plummer, 《금융시장 예측하기Forecasting Financial Markets》저자

사이클의 패턴들은 시장이나 경제 분야에서뿐만 아니라 자연계 및 인간 행동에서도 나타난다. 이 중요한 지식을 이해하고 구현할 때 우리의 삶은 확실히 더 나아질 것이다.

- 앤디 판촐리Andy Pancholi, 지정학·시장 전략가

나는 스무 살에 사이클연구재단에 가입했고 지금은 이 재단의 이사로 활동하고 있다. 나이가 들어서도 사이클에 대한 나의 관심은 그 어느 때보다 강력하다. 어떤 분야에서든 사이클이 존재하는 것을 놓치지 않고 볼 수 있다. 저자는 역사 속에서 결코 지워지지 않을 자기 자리를 만들었다.

- 브래드 로터Brad Rotter, 금융선물 거래 분야의 개척자

이 책이 다시 소개되다니 무척 기쁘다. 듀이는 이 책에서 우리가 살고 있는 세상에 존재하는 사이클을 발견하는 이야기를 흥미진진하게 들려주면서 사이클이 우리의 삶을 지배하고 있을지도 모른다고 우리를 설득한다. 끊임없이 '이유'를 찾는 세상에서 살아가는 당신에게 나는 이 매혹적인 책을 읽어보길 권한다. 이 책은 내 인생이 바뀌는 데 도움이 되었다. 당신의 인생도 이 책 덕분에 바뀔 수 있지 않을까?

- 피터 엘리아데스Peter Eliades, 금융투자 자문회사인 스톡마켓사이클즈StockMarket Cycles 대표

서문

과거와 미래를 잇는 시간의 과학

　이 중요한 저작을 해리먼하우스 출판사 덕분에 다시 만날 수 있다니 정말 기쁘다. 사이클 및 사이클이 개인의 삶이나 사회에 미치는 영향을 다루는 연구는 닐 하우Neil Howe, 레이 달리오Ray Dalio, 하워드 막스Howard Marks 그리고 그 밖의 여러 연구자의 저작을 통해서 지금 전성기를 누리고 있다. 이런 상황에서 이 중요한 저술을 많은 사람이 접할 기회가 마련되었다는 사실이 반갑다.

　에드워드 R. 듀이(1895-1978)는 사이클 연구의 선구자였다. 이 분야에서 그가 일군 성과는 그가 허버트 후버Herbert Clark Hoover 정부의 상무부에서 일하던 1929년에 시작되었다. 상무부에서 일한 지 얼마 지나지 않아서 그는 대통령의 경제 담당 수석보좌관이 되었다. 아닌 게 아니라 듀이는 "현장 한복판에 있었다는 게 어떤 건지 말해보라면, 내가 바로 그 자리에 있었다"라고 말했다.

후버 대통령이 듀이에게 맡긴 임무는 불경기가 발생하는 이유를 알아내는 것이었다. 당시 상황을 그는 다음과 같이 회상했다.

"나에게는 특별한 임무가 주어졌다. 번영하며 성장하던 국가가 왜 길거리에서 사과를 파는 사람들과 건더기 하나 없이 멀겋기만 한 공짜 수프를 기다리며 긴 줄을 사람들로 가득한, 공포에 질린 인류 집단으로 전락했는지 그 이유를 밝혀내는 임무였다."

이 질문에 경제학자들이 올바르게 대답할 수 있을 것이라는 믿음을 듀이는 점차 잃어갔다. 자신과 대화한 경제학자들이 그 현상을 제각기 다르게 설명했기 때문이다. 적어도 그가 보기에는 그랬다. 그래서 그는 경제학적 접근 방법에 중요한 무언가가 빠져 있다고 확신했고, 나중에는 그렇게 빠진 것이 바로 사이클에 관한 지식이라고 결론을 내렸다. 그런데 이런 생각을 한 사람은 듀이만이 아니었다.

듀이가 1941년 사이클연구재단Foundation for the Study of Cycles, FSC을 설립했을 때 스미소니언재단, 예일대학교, 컬럼비아대학교, 하버드대학교, 프린스턴대학교 고등연구소The Institute for Advanced Study 등에 적을 두고 있던 영향력 있는 인사들이 합류했으며, 캐나다와 영국의 지도자들도 합류했다. 게다가 이 연구재단은 경제학에서부터 천문학과 생물학 그리고 지질학까지 아우르며 개별 학문의 경계를 넘나드는 진정한 통섭적 재단이었다.

1971년에 처음 출간된 이 책은 "사이클이라는 새로운 과학"을 개발하겠다는 듀이의 40년 탐구 활동의 정점에서 나온 결과물이다. 듀이도 지적했듯이, 이 책은 "우리가 경험했던 성공과 실패, 희망과 의심 그리고 좌절과 진전"을 고스란히 담고 있는 기록물이다. 그가 광범위하게 연구한 여러 사이클 가운데 하나를 놓고 간략하게 살펴보자.

미국 주가의 41개월 사이클

듀이가 기록한 사이클 가운데 하나이자 오늘날의 많은 독자가 흥미롭게 여길 사이클은 9장에서 자세하게 살펴볼 미국 주가의 41개월 사이클인데, 이는 1868년부터 1957년까지 기간을 대상으로 했다.

듀이를 비롯해서 사이클연구재단의 다른 연구자들이 개발한 사이클 감지 방법을 사용해서 1950년대 초부터 지금까지의 양상을 분석해보면, 41개월 사이클이 (비록 이 사이클이 듀이가 애초에 포착했던 것보다 몇 주 더 길지만) 실제로 현재까지 이어지고 있음을 알 수 있다.

다음 페이지 그림에서 굵은 실선은 S&P500 기업의 주간 데이터에서 장기적인 추세를 제거한 기록이다. 그리고 지그재그로 된 점선은 이상적으로 완벽한 41개월 사이클(정확하게는 182주 사이클)이다. 실제 사이클과 이상적인 사이클을 동시에 놓고 보면, 고점과 저점이 정확하게 일치하지는 않지만 미국 주식에서 41개월 사이클이라는 놀라운 파동이 뚜렷하게 존재함을 알 수 있다. 게다가 이 양상은 2008년의 고점 이후로 특히 명확하게 나타났다.

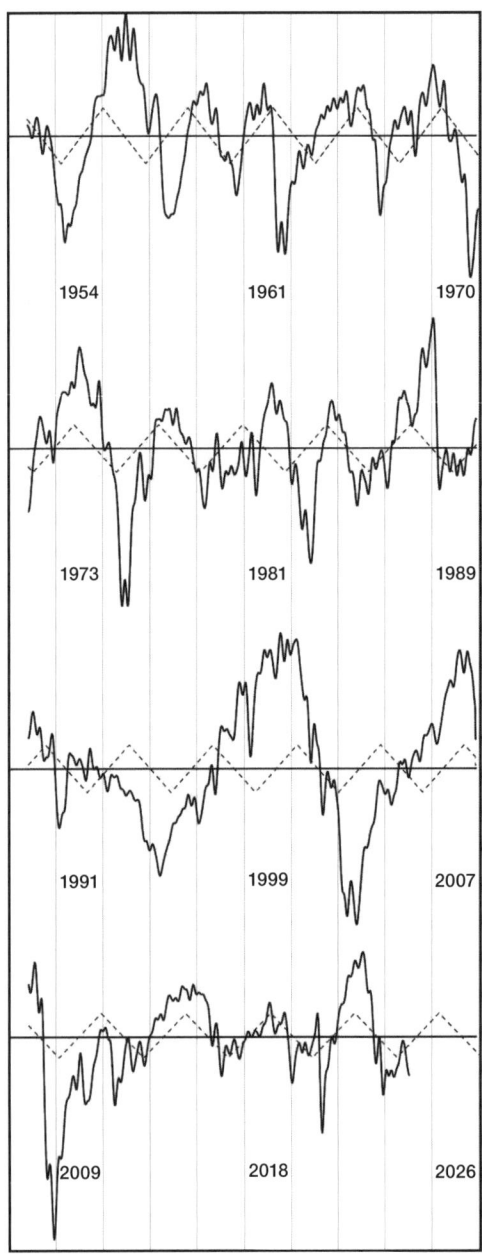

사이클 연구의 현재와 미래

만약 듀이가 지금 살아 돌아와서 45년 전에 자기가 죽은 뒤로 지금까지 진행된 사이클 연구를 바라본다면 무슨 생각을 할까? 아마도 한편으로는 짜릿한 전율을 느끼면서도 다른 한편으로는 조금은 실망할 게 분명하다.

그는 자기가 살던 시대 이후로 특히 연산 능력과 데이터 수집 분야에서 이루어진 기술 발전을 보고 깜짝 놀랄 것이다. 내가 현재 사이클 연구재단 활동에 참여하면서 개인적으로 즐기는 일이 몇 가지 있는데, 그 가운데 하나가 기록보관소를 둘러보는 것이다. 이 기록보관소는 컴퓨터의 도움 없이 데이터를 수집하고 사이클을 알아내기 위해서 듀이가 기울였던 노력을 입증해주는 현장인데, 그의 세심하고 아름다운 손글씨 문서들로 가득 채워져 있다. 온갖 사이클을 기록하고 또 발견하는 일을 듀이는 물질적인 대가를 바라서가 아니라 그저 좋아서 했음이 분명하다. 아마도 그는 오늘날의 현대적인 능력을 보고는 감탄할 것이다.

듀이는 또한 숱하게 많은 저명한 저자들의 저작을 통해서 사람들이 사이클 연구를 새로운 눈으로 바라본다는 사실에 무척 기뻐할 것이다. 구체적으로 말하자면 닐 하우의 《제4의 대전환》, 레이 달리오의 《금융위기 사이클Big Debt Cycles》과 《변화하는 세계질서》, 하워드 막스의 《하워드 막스 투자와 마켓 사이클의 법칙》, 피터 터친Peter Turchin의 《국가는 어떻게 무너지는가》 그리고 조지 프리드먼George Friedman의 《다가오는 폭풍과 새로운 미국의 세기》 등이다.

또 한편으로 듀이는 이런 노력과 발전이 서로 비교적 격리된 상태로 진행되고 있으며 사이클 관련 연구가 여러 학문 사이에서 통섭적으로 진행되지 않는다는 사실에 조금은 실망할 것이다.

듀이는 자신에게는 사이클 연구라는 개념이 '비교 사이클 연구 comparative cycle study'임이 분명하다고 천명했다. 그래서 "우리는 모든 현상에서 나타나는 온갖 사이클을 비교하면서 그들 사이의 유사점 및 혹시 있을지도 모르는 관계를 탐색한다"라고 말했다. 예를 들어서 그는 보통주의 주가, 나무의 나이테 폭, 호수의 수위, 메뚜기의 개체수 등과 같이 종류가 전혀 다른 여러 현상에서 9.2년 사이클이 나타나는 이유가 무엇인지를 궁금해했다.

듀이가 간절하고도 뜨겁게 품었던 질문은 '인간과 다른 생명체, 심지어 지구상의 무생물에까지 영향을 미치는 미지의 환경적 힘이 존재할까? 그리고 그 힘의 영향을 예측할 수 있을까? 만약 그런 힘이 있다면, 그 정체와 작동 원리는 무엇일까?'였다.

듀이의 이 질문은 여전히 우리에게 강력하면서도 논란의 여지가 있는 까다로운 질문으로 남아 있다. 듀이가 이 책에서도 썼듯이, 지구상의 모든 인간이 "우리가 살아가는 환경에 존재하는 여러 힘environmental forces에 의해서 이리저리 휘둘린다는 발상은 어딘지 모르게 '불편'하고 또 '우리 인간의 자존감을 훼손'한다".

닐 하우도 《제4의 대전환》에서 이와 비슷하게 생각했다. 그는 사이클이라는 개념이 "현대인에게 가장 소중한 특권, 즉 우리가 우리 조상과 다르거나 그들보다 더 나은 삶을 추구할 수 있는 자유롭고 열린 미래를 빼앗을 것이다"라고 썼다.

오랫동안 사이클 연구는 서구에서 우리가 사는 세상이 어떻게 작동하고 또 미래는 어떤 모습일지를 이해하는 접근법으로서 의문시되어 왔다. 4세기 아우구스티누스가 '당신 죄에 대한 책임이 하늘에 있다'는 믿음이 '구원을 무효화한다'라며 운명론적 사고의 위험성을 경고한 것이나, 정확성과 전문화 그리고 직선적 진보에 대한 현대의 강박으로 인해 사이클에 대한 체계적이고 과학적인 연구는 마땅히 받아야 하는 관심을 아직 충분히 얻지 못하고 있다.

인간사에 우리가 아직 알지 못하는 '밀물과 썰물 같은 규칙적인 흐름'이 있을 수 있다는 가설은 충격적이지 않다. 아닌 게 아니라, 이 세상에 온갖 리듬의 뚜렷한 패턴이 너무도 많다는 사실을 염두에 둔다면, 그런 규칙적인 사이클이 없다고 생각하는 일이 더 충격적일 것이다.

듀이는 사이클 관련 지식이 많아지면 전쟁이나 질병이 언제 끝날지 그리고 내년이나 내후년의 날씨가 어떨지 한층 더 정확하게 예측할 수 있을 것이라고 희망했고 또 그렇게 믿었다. 반세기가 지난 지금 우리는 더 신중한 입장이지만, 20세기의 전반 50년이 과학과 기술 분야에 대한 낙관론이 지배했던 시대였음을 기억해야 한다.

듀이는 또한 자신이 수집하고 또 목록으로 정리한 여러 사이클의 기원을 아직은 설명할 수 없다는 사실을 솔직하게 인정했다. 그는 자신의 연구 작업이 현장 생물학자가 초기에 하는 작업, 즉 표본을 수집하고 데이터를 분석하면서 자신이 수행한 연구를 다른 연구자 및 일반 대중에게 알리는 작업과 한층 더 비슷하다고 보았다. 그는 다른 사람들이 사이클 연구에 관심을 갖고 또 실제로 그 연구를 하도록 권유했다.

사람들은 흔히 위기의 시기에 사이클 연구 분야에 새롭게 관심을 기울인다. 일이 예전처럼 매끄럽게 잘 진행되지 않는 이유를 찾으려고 한층 더 깊이 파고들면서 직선적인 진보의 이상을 넘어서서 바라보기 시작한다. 이런 양상은 듀이의 연구 초기도 분명히 그랬고, 오늘날에도 여전히 그렇다. 결국 때가 있다는 말이고, 상승하는 조류가 모든 배를 들어 올릴 때 사람들은 굳이 더 깊이 파고들 필요를 느끼지 못한다.

나는 사이클이 우리 삶에 끊임없이 미치는 피할 수 없는 영향을 인식하고 이해할 때, 그 모든 기복을 더 잘 다룰 수 있다고 믿는다. 이런 생각과 믿음은, 상승기에는 좋은 날이 영원히 지속되지 않을 것임을 기억하게 하고, 하강기에는 좋은 날이 저만치 앞에서 우리를 기다리고 있음을 떠올리게 해준다.

사이클의 영향을 발견하거나 인정하지 못할 때 우리는 정말로 어려움에 빠진다. 이에 대해 닐 하우는 《제4의 대전환》에서 다음과 같이 설득력 있게 지적한다.

"사이클 관련 패턴을 가장 시답잖게 여기는 사회인 미국은 마침내 인류 역사상 가장 불길한 조짐을 드러내는 사이클의 손아귀에 떨어지고 말았다."

에드워드 듀이는 이미 80여 년 전에 바로 이런 조짐을 보았다. 사이클 연구 분야에서 그가 이룩한 선구적인 업적과 리더십은 지금보다 훨씬 더 크게 인정받아 마땅하며, 고전이 된 저서의 새로운 판본에 새롭게 쏟아질 관심을 환영한다.

더 중요한 것은 사이클 연구에 대한 새로운 관심이다. 사이클 연구는 우리를 얽매는 사슬에 대한 암울한 연구가 아니라, 이 소중한 세계의 아름다운 사이클들을 인식하고 그와 협력하는 법을 배우는 과정이다. 사이클에 대한 올바른 연구와 존중을 통해 우리는 향상된 생산성, 진보, 평화의 길을 열어갈 수 있다.

_리처드 스미스Richard Smith
사이클연구재단 이사장

차례

이 책에 보내는 찬사들   4
서문   과거와 미래를 잇는 시간의 과학   7

1   온갖 미스터리가 펼쳐지는 무대   19

2   탐색이 시작된다   37

3   자연에 감추어진 신비한 리듬들   55

4   사이클을 따라 움직이는 우리 몸과 마음   79

5   보이지 않는 메신저   101

6   군중이 만드는 사이클   121

7   생산량을 예측할 수 있는가   149

8	물가는 어떻게 움직이는가	177
9	월스트리트를 지배하는 사이클	201
10	왜 1월 23일에는 비가 올까?	239
11	전쟁은 끝없이 되풀이된다	261
12	우주에도 사이클이 존재한다	281
13	궁극적인 단서를 발견하다	319
14	우리가 해야 할 긴급한 질문	337

감사의 말	347
그림 목록	350

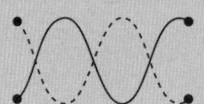

1

온갖
미스터리가
펼쳐지는
무대

"주기적인 반복의 법칙에 따라서, 한 번 일어난 모든 일은 반드시 다시 일어난다. 다시, 또다시 그리고 또다시……. 그것도 변덕스럽게가 아니라 규칙적인 주기로 그리고 각각은 다른 것의 주기가 아닌 자신만의 주기로, 각각 자신만의 법칙에 따라서 반복해서 일어난다. (…) 하늘에서 주기적인 반복을 즐기는 자연은 땅에서 이루어지는 일들에 질서를 부여하고 명령을 내리는 자연이기도 하다. 그 암시의 가치를 과소평가하지 말자."

- 마크 트웨인 Mark Twain

CYCLES

인류는 백만 년이 넘는 세월 동안 자기의 미래를 예측하려고 노력해 왔다.

하지만 늘 실패했고, 이 실패는 역사의 먼지 속에 묻혀 있다. 전설적인 점쟁이, 예언자, 신탁의 조언자, 주술사, 점성술사, 수비학자, 신비주의자, 허풍쟁이, 미래를 바라보는 사람…… 이 모든 사람은 미래를 내다보는 신비하고 초자연적인 힘이 자기에게 있다고 주장했다. 이 사람들이 했던 선언과 예측의 결과로 숱하게 많은 전쟁이 일어났고, 숱하게 많은 왕국이 멸망했으며, 또 숱하게 많은 문명이 바뀌었다.

그런데 이런 사람들이 지금도 있다. 이들은 텔레비전과 라디오와 출판 매체를 통해서 우리 집으로 스며 들어와서는, 살인 사건을 해결하고 지진을 예측하며 우리가 살아가는 오늘의 이 세상을 진작부터 설계한 보이지 않는 신비한 힘이 존재한다고 주장한다. 그들은 사람들의 의식에 잠재된 미신을 이용해서 머지않아서 어떤 정치적 암살이 일어날 것이라고, 어떤 항공 참사가 일어날 것이라고, 또 어떤 할리우드 스타가 이혼할 것이라고 엄숙하게 예측한다.

그러나 다른 한편에서는 수천 명의 과학자가 역사, 식물학, 인류학, 포유류학, 지자기학, 사회학, 경제학 등(몇 개의 분야만 예로 들어도 이렇게 많다) 서로 관련이 없는 분야에서 묵묵하게 일하면서 미래를 예측하겠다는 오랜 꿈을 부분적으로나마 실현할 수 있는 사실(팩트)과 수치를 축적하고 있다. 우주 전체에 걸쳐서 상당히 일정한 시간 간격을 두고서 반복해서 일어나는 사건들의 움직임을 다루는 이 새로운 과학이야말로 궁극적으로 볼 때 우리 인류로 하여금 미래에 일어날 사건을 과학적으로 그리고 정확하게 예측할 수 있도록 해줄 것이다.

아직은 막 싹을 틔우는 단계에 있는 이 과학이 보여주는 결과와 책임은 이해할 수 없을 정도로 충격적이다. 예를 들어보자. 다음 차례의 전쟁이 언제 시작될지, 다음 차례의 내전이 폭동으로 번질지 말지, 다음 차례의 공황이 언제 주식시장을 덮칠지, 다음 차례의 유행성 독감이 언제 발생할지, 다음 차례의 대홍수나 지진이 언제 일어날지 미리 알 수 있는 세상이 어떨지 상상해보라.

이런 엄청난 사건이 아니라 상대적으로 규모가 작은 사건이라면 어떨까? 만약 내년에 유행할 여성 패션이 어떤 모습일지 모든 사람이 예측할 수 있다면 파리의 그 대단한 패션 살롱들은 어떻게 운영될까? 디트로이트에 있는 자동차 제조업체들이(이 책이 출간된 1971년만 하더라도 미국의 디트로이트는 세계 자동차 시장의 중심지였다-옮긴이) 내년에 유행할 자동차의 색상이 올해 인기 있던 녹색이 아니라 다양한 파란색 계통으로 넘어갈 것으로 정확하게 예측할 수 있다면 그들은 어떻게 반응할까? 만약 영화 제작사들이 18개월 뒤에 뮤지컬 코미디 장르가 대세가 될 것을 예측할 수 있다면 그들은 지금 대세 장르인 포르노를 포기하고 그쪽으로 눈을 돌릴까?

우리는 자연이 품고 있는 기본적인 비밀, 즉 규칙적으로 반복되는 사건 가운데 하나를 막 더듬어가면서 탐구를 시작했을 뿐이다. 그리고 우리가 이 탐구의 마지막 비밀이 숨어 있는 방의 문을 열 때, 우리는 세상에서 가장 위대한 미스터리일지도 모르는 사이클과 그 원인에 대한 답을 얻을 수 있을 것이다.

사이클이란 무엇일까?

오른손을 들어라. 그리고 이 손을 왼쪽 가슴에 대보아라.

심장박동이 느껴지는가? 당신은 지금 규칙적인 사이클, 즉 매우 일정한 시간 간격을 두고 반복해서 일어나는 어떤 것, 다시 말해서 어떤 리듬을 느끼고 있다.

우리가 살아가는 세상에는 예측 가능한 규칙성을 가지고서 반복되는 이런 사이클이 수백 개 존재한다. 밀물과 썰물은 12.5시간 사이클로 반복된다. 낮과 밤은 24시간 사이클로 반복된다. 달은 25시간 사이클로 떠오른다. 여성은 28일 사이클로 월경을 경험한다. 계절은 늘 정해진 일정에 따라서 왔다가 간다. 이것 말고도 수도 없이 많은 사이클에 대해 그 이유와 결과를 충분히 설명할 수 있고 또 이해할 수도 있다. 여기에는 미스터리나 신비로움이나 수수께끼가 없다.

그러나 우리가 사는 세상에는 논리적으로 설명할 수 없고 **원인도 알려져 있지 않은** 규칙적인 사이클이 수천 개나 존재한다. 현재 우리가 사이클에 대해 아는 수준은, 현대 화학의 아버지라 불리는 보일Robert Boyle, 캐번디시Cavendish, 프리스틀리Joseph Priestley, 라부아지에Antoine-Laurent de Lavoisier가 175년 전 선구자적 발견을 했던 시절의 지식에 비해 조금 나아진 정도에 불과하다. 우리가 사이클에 대해서 알고 있는 지식의 규모라고 해봐야, 1675년에 안토니 반 레벤후크Antonie van Leeuwenhoek가 빗물 한 방울을 자기가 만든 그 유명한 현미경으로 바라보고서 미생물의 존재를 최초로 확인하기 전까지 세균에 대해서 세상 사람들이 알고 있던 것보다 많지 않은 수준이다. 레벤후크의 그 놀라운 발견 시점을 기준으로 할 때, 그 이전까지는 그 어떤 사람도 꿈틀거리는 그 작은 생명체를 본 적이 없었다. **그 누구도 자기 손톱 밑에 눈에 보이지 않는 세상이 따로 존재한다는 사실을 알지 못했다!**

레벤후크가 발견한 새로운 세상과 사이클을 연구했던 초기의 선구자들이 발견한 새로운 세상 사이에는 공통점이 많다. 1838년에 영국의 하이드 클라크Hyde Clarke 박사는 기업 활동에 고점과 저점의 규칙적인 변동 움직임, 즉 사이클이 있음을 처음으로 알아차렸다. 미국의 박물학자 어니스트 톰슨 시튼Ernest Thompson Seton은 동물 개체수의 규칙적인 변동에 대중이 관심을 기울이도록 만든 초기 인물들 가운데 한 명이다.

또 1875년에 새뮤얼 버너Samuel Benner는 물가 변동에 규칙적인 사이클이 존재한다는 사실을 미국인 최초로 포착했다.

이 사람들 그리고 그 밖의 여러 사람이 정체가 드러나지 않은 어떤 것이 발생시키는 규칙성을 알아차렸다. 하지만 그들은 우주에 널리 퍼져 있는 (그래서 우리를 둘러싸고 있으며 우리에게 영향을 미치는) 어떤 힘들, 즉 레벤후크의 박테리아처럼 그동안 알려지지 않았던 힘들의 어렴풋한 모습을 살짝 엿보기만 했을 뿐이다. 이 발견들로 장차 탐색의 모험이 진행될 완전히 새로운 세상이 열렸다. 이 힘 및 그 법칙이 미지의 영역에서 벗어난다면, 전염병 발생, 미래의 기상 조건, 야생동물의 미래 개체수 그리고 다른 수백 가지 자연 현상의 미스터리가 예측 가능한 대상이 될 것이다.

그러나 이보다 훨씬 더 중요한 점이 있다. 만일 알려지지 않은 이런 힘들이 지금 보이는 것처럼 인간의 행동에 어떤 식으로든 영향을 준다면, 우리는 지금 전쟁과 불경기라는 문제의 핵심과 맞닥뜨리고 있다는 뜻이 된다. 전쟁과 불경기가 사람들이 믿는 것처럼 장군이나 기업가나 정치가가 일으키는 게 아니라 우리가 놓인 환경의 자연적인 물리적 힘들이 빚어낸 결과라면 (혹은 적어도 그 힘들이 촉발한 것이라면), 우리는 지금 인류 전체가 누릴 수 있는 완전히 다르고 또 특별한 삶의 방식의 문턱에 서 있는 것이다.

사이클의 세상

사이클을 다루는 과학은 합리적인 규칙성을 가지고서 반복되는 사건들을 연구 대상으로 삼는다. 이러한 사건은 자연에 있을 수도 있고, 기업계에 있을 수도 있고 또 그 밖의 다른 어떤 영역에 있을 수도 있다. 규칙성에 있어 중요한 점은 그것이 예측 가능성을 전제한다는 것이다. 만일 어떤 사건이 다가오고 있음을 안다면 이 사건을 막거나 피할 수 있다. 막을 수도 없고 피할 수도 없다고 하더라도 적어도 그 충격이 줄어들도록 대비할 수는 있다.

사람들은 대부분 이 세상에 존재하는 사이클과 규칙성의 규모가 어느 정도인지 알지 못한다. 몇 가지 사례를 살펴보자.

대서양 연어의 개체수는 하나의 고점에서 다음 차례의 고점까지 평균 9.6년의 사이클을 그리면서 변동한다. 연어 개체수가 가장 많은 해를 시작점으로 할 때 연어 어획량은 4년이나 5년 동안 점점 줄어든다. 그러다가 어느 시점에서부터 어획량이 늘어나기 시작하고, 이런 추세가 4년이나 5년 동안 이어진다. 이렇게 해서 시작점에서부터 8년 내지 10년이 지나고 나면 다시 고점으로 돌아온다. 이런 식으로 해서, 기록이 남아 있는 시점까지 과거로 거슬러 올라가면 어획량 고점의 주기는 평균 9.6년임을 알 수 있다.

미국의 일리노이에서 밀의 해충인 긴노린재의 개체수는 평균 9.6년 사이클로 변동한다. 캐나다에서 눈덧신토끼의 개체수 변동 사이클의 주기도 마찬가지로 9.6년이다. 스라소니, 담비, 피셔, 올빼미, 매의 개체수 변동 사이클도 마찬가지다.

미국 북동부 지역에서 심장병 발생 사이클의 주기도 9.6년으로 나타났다. 미국에서 밀 재배지의 면적도 동일한 사이클로 변동한다.

이런 사실을 알고 나면, 메뚜기 떼 출몰 사태나 쥐 떼 출몰 사태가 9.6년의 사이클로 나타난다고 해도 그다지 놀랍지 않을 것이다. 하지만 이 둘의 사이클은 그렇지 않다. 메뚜기 떼 출몰 사태는 9.2년 사이클로 나타나고, 쥐 떼 출몰 사태는 미국의 대통령 선거와 마찬가지로 4년 사이클로 나타난다. 왜 그럴까?

솔방울 숫자도 주기적으로 많아졌다가 적어졌다가 한다. 교회의 신규 신자 숫자도 주기적으로 변동한다. 지금까지 연구된 모든 상품의 가격은 주기적으로 변동한다. 여성은 주기적으로 사랑에 빠지는 경향이 남성에 비해서 상대적으로 높다. 태양흑점(태양의 표면에서 온도가 주변보다 낮아서 상대적으로 어둡게 보이는 영역-옮긴이)의 숫자도 주기에 따라 폭발적으로 늘어난다. 시인이 내는 작품의 숫자도 주기적으로 변동한다. 날씨도 주기적으로 변동하고, 옷을 입는 유행도 그렇다. 왜 그럴까?

치즈 소비량도 주기적으로 변동한다. 국가 간에 벌어지는 무력충돌의 횟수도 주기적으로 변동한다. 지진 발생 횟수도 그렇다. 부동산 경기도 보통주 가격과 마찬가지로 주기적으로 변동한다. 왜 그럴까?

남성의 감정도 주기적으로 변동하며, 산업재해 발생 건수도 그렇다. 지금까지 연구된 모든 회사의 매출액은 주기적으로 변동하는데, 수많은 질병의 발생도 그렇다. 왜 그럴까?

암이 주기적으로 재발하고, 빙하가 주기적으로 녹으며, 호수와 강의 수위가 주기적으로 올라가고 또 내려간다. 광고 효과가 주기적으로 변동하며, 인간의 지적 활동과 소의 개체수도 그렇다. 심지어 정치적 대변혁과 하루에 태어나는 신생아 수까지도 주기적으로 변동한다. 도대체 왜 이런 일이 일어나는 걸까?

많은 경우에 규칙적인 리듬은 의심할 여지 없이 우연의 결과이다. 그렇지만 과연 **그 모든** 사이클이 단지 우연일 뿐일까? 수백 년 동안 반복해서 나타나는 사이클도 모두 그저 우연히 발생한 현상일 뿐일까? 서로 관련이 전혀 없는 현상 가운데 많은 것들이 마치 하나의 거대한 메트로놈에 의해 그 모든 리듬이 조절되기라도 하는 것처럼 동시에 고점과 저점을 찍는 것을 보고도 그 모든 게 그저 우연일 뿐이라고 할 수 있을까?

어딘가 다른 곳에 있는 그 어떤 것

자연에 존재하는 많은 사이클은 인간사에 존재하는 사이클과 파장이 같은 것처럼 보인다. 또 지구에서 발견되는 어떤 사이클은 태양에서 발견되는 사이클과 파장이 같은 것처럼 보인다. 이런 양상은 지구 외의 다른 행성으로도 확장된다. 이런 사실은, 사이클의 원인과 관련된 수수께끼를 푸는 해결책이 우주에 존재하는 어느 곳, 즉 '어딘가 다른 곳에' 있을지도 모른다는 암시를 강력하게 발산한다.

그 해결책을 찾는 탐색이 이루어질 무대의 규모는 광대하다. 지구의 어디에 서서 밤하늘을 보든 간에 맑은 날에는 약 2,500개의 별을 볼 수 있다. 이 별 하나하나가 모두 실제로는 우리의 태양처럼 불타는 거대한 구체이지만, 이것이 작은 쌀알 크기라고 치자. 만약 그렇다면, 당신 눈에 보이는 2,500개의 별을 모두 두 손에 소복하게 담을 수 있을 것이다.

그런데 우리 은하계에 있는 별만 해도 1,000억 개가 넘는다. 그러니 아무리 쌀알 크기의 별이라고 해도 이 별들을 모두 실으려면 철도 화차를 40대 넘게 동원해야 한다! 그런데 우리 은하계는 전체 1억 개 은하계 가운데 하나일 뿐인데, 그렇다면 그 많은 별을 어디에다 어떻게 담을 수 있을까! 그리고 그 1억 개의 은하계는 각각 자기만의 사이클에 따라서 천천히 돌면서 우주에서의 자기 경로를 지킨다.

별 하나를 쌀알 하나라고 상상하면 별이 얼마나 많은지 시각화하는 데 도움이 된다. 이번에는 몇 가지 과일과 채소의 이미지를 동원해서 우주에서의 거리감을 이해해보도록 하자. 우선 직경 0.25인치(0.635센티미터)인 완두콩을 지구라고 치자. 이 완두콩에서 겨우 9인치(22.86센티미터) 떨어진 곳에 놓인 작은 씨앗은 달이다. 한편 태양은 직경이 약 30인치(약 76센티미터)나 되는 멜론이고, 이 멜론은 우리의 완두콩에서 거의 축구장 길이만큼 멀리 떨어져 있다. 수성과 금성은 태양과 지구 사이에서 태양 주위를 도는 완두콩이라고 할 수 있다. 그런데 이제 태양으로부터 423피트(약 129미터) 떨어진 곳에 또 다른 완두콩인 화성이 놓여 있다. 그리고 거기에서 0.25마일(약 400미터) 더 바깥으로 걸어가면 목성이 나오고, 이 목성은 오렌지다. 그런데 거기에서 다시 또 0.25마일을 걸어가면 또 다른 오렌지인 토성이 있다. 그리고 태양에서 1마일(약 1,600미터) 떨어진 곳에는 천왕성인 자두가 있다. 그리고 거기에서 다시 1.5마일(약 2,400미터) 떨어진 곳에 또 다른 자두인 해왕성이 있고, 다시 거기에서 2마일(약 3,200미터) 떨어진 곳에는 명왕성인 완두콩이 있다.

우리 지구의 크기가 완두콩만 하다고 전제하더라도 우리가 속한 태양계의 배치도를 그리는 데만도 가로세로가 각각 2마일이나 되는 넓은 공간이 필요하다. 물론 이 태양계를 온전하게 묘사하려면 1,500개 소행성과 1,000개가 넘는 혜성 그리고 각각 자기만의 자전 사이클과 공전 사이클을 가진 온갖 위성도 포함해야 하는데, 이것들의 크기는 그야말로 티끌과도 같다.

자, 그런데 우리가 수행해야 하는 과제가 얼마나 어마어마한지 다룰 시점이 다가왔다. 지구에서 가장 가까운 별의 위치를 정확하게 표시하려면, 앞에서 말한 가로세로가 각각 2마일인 정사각형 구역을 벗어나서 1만 4,000마일(약 2만 2,531킬로미터)을 여행해야 한다! **우리가 속한 은하계의 별들**만 표시하려고 해도 지구에서 태양까지 거리의 3.5배를 가야 한다!

하지만 지구에 있는 모든 생명체에 영향을 미치는 '어딘가에 있는 어떤 것'이 분명 존재한다는 증거는 점점 더 많아지고 있다. 이 '어떤 것'은 어떤 힘일 수도 있고 여러 힘들일 수도 있는데, 이것은 규칙적인 온갖 리듬을 통해 그 힘을 행사한다. 그리고 이 리듬들은 전쟁과 평화, 호황과 불황, 낙관과 절망, 발견과 고립, 도덕과 타락, 창의성과 무지, 기근과 풍요 등과 같은 사이클을 통해서 우리 인간을 사로잡아왔다.

시간의 척도

당신은 아직도 자기가 사는 지역의 크기를 드넓은 우주 공간 속에서 가늠해보려고 애쓸지 모르겠지만, 그 얘기는 일단 접어두고 시간이라는 개념을 놓고 생각해보자.

모든 경우에 우리는 사이클의 반복을 시간 단위로 측정한다. 초 단위 이하, 몇 초, 몇 분, 몇 시간, 며칠, 몇 주, 몇 달, 몇 년, 몇백 년, 몇천 년…….

어떤 전자기파는 사이클이 매우 빨라서 10억분의 1초 단위로 측정된다. 반면에 태양은 2억 3,000만 년 사이클로 우리가 속한 은하계를 한 바퀴 돈다.

19세기에서 20세기로 바뀔 무렵만 해도 이 세상은 기원전 4004년에 만들어졌다고 많은 사람이 믿었다(1650년 무렵 제임스 어서**James Ussher** 영국 국교회 대주교는 성서에 등장하는 인물들을 토대로 역산을 이어간 끝에 기원전 4004년 10월 22일에 천지가 창조되었다고 콕 찍어 말했고, 이것을 사람들은 곧이곧대로 믿었다-옮긴이). 그러나 오늘날 일반적으로 통용되는 우리 우주의 나이는 약 150억 년이다. 여기에 비하면 우리 지구는 나이가 약 50억 년밖에 되지 않은 어린아이이다.

당신은 50억 년이 얼마나 긴 시간인지 아는가?

지구의 나이를 쉽게 이해할 수 있는 척도를 동원해서 알아보자. 여러 해 전에 내가 교직에 있을 때 사용하던 효과적인 방법이 있는데, 나는 학생들을 내 가상의 차에 태운 다음에 이렇게 말했다. "지금부터 우리는 20마일(약 32킬로미터)을 달려서 어떤 기념물까지 갈 겁니다. 이 20마일을 가는 데 걸리는 시간을 지구가 생성된 뒤부터 지금까지의 시간이라고 칩시다. 나는 여러분을 자동차에 태우고 가면서 지구에서 일어났던 온갖 일의 시점을 일러줄 것입니다. 예를 들어서 지구의 지각이 언제부터 단단하게 굳기 시작했는지, 지구에 생명체가 언제 처음 생겨났는지, 포유류가 언제 처음 생겨났는지, 초기 인류가 언제 출현했는지, 역사 기록은 언제부터 시작되었는지 그리고 미국이라는 나라가 언제 탄생했는지 등등……."

지구의 나이 50억 년을 20마일이라는 거리로 치환했을 때, 학생들은 지구상에 최초의 생명체가 탄생하기까지 우리가, 내 기억이 맞다면, 무려 16마일이나 달려야 한다는 사실을 알고는 깜짝 놀랐다. 하지만 인류의 탄생 시점은 그보다 훨씬 늦어서 20마일 여행이 거의 끝나가던 때였다. 정확하게 말하면 20마일 목표 지점을 40피트(약 12미터) 앞둔 지점이었다. 역사가 기록되기 시작한 시점은 '지금'보다 겨우 **1인치**(2.54센티미터) 앞이었다. 미국의 탄생은 더욱 충격적이었다. 전체 20마일 가운데서 겨우 **1/20인치**(1.27밀리미터) 앞이었으니까!

완두콩, 자두, 오렌지, 쌀, 멜론 그리고 20마일 거리의 여행……. 이러한 비유가 우주를 창조하고 유지하는 '어떤 것'이 얼마나 위대한지 이해하는 데 조금이라도 도움이 되었는가? 그것을 당신이 신이라고 부르든 자연이라고 부르든, 혹은 다른 무엇이라고 부르든 간에 말이다.

인간의 위대한 정신적 변화

　당신이 지금까지 아주 짧은 몇 분 동안 파악하고 이해한 것을 우리 조상들이 이해하기까지는 수천 년이 걸렸다. 지구가 생성된 시기를 6,000년 전에서 50억 년 전으로, 즉 1.5인치에서 20마일로 수정한 것이야말로 인류 역사상 가장 위대한 지식 수정이 아닐까 싶다.

　이러한 정신적 변화는 질량과 공간을 바라보는 개념에도 적용된다. 300년 전에는 우리의 작은 행성인 지구를 우주의 전부라고 여겼다. 여기에 신이 우리에게 낮과 밤에 빛을 비춰주기 위해서 하늘에 걸어놓은 등불 두 개가 있고, 또 특별한 이유도 없이 하늘에 뿌려놓은 몇 개의 반딧불이밖에 없다고 생각했다. 하지만 그 뒤로 인간의 '우주'는 계속 확장되면서 바뀌어왔다. 처음에는 우리 행성이라는 개념에서 우리 태양계라는 개념으로, 그다음에는 우리 은하계라는 개념으로 그리고 또 우주 전체라는 개념으로…….

　우리의 정신적 지평이 확장되는 과정에서 지식과 기술 분야에서 혁명적인 변화가 일어났는데, 이런 변화는 한층 더 놀라웠다. 25년 전만 하더라도(이 책이 1971년에 처음 출간되었다는 사실을 잊지 마라-옮긴이) 스테로이드 화학에 대해 알려진 모든 것을 얇은 노트 한 권에 모두 담을 수 있었다. 그러나 지금은 이 분야에 대한 지식을 기록한 책과 논문을 모두 모으면 커다란 방의 네 벽에 바닥에서부터 천장까지 쌓아야 할 정도로 방대하다.

　우리 할아버지 시대(20마일 축적으로 환산하면 0.02인치 과거이다)

에는 편지 한 통이 뉴욕에서 샌프란시스코까지 배달되는 데 6주 또는 그 이상 걸렸다. 그러나 지금은 어떤가? 지구 반대편에서 열리는 올림픽 경기를 실시간으로 볼 수 있다. 0.01인치가 조금 넘는 과거만 하더라도 우리 인류는 새처럼 하늘을 날 수 있으리라고는 상상도 하지 못했다. 하지만 지금 우리는 그 어떤 새보다 빠르게 허공을 날아오를 뿐만 아니라 지구 중력이 강제했던 오랜 속박을 깨고 행성과 행성을 오가는 우주여행의 미래를 자신만만하게 바라보고 있다.

다른 예를 굳이 더 동원할 필요는 없을 것 같다. 요점은 이미 분명해졌다. 20마일 거리의 여행에서 마지막 0.01인치에 해당하는 지금은 이 세상이 시작된 이래로 가장 흥미진진하고 멋진 시대이다.

우리는 꼭두각시 인형일 뿐일까?

무지의 거미줄을 걷어내고 자기와 우주에 대한 새로운 지식을 습득하면서, 인간은 자연의 근본적인 비밀일지도 모르는 것과 마주할 시점에 빠르게 접근하고 있다. 우리가 아직은 거의 아무것도 모르는 온갖 사이클의 힘에 둘러싸여 있다는 증거가 점점 쌓이고 있기 때문이다. 그 힘들은 우리 인간을 실에 매달린 꼭두각시처럼 흔들고 조종한다. 그 힘들은 우리를 서로 싸우게 만들기도 하고 서로 사랑하게 만들기도 한다. 그런데 이 모든 과정에서 우리 인간은 자기가 하는 그 모든 행동이 순전히 이성적인 이유에 따른 것이라고 생각한다.

사이클의 힘이라는 발상은 어쩐지 우리를 불안하게 만든다. 이것은 지구가 우주의 중심이 아니라는 발견, 인간이라고 해서 특별한 존재가 아니며 다른 동물들과 마찬가지로 동물의 왕국에 뿌리를 두고서 발전해왔다는 발견, 또는 인간이 하는 많은 행동이 보통은 자기가 잘 알지 못하는 잠재의식적인 사랑과 증오에서 비롯된다는 발견과 동급이다.

이런 발상은 인간의 자존감을 떨어뜨린다. 그러므로 자기 인생과 우주가 규칙적이고 적어도 부분적으로는 예측할 수 있는 리듬으로 진동하며, 이것이 아직 우리가 알지 못하며 또 통제할 수도 없는 어떤 힘 혹은 여러 힘들에 의해 야기된다는 가설에 인간이 저항하는 태도를 보이는 것은 충분히 이해할 수 있다.

하지만 그게 다가 아니다. 인간이 천사보다 바로 한 계단 아래에 있는 고귀한 존재로서 자신과 자기가 사는 세상을 장엄하게 통제하고 있다는 믿음이 잘못되었다는 증거는 지금도 계속해서 쌓이고 있다. 인간은 오히려 손 인형극 〈펀치와 주디 쇼Punch and Judy show〉에 등장하는 인물에 더 가까워서, 자기를 둘러싼 환경의 여러 힘에 이리저리 휘둘린다. 그리고 그는 계속 이렇게 휘둘리다가 언젠가는 그 힘들에 담겨 있는 미스터리를 풀 것이다. 그때 비로소 그는 자기를 조종하는 줄을 끊고 온전하게 독립적인 존재가 될 것이다.

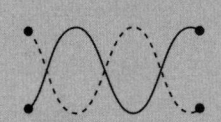

2

탐색이 시작된다

"무지는 우리 인간이 가진 모든 지식의 밑바닥에 자리하고 있으며, 지식을 깊이 파고들수록 우리는 무지에 점점 더 가까이 다가선다. 시간과 공간, 삶과 죽음, 물질과 정신 등 우리가 행하는 모든 추론이 필연적으로 토대로 삼아야 하는 중요한 것들 가운데 우리가 진정으로 아는 것은 과연 무엇이며, 또는 명확하게 단언할 수 있는 것은 과연 무엇인가?"

- 찰스 케일럽 콜턴 Charles Caleb Colton

CYCLES

1929년 9월에 나는 정부의 상무부 소속 산업 마케팅 책임자로 채용되었다. 그때는, 주가 폭락의 대공황 속에서 우리가 알던 세상이 막 사라지기 시작하던 시점의 몇 주 전이었다. 나중에 나는 통계 현황 책임자도 되었다. 그리고 마지막에는 경제 분석 책임자로까지 승진했다. 역사의 현장 한복판에 있었던 셈이다. **내가 바로 그 모든 일을 목격했다!**

1931년, 상심한 후버 대통령이 사랑하는 조국이 무너지는 모습을 지켜보던 바로 그 시점에 나에게는 특별한 임무가 주어졌다. 한창 활기차게 잘나가던 국가에서 왜 사람들이 길거리에서 사과를 팔게 되었는지, 또 건더기 하나 없이 멀겋기만 한 공짜 수프를 기다리며 길게 줄을 서게 되었는지, 왜 공포에 질린 가여운 인류 집단으로 전락하고 말았는지 그 이유를 밝혀내라는 임무였다. 왜 불경기가 일어났을까? 나는 정부 조직의 안팎에 있는 여러 경제학자와의 연락 업무를 맡고 있던 책임자였기에 그 의문에 대한 해답을 찾는 일은 내 소관이었다.

나는 많은 경제학자를 만나서 의견을 들었다. 그런데 거의 모든 경제학자가 우리가 맞닥뜨린 경제 문제를 제각기 다른 이론으로 설명했다. 그 상황은 마치 당신이 아파서 몸져누워 있는데 어떤 의사는 통풍이라고 진단하고, 다른 의사는 암이라고 진단하고, 세 번째 의사는 나병이라고 진단하고, 네 번째 의사는 무좀이라고 진단하는 것이나 마찬가지였다! 만약 이런 식으로 의사들이 의견이 엇갈린다면, 당신은 그 의사들을 별로 신뢰하지 않을 것이다. 나도 그랬다. 그들의 진단은 근본적으로 달랐고, 나는 그들을 믿을 수 없었다. 왜냐하면, 그들 중 그 누구도 해답을 알지 못했기 때문이다.

사이클이 내 인생에 들어오다

그러던 어느 날 나는 자기가 해답을 알지 못한다는 사실을 잘 아는 어떤 사람을 만났다. 그는 〈포브스〉의 편집장이던 채핀 호스킨스Chapin Hoskins였다. 그는 불경기가 발생하는 이유를 경제학자들에게 정확하게 배울 수 없다는 사실에 절망하고 있었다. 하지만 그는 '왜(이유)'를 알아낼 수 없다고 하더라도 적어도 '어떻게(방법)'는 알 수 있지 않을까 하고 논리적으로 추론했다. 그래서 그는 물가와 생산량을 비롯한 경제활동의 다른 여러 척도가 **움직이는 동태**behavior를 연구하기 시작했다.

호스킨스는 이런 일련의 연구 과정을 통해서 특정한 도시들에서 사람들이 은행에 지는 부채 총액이 3개월마다 늘어났다가 줄어드는 일이 반복된다는 사실을 발견했다. 그 도시들에서는 개인이 발행하는 수표의 총액이 3개월마다 최대치를 기록했다. 그렇게 해서 호스킨스가 사이클을 발견했다!

설명을 계속 이어가기 전에, 당신이 '사이클circle'이라는 단어를 제대로 이해하는지 확인해야겠다. 이 단어는 '원(동그라미)'을 뜻하는 그리스어 단어에서 비롯되었다. 아닌 게 아니라 사이클이라는 단어는 '처음 시작했던 지점으로 다시 돌아오는 것'을 뜻한다. 그런데 이 단어 자체에는, 처음의 지점으로 되돌아오는 데 걸리는 시간이 일정하다는 뜻은 담겨 있지 않다. 이 개념까지 포함될 때 사용해야 할 올바른 단어는 '리듬rhythm'인데, 이 단어는 '측정된 시간'을 뜻하는 또 다른 그리스어 단어에서 비롯되었다. 앞에서도 언급했듯이, 조수의 변화에는 리듬이 있고, 당신의 심장박동에도 리듬이 있으며, 당신의 호흡에도 리듬이 있다. 그런데 우리는 사이클이라는 말을 통상적으로 리듬을 갖춘 사이클이라는 뜻으로 사용한다. ([그림-1]을 참조하라.)

[그림-1] 사이클 다이어그램

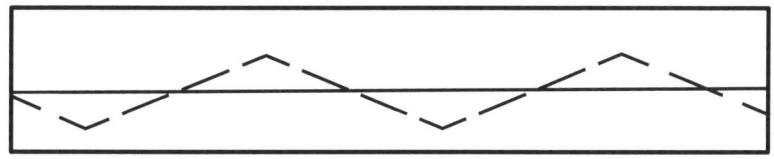

사이클은 처음 시작한 곳으로 되돌아온다. 리듬을 갖춘 사이클은 이렇게 되돌아오기까지 걸리는 시간이 매우 일정하다.

다시 호스킨스로 돌아와 이야기를 이어가겠다. 호스킨스는 은행 부채 총액이 '왜' 3개월 사이클로 반복되는지 몰랐다. 하지만 굳이 그 이유까지 알 필요는 없었다. 어쨌거나 그런 일은 3개월마다 일어났고, 이 사실은 미래를 평가할 때 확률로서 고려할 가치가 있었다.

그리고 곧 호스킨스는 3개월 만에 은행 부채 총액이 갑자기 늘어나는 사이클들 가운데 세 번째 사이클에서 특히 그 증가분이 상대적으로 큰 경우가 있다는 사실을 관찰을 통해 확인했다. 즉 9개월 사이클을 발견한 것이다. 일부는 3개월 사이클 없이도 이 9개월 사이클을 가지고 있었다. 상대적으로 기간이 긴 사이클이 있음을 발견하면서 그의 관심은 한층 더 높아졌다. 그 가운데 가장 중요한 것은 약 41개월 사이클로 보였다. 이 패턴은 너무도 규칙적이며 자주 반복되었고, 그래서 그는 이게 결코 우연의 결과는 아니라고 생각했다. 그는 사이클 패턴의 이런 다양한 양상을 연구했고, 연구 성과는 예상보다 훨씬 더 풍성했다. 관찰 대상의 지수가 언제 고점에 다다르고 언제 하락세로 돌아서며 또 언제 저점을 찍을지 또 그러다가 언제 다시 상승세로 돌아설지 예측할 수 있음을 발견했기 때문이었다!

호스킨스는 엄청난 양의 데이터를 축적했다. 그런 다음에 자신이 관찰한 이 데이터를 토대로 삼아서 미래를 예측하기 시작했다. 그런데 그 예측이 맞아떨어졌다. 가능성이 현실로 실현된 것이다! 여기에, 정말로, 중요한 무엇인가가 있었다.

당시에도 심지어 지금과 마찬가지로, 주식시장에 투자하겠다는 사람들에게 장차 '뜰' 종목을 찍어서 가르쳐준다거나 다음 달 주식시장 동향이 어떨지 일러준다거나 혹은 심지어 다음 날 다우존스 지수가 어떻게 변동할지 점을 쳐서 일러주는 사람들이 있었다. 물론 이런 서비스를 이용하려면 수수료를 내야 했다. 하지만 지금도 그렇듯이 상식이 있는 투자자는 그런 사람들을 비웃었다.

하지만 그 누구도 호스킨스를 비웃지 않았다. 왜냐하면 미국경영자협회American Management Association, AMA 이사회의 일원이었던 이 천재는 흠잡을 데 없는 자격을 갖추고 있었기 때문이다. 웨스팅하우스일렉트릭의 부사장도 그 이사회의 일원이었는데, 그는 호스킨스가 한 예측을 충실하게 믿고 따랐으며, 나중에는 호스킨스를 2년 임기로 고용하여 사이클과 관련한 모든 것을 회사에 가르치게 했다. 게다가 그는 회사의 설계 책임자를 아예 호스킨스의 휘하에 배정했으며, 코넬대학교 교수 출신 두 명을 고용해서 호스킨스가 구사하는 기법을 검토하게 했다. 이렇게 해서 마침내 사이클 연구와 관련된 뭔가 실질적인 일이 이루어지기 시작했다.

1937년, 호스킨스는 웨스팅하우스와 맺은 계약을 자산으로 삼아서 제조업에 종사하는 기업들을 분석하는 사업을 시작했다. 이 시점에 나는 거기에 동업자로 합류했다. 내가 하는 일은 잠재고객인 기업을 찾아가서 그들의 미래 매출, 생산량, 원자재 비용 등을 사이클 이론을 적용해 예측해줄 수 있다고 설득하여 계약을 따내는 것이었다. 호스킨스는 예측 작업을 했고 나는 그 예측을 고객 기업에 설명하는 것으로 역할이 나뉘었다. 이 역할 분담을 두고 나는 건설 현장에서 벽돌을 나르는 사람에게서 언젠가 들었던 말을 떠올렸다. 그 사람은 자기가 벽돌을 짊어지고 6층 현장으로 올려다 주기만 하면 나머지 일은 그 현장에 있는 사람이 알아서 다 한다고 했었다.

1937년 3월 1일, 나는 호스킨스와 함께 사업을 시작했고 우리가 함께했던 그 첫날을 결코 잊지 못할 것이다. 그때 나는 어떤 종목 주식을 몇 주 산 지 얼마 되지 않았었는데, 그 주식의 주가가 오르면 이익을 크게 볼 것이라고 그에게 말했다. 그러자 호스킨스가 이렇게 말했다.

"그 주식은 더는 오르지 않을 거야. 지금 당장 그 주식 다 팔아. 일주일 안에 꼭짓점에 다다를 거야. 만약 내가 용기가 조금만 더 있다면, 내가 가진 모든 투자 자산을 그 종목의 공매도(해당 주식의 하락을 예상하고 금융기관으로부터 주식을 빌려 먼저 매도한 후, 주가가 하락하면 시장에서 주식을 매입하여 갚은 후 차익을 얻는 투자 방식-옮긴이)에 몰빵할 거야."

진짜 그랬다. 일주일 만에 꼭짓점을 찍었고, 그로부터 1937-1938년의 처참한 하락이 시작되었다.

그해 8월에, 시장은 다시 상승세로 돌아섰다. 고객 자산 수백만 달러를 운용하던 어떤 유명한 투자 상담자를 그의 사무실에서 만났는데, 나는 그가 어떤 투자 고객에게 "하락장은 끝났습니다. 그러니까 이제부터는 많이 사기만 하면 됩니다"라고 말하는 것을 들었다. 나는 호스킨스에게 들은 말이 있었기에, 하락장이 아직 끝나지 않았음을 알고 있었다. 그래서 그 상담자에게 해당 내용을 일러주면서 설득하려고 했지만 그는 내 말을 귓등으로도 들으려 하지 않았다. 지금까지도 나는 종종 그가 내 말을 들을걸 잘못했다고 나중에는 후회하지 않았을까 하는 생각을 한다. 1937년 8월부터 1938년 4월까지 다우존스 산업지수는 184에서

113으로 무려 39퍼센트나 하락했다.

호스킨스와 나는 성공했고, 우리에게는 호스킨스가 감당할 수 있는 것보다 더 많은 일감이 쏟아져 들어왔다. 우리 고객 가운데는 보타니우스티드Botany Worsted, 콘솔리데이티드에디슨Consolidated Edison, 리먼브라더스Lehman Brothers 같은 대기업도 있었다. 얼마 뒤부터는 나도 조사와 상담과 예측 업무 가운데 일부를 맡아서 하기 시작했고, 사이클에 대한 나의 관심은 한층 더 커졌다. 나는 점점 더 많은 시간을 도서관에서 보내면서 사이클에 관해 내가 찾을 수 있는 것은 모두 읽었다.

마타멕 콘퍼런스에서 만난 운명

단 한 번의 인상적인 도서관 방문이 나의 운명을 바꿔놓았다. 이 방문이 계기가 되어서 나는 사이클이라는 위대한 미스터리를 추적하는 일에서 결코 발을 뺄 수 없게 돼버렸다. 그때 나는 도서관에서 우연히, 1931년에 퀘벡의 마타멕에서 열렸던 어떤 콘퍼런스에서 엘스워스 헌팅턴Ellsworth Huntington이라는 예일대학교 교수가 기록했던 회의록을 발견했다. 마타멕은 세인트로렌스만의 북쪽 연안에 있는 마을이다.

내가 대공황의 원인을 알아내려고 경제학자들을 만나서 열심히 묻고 다닐 무렵에 코플리 에이머리Copley Amory라는 보스턴의 금융 전문가가 생물학적 사이클을 주제로 한 국제 콘퍼런스를 조직했고, 이 콘퍼런스가 열리는 장소는 마타멕에 있는 그의 여름 별장이었다. 이 콘퍼런스에서 세계 최고의 생물학자 스물다섯 명이 모여서 야생 환경에서 나타나는 사이클과 관련해서 각자 기록한 내용을 발표하고 비교했다. 나는 그들이 연구한 결과를 담은 회의록을 읽으면서 야릇한 흥분을 느꼈다. 모든 사냥꾼이 알고 있는 사실, 즉 사냥감이 때로는 풍부하고 때로는 희귀하다는 점을 알게 되었기 때문이다. 그러나 무엇보다도 내게 인상적이었던 것은 사냥감이 풍부하게 넘쳐나는 시기와 부족한 시기가 정말 놀랍도록 규칙적인 시간 간격을 두고 반복된다는 사실이었다. 그것은 바로 사이클이었다!

탐색대가 조직되었다

마타멕 콘퍼런스의 회의록을 우연히 보게 되었던 그 운명의 날에 나는 다른 것도 함께 발견했다. 벨연구소Bell Telephone Laboratories의 C. N. 앤더슨C. N. Anderson이 사이클 관련 작업을 수행했다는 사실을 처음으로 알게 된 것이다. 앤더슨은 태양흑점이, 호스킨스와 내가 기업계의 여러 수치에서 발견했던 것이나 마타멕에 모인 생물학자들이 논의했던 것과 비슷하게, 사이클과 관련한 여러 가지 힘으로부터 영향을 받는 것처럼 움직인다는 것을 발견했다. 기업계에 나타나는 사이클! 야생 환경에 나타나는 사이클! 태양에 나타나는 사이클! 그리고 많은 경우에 이 사이클들은 **동일한 시간 간격을 두고서(즉 동일한 주기로) 동시에** 오르내렸다. 그러니까 거기에는 내가 상상하던 것보다 더 기본적이고 본질적이며 심오한 어떤 것이 존재하는 게 분명했다. 만약 서로 분리되어 있으며 겉보기에 전혀 관련이 없어 보이는 두 가지나 열 가지 또는 100가지의 사물이나 현상이 동일한 파장의 사이클로 요동치며 변동한다면, 애초의 생각처럼 서로 아무런 관련이 없지는 않을 것이다. 즉 그들 가운데 일부가 다른 것이 그런 식으로 움직이게 만들거나, 혹은 **지금까지는 알려지지 않았으며 또한 도저히 그러리라고 의심할 수 없었던 어떤 것이** 그 모든 것이 동시에 등락의 변동을 하도록 만들었다는 말이 된다. 이것이야말로 흥미진진한 미스터리가 아닐까? 우주 차원에서 전개되는 흥미진진한 탐정 드라마가 아니겠냐는 말이다!

당시에 나는 우리가 경제학과 생물학과 천문학을 (그리고 어쩌면 이것 말고도 다른 여러 학문을) 하나로 묶어서 통찰해야만 해결할 수 있는 어떤 근본적인 과학 문제와 맞닥뜨리고 있음을 단번에 알아보았다. 그러므로 이 문제를 해결하려면 폭넓은 전선에서 접근해야 했다.

나는 곧바로 작업에 착수했고, 1940년 10월 23일에 사이클연구재단을 조직하는 작업에 나섰다(이 재단이 정식으로 발족한 것은 1941년 1월이다-옮긴이). 나는 생물학자위원회의 위원장이던 코플리 에이머리와 엘스워스 헌팅턴에게 편지를 썼다. 에이머리는 직접 나를 찾아와서 만났는데, 그는 내가 생물학 분야의 사이클에 대해서 알고 놀랐던 것만큼이나 경제학 분야의 사이클과 천문학 분야의 사이클에 대해서 알고는 깜짝 놀랐다. 그는 이 문제를 총체적인 차원에서 접근할 필요가 있다는 내 의견에 동의했다. 그는 사이클연구재단이라는 발상에 동의했으며, 이 재단의 이사회 의장 자리에도 기꺼이 앉겠다고 했다.[1]

에이머리가 재단에 500달러짜리 수표를 내놓았고, 그 돈으로 재단 살림은 그럭저럭 꾸려졌다. 나는 재단의 실무 책임자로 '채용'되었고, 영광스럽게도 다른 회원들의 도움을 받아서 지난 30년 동안 재단을 꾸려왔다. 사이클연구재단은 현재 피츠버그대학교와 제휴하고 있으며, 재단 본부는 펜실베이니아 피츠버그의 사우스하이랜드 애비뉴 124번지에 있다. 이 책을 읽고 나면 당신은 우리가 어떤 성공과 실패를 경험했고 어떤 희망을 품었으며, 어떤 의심과 좌절에 사로잡혔고 또 그 과정에서 어떻게 발전해왔는지 알 수 있을 것이다.

흩어져 있는 조각을 하나로 꿰어 맞추기

이런 상상을 한번 해보자. 당신이 어느 날 뒷마당에서 땅을 파는데 돌이 여러 개 나왔다. 그런데 이 돌들의 형상이 매우 규칙적이다. 어쩌다가 우연히 그런 모양으로 그 위치에 놓여 있다고 보기 어려울 정도이

---

1 최초의 이사회를 구성했던 사람들은 다음과 같다. 미국인으로는 찰스 그릴리 애벗(Charles Greeley Abbot, 스미소니언 협회 사무총장), 조지 베이클랜드(George Baekeland, 베이클라이트 코퍼레이션), 윌리엄 캐머런 포브스 경(William Cameron Forbes, 카네기 연구소 이사회 의장), 앨런슨 B. 호턴 경(Alanson Bigelow, 코닝 글라스 웍스 회장이자 프린스턴대학교 고등연구소 이사회 의장), 엘스워스 헌팅턴(예일대학교 지리 및 기후학 교수), 웨슬리 클레어 미첼(Wesley Clair Mitchell, 미국 국가경제연구소 소장이자 컬럼비아대학교 경제학 교수), 할로 섀플리(Harlow Shapley, 하버드대학교 천문대 소장), 코플리 에이머리(재단 이사회 의장)이 있으며, 캐나다인으로는 찰스 캠셀 경(Charles Camsell, 북서 준주의 캐나다 정부 대표), 프랭크 시릴 제임스(Frank Cyril James, 맥길대학교 총장 겸 부총장), 영국인으로는 패트릭 애슐리 쿠퍼(Patrick Ashley Cooper, 허드슨 베이 컴퍼니 총재), 찰스 서덜랜드 엘턴(Charles Sutherland Elton, 옥스퍼드대학교 동물개체군연구소 소장), 줄리언 소렐 헉슬리(Julian Sorrell Huxley, 런던 동물학회 사무총장)가 있다.

다. 더 나아가, 그 돌들 가운데 일부가 서로 꼭 맞아떨어진다. 아무래도 그 돌들은 한층 더 큰 어떤 패턴을 형성하는 것 같다.

이런 상황에 맞닥뜨린다면 당신은 흥분할 것이다. 누군들 흥분하지 않겠는가? 그래서 당신은 "내가 방금 엄청난 고대 모자이크 작품을 우연히 발견했다!"라고 고함을 지를지도 모른다.

그리고 당신은 비가 오거나 눈이 오지 않는 한 날마다 마당에서 땅을 파면서, 기대하는 패턴에 어긋나는 돌은 걸러내며 그 패턴에 맞는 돌들을 찾을 것이다. 그리고 그렇게 찾은 돌들을 실내로 들여와서 흙을 닦아내고 깨끗하게 씻을 것이다. 그런데 이렇게 챙긴 돌 가운데 어떤 것은 그저 아무 의미가 없음이 너무도 명백하므로 당신은 그것들을 내다 버릴 것이다. 또 어떤 것은 의심할 여지 없이 전체 모자이크의 일부라고 판단해서 고이 모셔둘 것이다. 그런데 또 어떤 것에 대해서는 긴가민가해서 판단을 보류하기도 할 것이다.

이렇게 해서 당신은 의미가 있다고 생각하는 돌멩이들과 아직은 최종 판단을 내릴 수 없는 돌멩이들을 탁자에 올려두고는, 그것이 어떤 방식으로 서로 연결되는지 온갖 조합을 머릿속으로 상상할 것이다. 이 과정을 거치는 동안 몇몇 돌은 당신이 이미 확정한 돌과 어떤 조합으로도 맞지 않기 때문에 옆으로 제쳐둘 것이다. 이렇게 해서 남은 돌들이 하나의 패턴을 형성하기 시작한다. 그러면 당신은 점점 더 흥분할 것이다.

"이런 엄청난 발견을 내가 하다니! 이걸 계속 파고들면 진짜 어마어마한 게 나올 거야!"

사이클 연구가 바로 이렇다. 우리는 보이지 않게 묻혀 있던 사이클들을 파내고, 흙을 털어내고, 깨끗하게 씻고, 광택을 낸 다음에, 탁자 위에 올려둔다. 이렇게 수집한 사이클 가운데 어떤 것은 너무도 규칙적이어서, 의미가 있다고 한 점 의심도 없이 판단한다. 그렇지만 다른 사이클들에 대해서는 그렇게 확신하지는 못하고 긴가민가 한다. 어떤 것들은 다른 것들과 잘 맞아떨어지지만 어떤 것들은 전혀 그렇지 않다. 그런데 정말 답답하고 화가 나는 것은, 거의 들어맞긴 한데, 완벽하게 딱 들어맞지는 않는 것도 있다는 사실이다.

우리가 지금까지 발견한 사이클 모자이크들이 몇 개나 되는지 셀 수는 없다. 1946년에 〈라이프〉지가 사이클을 주제로 다루는 기사를 기획했는데, 이때 이 잡지의 편집자들은 내게 그때까지 들어본 적 있는 리듬을 모두 목록으로 작성해서 가르쳐달라고 했다. 그때 내가 작성해서 보낸 목록은 완전하지도 않았고 또 공인된 것도 아니었지만(게다가 상당수는 논란의 여지가 있거나 입증되지 않은 상태였다), 어쨌거나 그때 나는 308개의 리듬을 정리했다.

그리고 그로부터 18년 뒤에 사이클연구재단은 경제학 분야에만 (즉 생필품 가격, 주식 가격, 농업, 건설업, 부동산, 제조업 등에만) 국한해서 그때까지 알려져 있던 사이클을 목록에 담았는데, 그때의 사이클 숫자는 1,280개였다.

아무리 커다란 문이라고 하더라도 작은 열쇠 하나로 열 수 있다. 그렇기에 사이클연구재단에 있던 우리는 사이클이 될 수도 있는 모든 것을 소중하게 다루면서 지금 여기까지 걸어왔다. 우리가 발견했던 그 어떤 '돌'도 사이클과는 관련이 없다면서 아무렇게나 내팽개치지 않았다.

왜냐하면 우리는 고대의 모자이크 작품보다 훨씬 더 큰 무엇인가를 그 '돌들'을 가지고 만들어나간다고 믿기 때문이다.

사이클로 만든 다섯 개의 대성당

두 사람의 석공 이야기가 있다. 어쩌면 당신은 이미 이 이야기를 알고 있을지도 모른다. 누군가가 이 두 사람에게 무슨 작업을 하느냐고 물었을 때, 한 사람은 "나는 돌멩이를 다듬고 있다"라고 대답했고 다른 사람은 "나는 대성당을 짓고 있다"라고 대답했다.

우리 사이클연구재단은 1941년에 발족한 뒤로 돌멩이들을 다듬는 작업을 해왔지만, 사실은 대성당을 짓는 작업을 하고 있다고 믿는다. 그렇게 지은 대성당 몇 개를 소개하면 다음과 같다.

첫 번째 대성당, 인류 지식의 발전

우주가 작동하는 원리를 배우는 일과 관련해서 우리는 해야 하는 역할을 제대로 잘 하고 있는 셈이다. 왜냐하면 지금까지 그 누구도 다르게 생각하거나 의심하지 않았던 힘들이 실제로 존재한다는 증거를 찾아내고 있기 때문이다. 우주가 작동하는 원리를 배우는 일은 인류의 가장 고귀한 활동이다. 적어도 내가 생각하기에는 그렇다. 이 일은 말 그대로 신이 했던 말이 무슨 뜻인지 읽어내는 작업이다.

두 번째 대성당, 전쟁 예방

우리 당대에 또는 우리 아들 세대나 손자 세대에 전쟁이 완전히 사라질 가망은 거의 없다. 하지만 바라건대 증손자 세대에 가면 그렇게 될 수도 있지 않을까 싶다. 우리가 지금 하는 일은 바로 그 세대를 위한 것이다.

전쟁은 주기적으로 발생한다. 국제전의 횟수가 상당히 일정한 시간 간격으로 오르내리는 경향이 있다는 말이다. 전쟁은 규칙적으로 반복되는 주기적인 어떤 힘의 자극을 받아서 발생하는 것 같다.

이 힘은 인간사와 관계없이 그 외부에 존재하는 것으로 추정되는데, 왜냐하면 전쟁의 리듬은 어떤 일시적인 요인에 방해를 받아서 깨지더라도 시간이 지나고 나면 다시 예전의 패턴과 타이밍으로 돌아가기 때문이다. 그리고 이 리듬은 우리가 야생 환경이나 자연의 다른 측면에서 볼 수 있는 리듬과 거의 비슷하다.

전쟁을 예방하기 위해서라도 우리는 이처럼 리듬을 갖추고서 나타나는 힘들과 이 힘들이 작동하는 방식을 이해해야 한다. 하지만 그 이전에라도, 다음 차례의 국제적인 '상황'이 언제쯤 발생할지 미리 아는 것만 하더라도 말할 수 없을 만큼 유익하다.

세 번째 대성당, 불경기 예방

불경기를 일으키는 힘에 어떤 것들이 있는지 알아야만 불경기를 통제하는 방법을 배울 수 있다. 불경기가 규칙적인 시간 간격을 두고 발생한다는 증거는 점점 더 많이 쌓이고 있다. 지금까지 연구된 바에 따르면 생산량 감소, 기업 파산, 실업, 금융 붕괴 등 불경기의 여러 측면은 규칙적으로 변동하는 힘의 영향을 받는 것처럼 작용하지만, 불경기의 본질은 아직 밝혀지지 않았다. 이 힘들이 무엇이며 어떻게 작동하는지 온전하게 알기 전까지는 진정한 의미의 경제학이 성립할 수 없다. 하지만 그 수수께끼를 온전하게 풀기 전이라고 하더라도, 사이클에 관한 제한적이고 단편적인 지식만으로도 재앙을 안겨줄 미래의 경제적 변동 가능성을 밝히는 데 도움이 될 수 있다.

네 번째 대성당, 질병 예방

이 분야의 사이클 연구는 아직 지극히 적게 이루어졌기 때문에 사이클 관련 지식이 질병 예방에 얼마나 중요한지는 확인되지 않았다. 그러나 지난 몇 년 사이에 독감에 걸려본 적이 있는 사람이라면 누구나, 아무리 '끝내주는' 약이 개발된다고 하더라도 독감 바이러스라는 그 작은 괴물이 주기적으로 우리를 찾아온다는 증거가 확실하게 존재한다는 사실에 관심을 가질 것이다.

다섯 번째 대성당, 1년 혹은 그보다 더 먼 미래의 정확한 기상 예보

가뭄이 언제 닥치고 서리가 언제 내릴지 또 수확 시기에 비가 올지 어떨지 농부가 미리 알 수 있다면 얼마나 좋을까. 그렇게만 된다면 씨앗도 아끼고 마음의 상처도 덜 받을 수 있을 것이다.

또한 수목 관리자도 좋아할 것이다. 바다를 항해하는 사람이나 수력 발전 회사나 군사 분야의 지도자도 좋아할 것이다. 심지어 축구나 야구나 레이싱 경기를 보려고 경기장을 찾는 열성 팬도 마찬가지다.

다른 수많은 분야도 언급할 수 있다. 왜냐하면 **과학에는 36개 분야가 있기** 때문이다. 사이클연구재단의 중심적인 목적은, 이 다양한 분야에 있는 온갖 돌과 바위를 긁어모은 다음에 이것들을 하나로 결합해서 신의 영광을 위해서 또 그 신의 자녀들에게 돌아갈 편익을 위해서 제단을 쌓는 것이다.

3

자연에
감추어진
신비한
리듬들

"먼저 자연의 의지가 무엇인지 확인하기 전에는 우리 의지를 자연에 강요할 수 없다. 자연의 규칙과 상관없이 일하면 실패할 수밖에 없다. 자연의 규칙에 맞춰서 일하면 처음에는 불가능해 보이던 것도 얼마든지 가능해진다."

- 랠프 타일러 플루엘링Ralph Tyler Flewelling

CYCLES

    1940년의 어느 날 저녁에 나는 미국통계학회American Statistical Association 뉴욕 지부에서 슬라이드를 보여주며 강연을 했다. 이 강연이 끝난 뒤 나는 한 교수가 다른 교수에게 "내 인생을 통틀어서 이렇게나 많은 우연은 본 적이 없습니다"라고 말하는 것을 의도치 않게 들었다.

    그 강단의 신사가 하고자 했던 말의 요지는 내가 슬라이드까지 동원해서 설명하고 주장한 사이클은 그저 우연일 뿐이라는 것이었다. 그 교수가 어느 하나의 사이클을 놓고 그렇게 말했다면 나도 그 말에 동의했을지 모르지만, 그 모든 사이클이 죄다 우연일 수는 없다는 게 나의 믿음이었다. 하지만 당시에는 그것이 내게 그저 하나의 믿음일 뿐이었으며, 이런 사실은 나도 잘 알고 있었다. 그래도 그 믿음은 30년이 넘는 세월 동안 나에게 끊이지 않고 자양분을 공급해줄 만큼 강력했다. 또 개별적인 사이클 조각들이 서로 맞아떨어지기 시작하면서 그리고 미스터리의 단서들이 점점 더 많이 드러나면서 그 믿음은 해가 갈수록 더욱 강력해졌다. 그리고 이제 그 믿음은 의심할 여지가 없는 사실로 입증되고 있다.

나는 **생각한다는 것**을 **무언가를 안다고 느끼는 것**과 혼동함으로써 극단으로 치달은 적이 지금까지 한 번도 없었다. 일련의 수치들을 연구하면서 나 자신에게 이렇게 말하곤 했다.

"아무래도 여기에 무언가 중요한 게 있는 것 같아. 그렇지만 물론 이게 우연이나 우연의 일치일 수도 있겠지." (사이클 연구 초기에 우리는 100번이나 1,000번 혹은 1만 번의 모수 가운데서 특정한 사이클이 우연히 발생할 수 있는 횟수를 수학적으로는 어떻게 판단해야 할지 알지 못했다.)

어떤 경우에서 자신이 발견한 규칙적인 리듬이 실제로 존재하는 근본적인 어떤 힘이 작용해서 나타난 것인지, 아니면 단지 우연히 나타난 것인지 어떻게 구별할 수 있을까? 우선 상식과 단순한 논리를 가지고서 시작해보자. 만약 어떤 사이클이 **충분히** 규칙적이고 **충분히** 강한 힘을 가지고서 **충분히** 많이 반복되었다면, 이는 의미 있는 사이클일 가능성이 있다. 논리적으로 판단할 때 이런 규칙성은 단순한 우연이 될 수 없다.

카드 한 벌이 있다고 치자. 당신이 이 카드 한 벌을 집어 들고 한 장씩 뒤집기 시작한다. 첫 번째 카드가 빨간색이고 두 번째 카드가 검은색이고, 세 번째 카드와 네 번째 카드도 각각 빨간색과 검은색이다. 그러니까 지금까지 빨간색, 검은색, 빨간색, 검은색이라는 규칙적인 사이클의 두 파동을 보았다. 이런 우연은 쉽게 일어날 수 있다.

그런데 당신이 카드를 계속 뒤집고, 카드는 연이어서 빨간색, 검은색, 빨간색, 검은색이다. 그러니까 빨간색과 검은색이라는 사이클이 네 번 연속으로 전개되었다. 여기까지도 여전히 우연이라고 할 수 있다. 그러나 이런 반복이 계속해서 더 일어난다면 우연일 수 없다.

카드를 계속해서 뒤집어보자. 빨간색, 검은색, 빨간색, 검은색, 빨간색, 검은색이다. 일곱 번 연속으로 빨간색에 이어 검은색이다! 여기까지도 물론 우연일 수 있지만 그럴 가능성은 매우 낮아졌다. 그러면 바로 이때부터 누군가가 의도적으로 카드를 그렇게 섞어놓은 게 아닐까 하는 생각이 들기 시작한다. 그리고 당신은 카드를 계속해서 뒤집는다. 빨간색, 검은색, 빨간색, 검은색……. 모두 스물여섯 번, 즉 카드 한 벌 전체가 모두 빨간색과 검은색 순서로 섞여 있다! 이때 당신은 다음과 같이 외친다.

"누군가 분명히 이 카드를 의도적으로 그렇게 섞어놓았다! 그렇지 않고서 이런 일이 일어나려면 100만분의 1이라는 확률로만 가능하니까 말이다."

천만에, 그렇게 말했다면 당신은 그 가능성을 과대평가한 것이다! 카드 한 벌 전체가, 즉 스물여섯 번이나 우연히도 모두 빨간색과 검은색 순서로 섞일 확률은 수학적으로 **1,000조분의 1**이다! 이 장에서 나는 200년이 넘는 기간에 걸쳐서 적어도 스물여섯 번 반복해서 나타났던 여러 가지 사이클을 소개하려고 한다. 그다음에는 또 100번 넘게 반복되는 사이클도 소개하겠다. **기원전 600년까지** 거슬러 올라가서 말이다!

자연의 단서가 우리의 미스터리를 해결해줄까?

지난 30년 동안 사이클연구재단이 수행했던 연구 가운데 상당 부분은 자연과학 분야의 사이클과 관련이 있는데, 그 이유로는 중요하게 세 가지를 꼽을 수 있다. 첫째, 규칙적인 사이클은 자연계에서 거의 보편적으로 나타난다. 둘째, 자연과학 분야의 사이클은 보통 인간사에서 나타나는 사이클보다 훨씬 덜 복잡하기 때문에 연구자들이 쉽게 연구할 수 있다. 셋째, 자연과학 분야 사이클의 주기가 사회과학 분야 사이클의 파장과 같을 때, 우리가 미스터리의 핵심에 접근하고 있다고 믿을 만한 근거가 있다.

만일 당신이 이 주제를 과거에 따로 공부하지 않았다면, 규칙적인 사이클이 보편적이라고 할 정도로 자연에 널려 있다는 사실에 놀랄 것이다. 새, 물고기, 곤충, 파충류, 미생물, 포유류 등의 개체수는 리듬에 따라서 규칙적으로 변동한다. 나무의 나이테 폭은 넓어졌다가 좁아지기를 규칙적으로 반복한다. 강이나 호수의 수위는 주기적으로 변동한다. 지진은 규칙적인 시간 간격을 두고 반복된다. 화산 폭발도 마찬가지다. 퇴적암의 각 퇴적층 두께도 처음에는 두껍다가 나중에는 얇아진다. 모든 기상 요소도 비록 매우 복잡하긴 해도 규칙적으로 사이클이 반복된다. 또 많은 별도 규칙적으로 진동한다.

그러므로 우리는 리듬을 발견할 수 있는 곳이라면 어디에서든 리듬을 연구한다. 이것은 우리가 조류학, 파충류학, 어류학, 혹은 지질학에 특별한 관심이 있어서가 아니라, 이런 것들과 그 외 자연과학의 다른 여러 분야에 존재하는 사이클이 흔히 인간사의 사이클들과 동일하기 때문이다. 그 사이클들이 모두 동일하기 때문에, **그것들은 공통되는 하나의 원인을 가지고 있을지도 모른다.**

예를 들어, 주가와 제조업 생산량에 비슷한 8년 사이클이 존재한다는 사실에는 그다지 주목할 만한 게 없다. 이 둘이 하나로 묶여서 동시에 오르내릴 것이라고 충분히 예상할 수 있다. 그러나 날씨와 지진과 태양흑점 폭발에도 동일하게 8년 사이클이 존재한다면, 무언가 엄청나게 근본적으로 중요한 어떤 것이 이 세상을 움직이고 있다고 느낄 수밖에 없다.

자연의 행동을 연구하면 인간의 행동에 대해서 한층 더 많은 것을 깨칠 수 있다. 그래서 우리는 《거울 나라의 앨리스》의 앨리스가 그랬던 것처럼, 자기가 알고자 하는 것을 더 잘 알기 위해 그 대상을 순간적으로 외면한다. 우리는 사회과학의 관점에서 벗어나서 다른 관점으로 대상을 바라볼 것이고, 그럼으로써 야생 환경에 존재하는 여러 신비로운 사이클들을 되짚어볼 것이다. 아닌 게 아니라 미국의 육군항공대도 제2차 세계대전 초기에 그런 사이클 하나를 소홀하게 여겼다가 나중에 두고두고 후회했다.

어센션섬의 전투

어센션섬Ascension Island은 남아메리카와 아프리카 사이의 대서양 중간에 위치한 작은 화산섬으로 면적은 기껏해야 몇 평방마일밖에 되지 않는다. 그런데 1942년에 미국의 육군항공대는 중간 급유 없이 대서양을 건널 수 없었던 그들의 단거리 중형 폭격기가 잠깐 쉬어가기에 좋은 이상적인 장소로 이 섬을 선정했다. 그래서 서둘러 공군 기지를 건설했고, B-25 및 B-26 폭격기가 수도 없이 대서양을 가로질렀다. 그런데 이 섬은 번식 사이클이 특이한 검은등제비갈매기의 번식지라서 이 새들이 거대한 알을 낳아서 부화시키려고 9.7개월마다 찾아온다!

미국의 육군항공대는 이 리듬을 알지 못했고 이 섬에 활주로가 완성되자 수천 마리나 되는 검은등제비갈매기가 몰려드는 일이 일어났다. 안타깝게도 검은등제비갈매기가 둥지를 틀고 알을 낳는 구역 한가운데 활주로가 지어졌던 것이다.

물갈퀴가 있는 이 작은 조류는 그저 성가신 존재에 그치지 않았다. 비행기와 조종사에게는 끔찍한 재앙이었다. 비행기가 이륙하거나 착륙할 때마다 이 새들은 깜짝 놀라 날아올라서 하늘을 가득 채웠다. 그러니까 어센션섬의 하늘을 가득 채워서 무게를 모두 합하면 수만 파운드나 되는 그 새들은 거의 대공포탄만큼이나 비행기에 위험했다. 이때 군 당국은 조종사와 비행기의 안전을 위해서 그 섬에 있는 검은등제비갈매기를 '집단학살'하고 싶다는 유혹을 받았지만 그럴 수는 없었다. 그 섬의 생태계를 존중하겠다고 약속했었기 때문이다.

이 문제를 해결하기 위해 군 당국은 미국자연사박물관American Museum of Natural History의 조류학자인 제임스 채핀James P. Chapin 박사에게 의견을 물었다. 그리고 채핀은 충분히 많은 데이터를 수집하고 분석한 끝에 마침내 검은등제비갈매기가 평균 9.7개월 주기로 그 섬을 찾아온다고 계산했다. 그 새들을 강제로 쫓아내기 위한 여러 가지 아이디어가 나왔지만 그는 이 아이디어들을 모두 물리치고서 마침내 알을 깨뜨리는 간단한 방법 하나를 떠올렸다. 어미 새는 알을 낳고 부화하는 과정에서 실패를 경험하고 나면 다음에는 거의 대부분 그 장소에 다시 알을 낳으려고 찾아오지 않는다는 사실을 알고 있었기에, 그는 그 새들이 번식지를 다른 곳으로 옮기도록 강제할 수 있었다. 이로써 그는 종을 이어갈 수 있도록 검은등제비갈매기를 구했을 뿐 아니라 의심의 여지 없이 수많은 젊은 조종사의 생명과 비행기도 구했다.

그런데 무엇이 검은등제비갈매기가 9.7개월 사이클로 그 섬을 찾아오도록 하는 걸까? 기후나 기온이나 날씨 조건이 계절에 따라서 크게 달라지는 온대 지역에서는 새들이 1년 주기로 번식한다. 그러나 어센션섬은 적도 근처에 있어서 계절이 바뀌어도 날씨 변동이 크지 않고 일조량에도 변화가 없다. 그런데도 검은등제비갈매기는 9.7개월마다 알을 낳고 새끼를 부화시키려고 100만 마리가 넘게 떼를 지어서 이 섬을 찾아온다.

홀수 해에 이동하는 새

콩새라는 특이한 이름을 가진 북미산 작은 새도 당혹스러운 사이클을 가지고 있다. 이 새는 뉴잉글랜드로 대규모로 이동하는데, 특이하게도 홀수 해에만 그렇게 한다. 1913년 이후로 이 새가 그 원칙을 어긴 경우는 세 번뿐이다. 1915년에 이동했어야 했지만 그렇게 하지 않았고, 그 이동은 한 해 뒤에 이루어졌다. 1917년에는 늘 그랬듯이 이동했지만, 어쩐 일인지 1918년에도 이동했다. 그리고 1937년에는 이동하지 않았다. 콩새는 1913년 이후로 이렇게 딱 세 번을 제외하고는 모두 홀수 해에만 이동하는 특이한 규칙성을 지키고 있다.

수년에 걸쳐 콩새의 규칙성이 완벽하지 않았다는 사실은 많은 사이클이 가지고 있는 중요한 특성 하나를 보여준다. 규칙성이 깨지고 난 다음에도 곧바로 원래의 리듬으로 돌아가는 경향이 있다는 점 말이다. 1937년에 콩새는 이동해야 했지만 이동하지 않았는데, 그렇다고 해서 그다음 해인 1938년에 이동한 것도 아니었다. 다음 차례의 '예정' 연도이던 1939년까지 기다렸다가 이동했다. 콩새가 이처럼 2년 사이클로 홀수 해에만 뉴잉글랜드를 찾는 이유는 아직 밝혀지지 않았다.

한곳에만 머무르는 새

거의 모든 새의 개체수는 주기적으로 변동한다. 온타리오연구위원회Research Council of Ontario의 머레이 스피어스J. Murray Speirs는 토론토 지역에 자주 나타나는 새들을 대상으로 일련의 연구를 했다. 스피어스는 재때까치와 털발말똥가리 그리고 흰올빼미의 개체수가 3년에서 5년 사이클로 변동한다는 사실을 확인했다. 한편 솔양진이는 5년에서 6년 사이클로 변동하며, 수리부엉이는 9년에서 11년의 사이클을 갖는다.

레너드 윙Leonard W. Wing 박사는 또 다른 연구를 통해서 큰솜털딱따구리, 솜털딱따구리 그리고 콜린메추라기의 개체수는 50.7개월 사이클로 변동한다고 결론을 내렸다. 조류의 개체수 변화는 보통 그들의 이동과 관련이 있다. 많은 전문가는 주기적으로 발생하는 것처럼 보이는 식량 부족이라는 조건 때문에 새들이 낯설지만 조금이라도 더 따뜻한 장소로 이동할 수밖에 없다고 생각한다. 그렇게 이동해서 식량이 풍부한 환경에 놓이면 개체수가 늘어나고 한층 더 넓은 지역으로 퍼져 나간다.

하지만 콜린메추라기의 행동은 이 설명으로 해석할 수 없다. 이 작은 적갈색 새는 자기가 부화한 둥지로부터 1마일 이상 떨어진 곳에서 죽는 일이 거의 없기 때문이다. 그러므로 이동이라는 조건은 이들의 개체수 변동에 영향을 미칠 수 없는데도, 이들의 개체수는 50.7개월이라는 확실한 사이클을 유지한다. 이 사이클을 야기하는 어떤 힘이 그들의 서식지에 작용하는 것이다. 그런데 그 힘의 정체가 무엇인지는 아직도 수수께끼로 남아 있다.

스라소니의 개체수 변동

캐나다스라소니는 동물의 삶에서 가장 당혹스러운 어떤 측면 하나를 확실하게 보여준다. 개체수의 변동, 즉 개체수의 사이클이 바로 그것이다. 스라소니는 자기가 가장 좋아하는 먹이인 눈덧신토끼를 찾아서 캐나다 최북단 지역을 빠르고 넓은 보폭으로 돌아다니는데, 이 녀석의 발바닥은 쿠션처럼 살집이 많아서 부드러운 눈을 밟아도 빠지지 않는다. 그런데 이 스라소니는 사냥꾼이기도 하지만 동시에 사냥감이기도 하다. 스라소니의 모피가 사람들 사이에서 환금성 높은 상품으로 유통되기 때문이다.

전문 사냥꾼이나 어부가 아닌 이상 대개는 동물의 개체수가 상대적으로 일정하게 유지된다고 생각한다. 하지만 실제로는 전혀 그렇지 않다. 동물의 개체수는 해마다, 심지어 달마다 크게 달라진다. 스라소니는 북부 지역의 사냥꾼이 가장 선호하는 동물이기 때문에 이미 오래전부터 연도별로 개체수와 관련된 기록을 남겨왔는데, 이 기록은 연구자들에게 훌륭한 연구 자료이다.

물론 실제로 스라소니의 개체수를 조사하는 인구총조사 같은 건 없다. 그러나 스라소니의 가죽과 관련한 기록은 남아 있다. 특히 사냥꾼들이 허드슨베이회사Hudson's Bay Company에 스라소니 가죽을 제공한 기록이 그렇다. 사냥꾼들이 생계를 유지하기 위해 기울이는 노력은 상당히 일정하기 때문에, 생물학자들은 그 기록이 야생 환경에 있는 동물의 개체수와 관련해서 신뢰할 수 있는 어떤 지수를 마련해준다고 생각한다.

자, 그럼 이제 믿기 어려운 주기의 '그림'을 한번 살펴보자([그림-2] 참조). 캐나다스라소니 개체수의 이 9.6년 사이클은 1735년 이후로 지금까지 거의 완벽한 리듬으로 반복되고 있다.

지난 50년에서 60년 동안에 사냥한 동물의 총량이 상당히 줄어들었다는 사실을 제외하고 보면, 이 기록에서 가장 눈에 띄는 특징은 각각

[그림-2] 스라소니 개체수의 9.6년 사이클, 1735-1969년

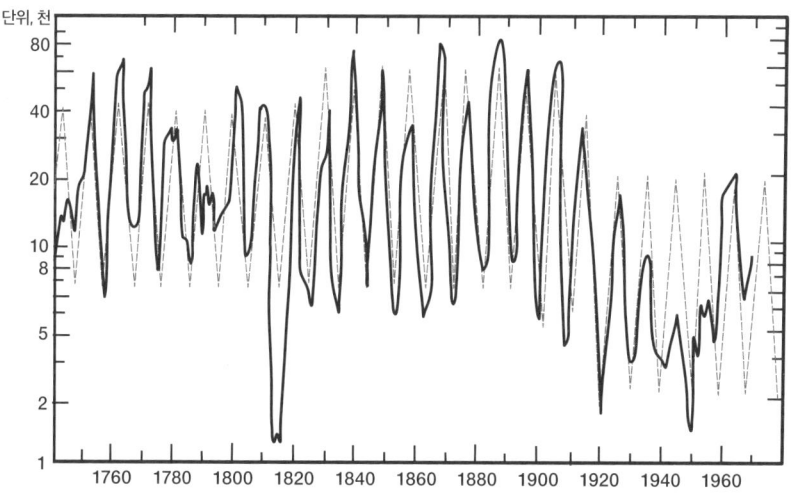

※ 그림으로 검토하는 사이클의 규칙성이 눈에 쉽게 띄도록, 시간 간격이 완벽하게 규칙적인 이상적인 사이클을 점선으로 표시했다. 이는 이 책의 모든 도표에서도 마찬가지다.

의 수치가 엄청난 수준의 변동성을 보여준다는 점과 이 변동성이 놀랍도록 규칙적이라는 점이다. 이 그래프에서 수확량이 적은 해에는 모피의 숫자가 채 2,000개도 되지 않지만 수확량이 많은 해에는 7만 개가 넘을 만큼 변동폭이 크다. 그리고 하나의 고점에서 그다음 고점까지 혹은 하나의 저점에서 그다음 저점까지 걸리는 시간은 통상적으로 8년에서 10년 사이다. 이 그림에 나타나는 시간의 평균을 구하면 9.6년이다.

모피의 숫자가 많은 해에서 적은 해까지 변동성이 크고 또 규칙성이 높아서 캐나다스라소니 사이클은 많은 관심을 받아왔다. 200년이 넘는 세월 동안 이런 규칙적인 리듬 속에서 개체수가 오르내린 것이 순전히 우연의 작용 때문만은 아니라는 데는 연구자들이 대체로 동의하지만, 그 원인에 대해서는 거의 동의가 이루어지지 않고 있다.

그 원인에 대한 한 가지 설명은 스라소니에게 가장 중요한 먹이인 눈덧신토끼의 개체수 증감에서 나타나는 비슷한 사이클을 토대로 한다. 그러나 이 설명도 쉽게 대답할 수 없는 다음 질문을 제기한다. '그렇다면, 눈덧신토끼의 개체수에서 9.6년 사이클이 나타나게 만드는 원인은 무엇일까?'

9.6년이라는 개체수 사이클은 많은 야생 동물에게서 동일하게 나타나는 특징이다. 코요테, 붉은여우, 피셔, 담비, 늑대, 밍크 그리고 스컹크는 모두 개체수 사이클의 평균 주기가 동일하며, 거의 같은 시기에 고점과 저점을 찍는다.

미국 일리노이와 중서부의 많은 지역에서 긴노린재라고 불리는 날개가 흰 성가신 곤충의 개체수 사이클도 역시 9.6년인데, 고점에서는 1에이커 면적을 무려 7,000만 마리가 뒤덮는 것으로 알려져 있을 정도로 곡물 수확에 큰 피해를 입힌다. 1에이커에 7,000만 마리라면 어느 정도인지 상상이 가는가? 쉽게 설명하면, 1평방피트(약 0.09평방미터)에 1,600마리가 빽빽하게 들어차 있는 밀도이다.

연어의 개체수

대서양 연어의 개체수 사이클도 캐나다스라소니와 일리노이에 서식하는 긴노린재와 동일하다([그림-3] 참조).

레스티구치연어클럽Restigouche Salmon Club은 레스티구치강에서 연어낚시를 독점하고 있는 낚시꾼들의 모임이고, 이 강은 가스페반도와 뉴브런즈윅 사이에서 125마일(약 200킬로미터)를 흐른 다음 세인트로렌스만으로 들어간다. 이 클럽의 회원들이 낚싯대 하나로 하루에 잡은 연어의 수를 꼼꼼하게 기록한 자료에 따르면, 1880년부터 1930년까지 연어의 개체수는 9.6년 사이클로 변동한다. 이 클럽의 회장이 최근에 나에게 제공한 수치도 예전에 보였던 사이클과 동일한 리듬을 나타낸다. 이것은 매우 중요한 증거이며, 여기에는 결코 우연으로는 설명할 수 없는 사이클이 존재함을 보여준다. 이 사이클에 담긴 중요성에 대해서는

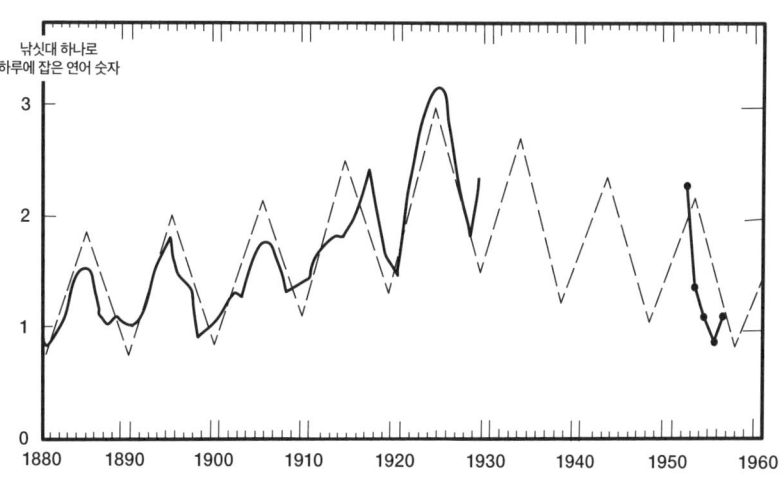

[그림-3] 대서양 연어 개체수의 9.6년 사이클, 1880-1956년

레스티구치연어클럽에서 낚싯대 하나로 하루에 잡은 연어 숫자. 1880-1929년 수치는 평활화한 수치이고, 1952-1956년 수치는 실체 수치이다. 그 외 연도의 수치 기록은 확보하지 못했다.

4장에서 따로 자세히 설명하겠다.

그런데 1960년에 발표된 또 다른 연구는, 대서양 연어에서 나타나는 것과 동일한 9.6년 사이클의 흔적이 수천 마일 떨어진 영국의 와이강에서 나타난다는 사실을 확인했다.

사이클 관련 지식을 실제 현실에서 유용하게 활용하는 방법은 연어 개체수에 대한 간략한 고찰에서 분명하게 드러난다. 연어라는 인기 어류가 주기적으로 희소해지는 문제는 유럽 어업에 매우 중요하다. 연어 조황이 좋은 해와 나쁜 해를 미리 예측할 수만 있다면 수천 명의 인력과 수백만 달러의 돈을 절약할 수 있다. 우리가 이미 가지고 있는 지식을 제대로 활용하기만 하면 굳이 그 미스터리를 해결할 때까지 기다릴 필요가 없다.

사이클에 따라서 죽는 설치류

노르웨이어로 '파괴'를 뜻하는 단어는 레무스lemmus 또는 레밍lemming(나그네쥐)이다. 길이가 약 15센티미터인 레밍이라는 설치류는 평균 3.86년마다 떼를 지어서 노르웨이의 언덕을 휩쓸고 내려오면서, 바다에 도달할 때까지 그 길에 있는 모든 것을 파괴한다. 이들은 물 앞에서도 멈추지 않고 계속 전진해서 익사함으로써 자기 자신까지 파괴한다. 그리고 도저히 설명할 수 없는 이유로 죽지 않고 살아남은 소수의 무리는 평균 3.86년 뒤에 다시 바다를 향해서 이동할 새로운 레밍

무리의 핵심이 된다. 레밍이 이렇게 정기적으로 죽음을 향해 달려가는 이유는 아직 아무도 모른다.

노르웨이에서는 또 여우도 개체수 사이클이 3.86년이고, 미국에서는 북미산 소나무의 성장 사이클이 이와 동일한 것으로 보인다. 도대체 어떤 알 수 없는 힘이 미국에서 자라는 특정한 나무의 성장에 영향을 주고 또 노르웨이의 레밍과 여우의 개체수에도 똑같은 영향을 줄까?

나무, 가격, 전기

앞의 마지막 단락에서 나는 나무의 성장을 언급했다. 이 성장을 측정하려면 나이테의 폭이 얼마나 되는지 조사하기만 하면 된다. 나무는 목질층을 추가함으로써 성장한다. 겨울에 성장하는 부분은 단단하고 밀도가 높은 반면에 여름에 성장하는 부분은 부드럽고 밀도가 낮다. 특정한 연도에 그 나무가 어떻게 성장했는지는 나무를 잘라서 나이테를 보면 알 수 있다. 나무가 잘 자란 해에는 그해에 추가된 목질층이 두껍고, 그렇지 않은 해에는 그 층이 얇다. 그런데 두꺼운 층이 여러 개 이어진 다음에 얇은 층이 여러 개 이어지는 경향이 있다. 이 변동이 규칙적일 때, 우리는 나무의 나이테 폭에서 규칙적인 사이클을 보게 된다.

애리조나의 나무 및 그 나이테는 여러 해 동안 연구의 대상이 되어 왔다. 과거 9세기까지 나무의 성장을 추적한 한 연구에 따르면 54년 사이클이 나타난다. 영국에서는 석탄 생산량과 선철 생산량 그리고 납 생산량에서 54년 사이클이 나타난다. 프랑스에서는 수출입 및 총 해외무역량에서 54년 사이클이 나타난다. 1922년에 베버리지 경Lord Beveridge은 밀 가격이 54년 사이클로 움직인다고 주장했으며, 미국에서는 평균 도매가격에서 54년 사이클이 세 번이나 나타났다. 이 모든 게 과연 우연일까?

주기가 한층 더 짧은 다른 여러 사이클도 나이테에서 발견되었으며, 애리조나에서 확인된 16⅔년 사이클이 자바섬의 나무에서도 발견되었다.

세 번째 나이테 사이클인 42년 주기는 무척이나 흥미로운데, 우리가 수많은 사이클을 연구하는 과정에서 발견한 여러 특징을 고스란히 가지고 있기 때문이다. 이 42년 주기는 대략 열 번의 규칙적인 파동을 반복하고, 그 뒤에 약 80년 동안은 단 한 번의 고점만 나타날 것이다. 그러면 우리는 세 번 나타나야 할 파동을 두 번만 경험하게 될 수도 있다. 그러다가 마침내 이 42년 사이클은, 마치 이 사이클을 일으키는 힘이 항상 존재했지만 우연이나 혹은 아직은 전모가 밝혀지지 않은 어떤 법칙에 따라서 일시적으로 잠깐 바뀌었을 뿐이었던 것처럼, 예전과 다름없는 규칙적인 42년 사이클로 돌아간다.

나무는 또 다른 흥미로운 사이클을 가지고 있다. 나무의 전위electric potential, 즉 전압은 규칙적으로 변동한다. 만약 살아 있는 나무의 줄기에 수직으로 1야드(약 90센티미터) 정도 떨어진 두 지점에 작은 구멍을 하나씩 뚫은 다음에 이 구멍에 전선의 양 끝을 하나씩 삽입하면, 마치 나무가 전기 배터리라도 되는 것처럼 전선을 따라서 전류가 흐른다. 그런데 진짜 배터리를 사용할 때 전선에 흐르는 전압은 일정하지만, 나무 구멍에 삽입된 전선에 흐르는 전압은 변동한다. 또 배터리에서 나오는 전류는 항상 한쪽으로만 흐르는 직류이지만, 나무에서 나오는 전류는 전류의 방향이 시시때때로 바뀌는 교류이다.

예일대학교의 해럴드 색스턴 버Harold Saxton Burr 박사는 뉴헤이븐 지역에 있는 다수의 나무에서 나타나는 전압 변화를 여러 해 동안 밤낮으로 꾸준하게 기록했고, 여기서 두 가지 놀라운 사실이 드러났다. 첫째, 나무의 전압은 약 6개월 사이클로 변동한다. 둘째, 심지어 30마일 떨어진 같은 종류의 다른 나무에서도 동일한 패턴이 나타난다. 즉 전류가 한 나무의 아래에서 위로 흐를 때, 이 양상은 다른 나무에서도 똑같이 나타난다. 전류가 한 나무의 위에서 아래로 흐를 때도 마찬가지다. 버 박사는 전압의 이런 변화가 그 지역의 기압이나 기온이나 습도 등에서 나타날 수 있는 유사한 변화에 따른 결과일지도 모른다고 생각하고 그 연관성을 규명하려고 시도했지만, 결국 그런 것은 나무가 보여주는 이상한 행동의 원인이 아니라고 결론을 내렸다.

이 '단서'를 놓고 잠시 살펴보자. 도대체 무엇이 나무가 이런 식으로 행동하게 만들 수 있을까? 그 원인이 자연환경에 있음은 분명하다. 대기를 포함한 지구에 존재하지만 **알려지지 않은 무엇인가**가 나무에 그런 일이 일어나도록 영향을 준 것만큼은 분명하다. 하지만 그게 무엇일까? 그 영향에 따른 결과가 우리 눈에 보이니 거기에 분명 어떤 원인이 작용했음을 우리는 안다. 나무가 이런 식으로 행동하게 만드는 무엇인가가 존재하고, 이 '무엇'이 힘을 가지고 있으며 이 힘은 주기적으로 반복되는 사이클을 보인다. 그 힘은 도대체 무엇일까?

사이클연구재단이 중요한 이유

여러 세대에 걸친 과학자들은 자연을 이해하겠다는 탐구의 노력을 기울였으며, 그 노력의 일환으로 규칙적인 움직임의 존재에 주목해왔다. 그들은 각자 자기 관심 분야에서 일하면서 종종 여러 사건에서 패턴pattern이나 하위패턴subpattern으로 보이는 것들을 관찰하고 논평했다. 그러나 사이클연구재단이 설립되기 전에는 예컨대 기상학에서 나타나는 온갖 사이클에 대한 정보를 수집한 다음에 이 정보를 경제학, 의학, 농학 또는 사회학에서 나타나는 사이클을 연구하는 사람들에게 넘겨줄 수 있는 일종의 교환소 역할을 하는 기관이 없었다. 심지어 오늘날에도 일부 과학자는 자기 분야 이외의 다른 분야에는 어떤 사이클이 있는지 알지도 못한다.

하지만 만약 사이클이라는 것이 정말로 모든 생명체의 특징이라면, 예를 들어 동물 개체수 사이클과 관련한 지식이 지질학자나 기상학자에게 그 자신들의 발견을 뒷받침할 정보를 제공할 수도 있다고 보는 게 논리적으로 올바른 추론이 아닐까? 여러 과학 분야 사이에서 사이클과 관련한 정보가 소중하게 교환되지 않는다면, 과학자들은 과연 자기가 속한 특정한 과학 분야를 진정으로 온전하게 이해할 수 있을까?

곤충에 대해서 당신이 유일하게 갖는 관심이라고는 장미 덤불을 갉

아먹는 곤충을 잡아서 죽여야 한다는 것일지도 모른다. 그러나 당신이 곤충학자이고 평생을 바쳐서 연구하는 대상이 메뚜기라고 잠시만 가정해보자. 당신은 연구를 통해 메뚜기로 인한 농작물 손실과 해충 방제 비용 때문에 해마다 농부들에게 수백만 달러의 피해가 발생한다는 것을 잘 알고 있다.

그러나 당신은 지금껏 오랫동안 철저하게 연구해왔고, 또한 메뚜기의 개체수가 주기적으로 변동하므로 이 개체수를 어느 정도는 정확하게 예측할 수 있음을 알고 있다. 메뚜기의 개체수에는 적어도 세 개의 사이클이 있다는 걸 당신은 아는데, 하나는 9.2년 사이클이고 다른 하나는 15년 사이클이며 나머지 하나는 22.7년 사이클이다. 그런데 마치 여러 힘이 동시에 메뚜기 개체수에 영향을 주는 것 같다.

이 세 개의 사이클이 모두 당신이 하는 작업에 의미가 있지만, 당신은 9.2년 사이클에 특히 관심이 많다. 주기가 가장 짧은 사이클이고, 따라서 가장 자주 반복되는 사이클이기 때문이다. 그런데 어느 날 당신은 사이클연구재단에서 발표한 어떤 자료의 내용을 보고 깜짝 놀란다. 9.2년 사이클이 메뚜기 개체수뿐만 아니라 다른 많은 현상에도 존재한다는 사실을 알았기 때문이다. 미시간호의 수위, 나무 나이테의 폭, 기업 파산, 물가 등에도 주기가 비슷한 사이클이 있다. 1784년 이후로 선철 가격과 구리 가격에는 9.2년 사이클이 지속적으로 나타났고, 산업 부문의 여러 종목 주가에서도 1871년 이후로 9.2년 사이클이 존재했으며, 철도 종목의 주가에도 1831년 이후로 9.2년 사이클이 분명하게 나타났다. 영국의 하트퍼드셔에 서식하는 자고새의 개체수도 약 9.2년 사이클로 오르내리며, 애리조나의 산타카탈리나산맥에 있는 나무의 나이테도 9.2년 주기로 폭이 넓어지는 경향을 보인다.

곤충학자인 당신은 또 나중에 다른 '우연'들을 발견한다. 사이클연구재단이 발간하는 월간 기관지인 〈사이클즈Cycles〉의 오래된 발행물을 보고 당신은 미처 알지 못했던 사실을 알게 된다. 당신은 스미스소니언협회Smithsonian Institution의 찰스 그릴리 애벗 박사가 40년 동안 관찰한 내용을 바탕으로 논문을 발표했다는 사실을 알게 되는데, 이 논문을 읽어보고는 태양에서 지구로 전해지는 열의 복사에너지는 약 22.7년 사이클로 변동한다는 사실 그리고 이 사이클의 주기가 당신이 평생에 걸쳐 확인한 메뚜기 개체수 사이클 가운데 가장 긴 사이클의 주기와 같다는 사실에 깜짝 놀란다. 또한 동일한 발행물에서 당신은 체코슬로바키아의 크루마우에 있는 보헤미아의 오래된 영지에서 그 긴 사이클을 다시 또 만나는데, 1727년에서 1909년까지 이곳의 연간 자고새 개체수에 대한 데이터는 22.7년 주기로 고점과 저점을 찍는다.

이런 여러 지식을 알고 났을 때 당신이 수행하는 곤충학 연구는 그런 지식을 알지 못했던 과거와는 매우 달라질 가능성이 크다. 메뚜기와 관련해서 당신이 다루는 사이클이 곤충이라는 차원과는 비교가 되지 않을 정도로 포괄적이고 또 이 세상에 근본적으로 중요한 어떤 것의 일부일 수도 있음을 처음으로 깨달을 테니까 말이다.

가장 낮은 단계의 생명체에도
사이클은 있다

당신이 손에 들고 편하게 읽을 수 있는 책으로는 자연과학 분야에서 지금까지 확인된 사이클을 모두 담을 수 없다. 다양한 리듬이 수도 없이 많기 때문이다. 그 가운데는 온갖 곤충의 부화 사이클이나 색소 변화 사이클, 대사 속도의 사이클이나 신체의 화학적 변화 사이클처럼 상대적으로 세상에 덜 알려진 것들도 있다. 심지어 젖소가 생산하는 우유의 양도 주기적으로 변동한다. 빈대, 다람쥐, 토끼, 도마뱀을 포함한 여러 동물의 먹이활동 패턴에도 리듬이 존재한다. 심지어 꿀벌이 수집하는 꽃가루의 양도 주기적으로 변동한다.

노아와는 다르게 나는 모든 생물 종을 나의 '방주'에 태우려고 하지 않았다. 그렇게 했다가는 이 방주는 무게를 이기지 못하고 가라앉을 것이고, 결국 독자는 지루함을 견디지 못해 이 책을 내팽개칠 테기 때문이다. 만일 여기까지 읽은 당신이 자연에도 리듬이 존재한다는 사실을 이 책 덕분에 깨달았다면, 이 장의 목적은 달성된 셈이다. 그리고 계속해서 이어지는 장들에서 당신은 자연에 존재하는 훨씬 더 많은 사이클을 만나게 될 것이다. 자연과학 분야의 사이클을 다른 분야에 존재하는 여러 사이클과 비교할 것이므로 그때는 훨씬 더 많은 사이클을 만나게 될 것이다.

하지만 새와 벌과 스라소니와 연어를 뒤로하고 나아가기 전에 당신에게 꼭 소개하고 싶은 자연계의 사이클이 하나 더 있다. 플랑크톤의 사이클이다. 플랑크톤은 전 세계의 많은 담수호와 바다에서 서식하는 수중 미생물이다. 비록 가장 낮은 단계의 생명체로 꼽히긴 하지만 수중 생활을 하는 생명체 대부분에게 없어서는 안 되는 영양 공급원이다.

플랑크톤이 메뚜기, 연어, 자고새, 스라소니 그리고 심지어 나무와도 공유하는 공통점이 하나 있다. 플랑크톤에도 **자기만의 사이클이 있다**는 점이다. 1926년에 시카고의 수질정화국이 미시간호에 서식하는 플랑크톤을 연구하기 시작했고, 1942년까지 이 호수에서 1만 2,000개가 넘는 표본을 채취했다. 그런데 플랑크톤의 개체수를 연평균으로 놓고 보면 4년 주기의 사이클이 나타났는데, 처음 2년 동안에는 늘어났다가 그다음 2년 동안에는 줄어드는 리듬이 반복되었다.

자연계에는 이 작은 플랑크톤의 덩치 큰 형제자매가 무척이나 많은데, 이 형제자매들의 경우와 마찬가지로 해당 사이클에 대한 논리적이거나 일반적으로 인정되는 설명은 전혀 존재하지 않는다.

4

사이클을 따라
움직이는
우리 몸과 마음

"여름이 가면 겨울이 오고, 헌 달이 가면 새 달이 오고, 낮이 가면 밤이 온다. (…) 우주는 정적이지 않다. 전자에서 은하에 이르는 모든 구성 요소는 끊임없이 운동하는데, 이 운동은 늘 같은 방향으로만 일어나지 않는다. 얼마간의 시간이 지나고 나면 이 운동은 반드시 하나의 원을 그리거나, 혹은 멈추었다가 반대 방향으로 돌아가게 마련이다."

- 존 클라우즈리 톰슨 J. L. Cloudsley-Thompson

CYCLES

 자연과 자연의 모든 구성 요소는 사이클에 따라 주기적으로 변동한다. 자연의 가장 위대한 창조물인 인간의 몸도 예외가 아니다.
 사람이 숨을 쉴 때 폐는 정해진 리듬에 따라서 팽창하고 수축한다. 이때 심장과 맥박도 이 해부학적 행진에 동참한다. 그러나 이들 각각의 운율은 사람마다 다르다. 혈압과 혈류도 사이클에 따라서 변동하며, 부신 분비물이나 담즙의 생성 그리고 체온도 마찬가지다.
 심지어 뇌도 규칙적으로 작동해서([그림-4] 참조) 파동과 같은 전기 자극을 생성하는데, 이 자극은 몇 초에 하나씩 생성되는 느린 것에서부터 1초에 서른 개 이상씩 생성되는 빠른 것까지 다양하다. 그리고 이들의 양상은 다양한 질병을 의학적으로 진단할 때 중요한 판단 기준이 된다.
 놀랍게도 사람의 몸에 서식하는 박테리아의 개체수조차 스라소니나 연어나 자고새와 마찬가지로 사이클에 따라서 주기적으로 변동한다.

[그림-4] 뇌파의 사이클

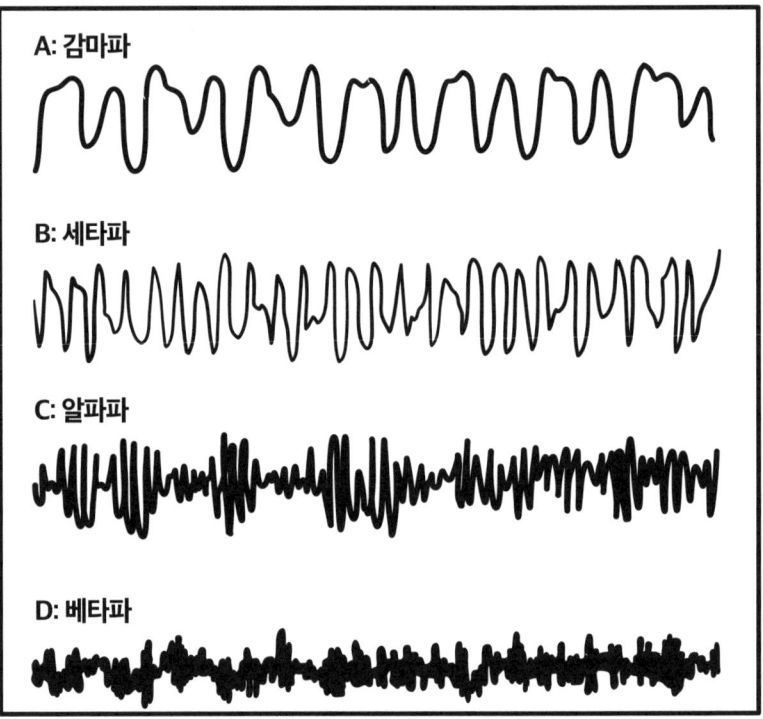

뇌파의 네 가지 주된 유형(윌리엄 그레이 월터William Grey Walter에 따른 분류)

우리 몸 속의 리듬들

사람은 축축하게 젖은 작은 구체에 살고 있는데, 이 구체는 태양을 기준으로 해서 24시간 주기로 자전한다. 사람은 하루 주기로 바뀌는 빛과 온도와 습도라는 외부 환경에 노출되어 있으므로, 인체의 많은 장기는 24시간 주기에 맞춰서 돌아간다고 볼 수 있다. 그러나 난방기의 온도 조절 장치나 시계와 라디오의 알람 장치 또 냉장고의 제어 장치처럼 그 장기들이 반드시 동일한 사이클로 작동하지는 않는다.

사람의 간, 즉 부드러우면서도 단단하며 적갈색의 광택 없는 장기는 인체에 꼭 필요한 중요한 기관이다. 간은 적어도 500가지나 되는 기능을 수행한다. 간이 없는 사람은 며칠을 버티지 못하고 죽는다. 간은 신기하기 짝이 없는 24시간 사이클을 가지고 있다. 간은 사람이 깨어 있는 낮에는 담즙을 생산하는데, 이 담즙은 지방을 유화시켜 소화 과정을 돕는다. 또 사람이 잠을 자며 쉬는 밤에는 글리코겐(당원)을 글루코스(포도당)로 분해하는데, 이 글루코스는 사람이 깨어 있을 때 발휘해야 하는 활력에 필요한 에너지이다.

사람의 혈압은 또 다른 메트로놈을 따라 변동하는데, 새벽 3시쯤에 가장 낮고 오후 3시쯤에 가장 높다.

밤에는 폐활량이 줄어드는 반면, 인체의 활력을 촉진하는 호르몬인 아드레날린은 잠에서 깨기 직전인 오전 4시에서 6시 사이에 가장 많이 생성된다. 그러다가 늦은 저녁 시간이 되면 거의 생성되지 않는다.

사람은 24시간 리듬 속에서 잠을 자는데, 체온도 이와 비슷한 사이클을 그리면서 변동한다. 사람의 체온은 깨어 있는 동안에 가장 높게 올라가고 잠을 자는 동안에 가장 낮게 내려간다. 낮에 체온이 올라갈 때 인체의 효율성이 높아지고 밤에 체온이 내려가면 그 효율성은 낮아진다. 그러나 인체는 그 어떤 공장의 조립라인에서도 만들어낼 수 없는 복잡미묘한 기계 장치이다. 인체는 복잡할 뿐만 아니라 사람마다 다르기도 하다. 사람은 피부 색깔이나 눈동자 색깔에 비하면 훨씬 덜 눈에 띄는 수많은 점에서 저마다 다르다.

어떤 사람은 '아침형 인간'이고, 어떤 사람은 '저녁형 인간'이다. 아침형 인간은 하루 가운데서도 이른 시간에 가장 높은 체온을 기록하며 바로 이 시간대에서 일의 성과가 가장 높다. 반면에 아침에 일찍 일어나는 것을 지독하게 싫어하는 저녁형 인간은 낮에 체온이 상승하며, 이 사람들은 아침형 인간이 일과가 끝났다고 생각하는 바로 그 시간대에 가장 높은 생산성을 발휘한다.

만약 동료들에게 건강염려증 환자라는 인상을 줄지도 모르는 위험을 기꺼이 무릅쓴다면, 아침형 인간인지 저녁형 인간인지 스스로 몇 주 안에 알 수 있다. 방법은 이렇다. 아침에 일어난 뒤부터 잠자리에 들 때까지 한 시간 단위로 체온을 재라. 만일 체온이 낮 시간대에 계속 올라간다면 당신은 저녁형 인간이다. 반면에 그 시간대에 체온이 내려간다면, 당신은 아침형 인간이므로 하루 동안에 할 일 가운데 훨씬 많은 부분을 오전 시간대에 하겠다고 계획을 세우는 게 좋다.

당신의 24시간 체온 사이클은 급격한 변화에 저항하는 경향이 있다. 사람들이 왜 잠을 자는지 그리고 수면 리듬이 왜 24시간인지 해답을 찾겠다는 목적으로 진행된 여러 실험에 따르면, 이런 패턴이 21시간 혹은 심지어 27시간 리듬으로 단기간에 강제적으로 바뀔 수는 있지만 24시간 체온 사이클은 수면 습관이 바뀌는 걸 원하지 않는다.

시차와 적응

　지금은 비행기를 타고 몇 시간이면 지구를 한 바퀴 돌 수 있다. 그래서 민간항공기 조종사들은 과거에는 없었던 시차라는 인체 부적응 상황을 호소한다. 비행을 하면서 여러 시간대를 넘었음에도 자신의 신체는 이전 지역의 시간대에 따라서 작동하므로 도착지의 전혀 다른 시간대에 따라 하루 일정을 보내기가 힘들다는 것이다. 그래서 이들은 장시간 비행을 하고 난 다음에는 시간대가 달라진 새로운 환경에 신체가 적응할 수 있도록 충분히 쉬기를 원한다.

　현재 많은 기업은 회사의 임원들이 시차가 발생할 정도로 여러 개의 시간대를 넘어가는 먼 거리를 여행했다면, 하루 이상 충분히 휴식한 다음에 중요한 의사결정을 내리도록 권고한다. 피로 및 바뀐 신체 시간표라는 조건 아래에서는 나쁜 의사결정을 내리기 쉬운데, 그 바람에 발생하는 비용이 하루 이상의 휴식을 보장하는 데 드는 비용보다 훨씬 클 수 있기 때문이다. 이런 점은 1967년에 소련의 알렉세이 코시긴Alexei Kosygin 총리가 미국을 방문했을 때 분명히 강조되었다. 코시긴이 러시아에서 비행기를 타고 미국에 도착했을 때 그의 신체 '시계'는 달라진 시간대에 적응하지 못했고, 그래서 그는 이 시계가 제대로 작동할 때까지 무려 한 주 동안이나 휴식을 취한 다음에야 미국의 언론이나 정부 소속 인사들을 만났다.

생체 '시계', 사실일까, 착각일까?

인간을 포함한 모든 생명체가 신체 기능을 조절하는 생물학적인 '시계'를 가지고 있을까 하는 의문에 대한 과학적·의학적 논쟁은 종결되지 않았다. 어떤 생물학자 집단은 이 '시계'는(이 시계가 실제로 존재한다고 하더라도 그 위치를 특정할 수는 없다) 어디까지나 철저하게 내부적인 장치일 뿐이며, 따라서 외부의 영향을 받지 않는다고 주장한다.

반면 다른 생물학자 집단은 실험을 통해 이를 반박하려 한다. 이들은 인간을 포함한 모든 생명체의 생체 리듬이 외부 환경에 직접적으로 영향을 받는다고 주장한다. 이 분야에서는 노스웨스턴대학교 생물학과의 프랭크 브라운 주니어Frank A. Brown, Jr. 교수의 연구가 두드러진다.

브라운 교수가 수행한 초기 실험 가운데 하나는 1957년에 진행되었는데, 이 실험이 '외부의 힘' 가설을 강화했다. 그는 코네티컷의 뉴헤이븐 해안에서 다량의 굴을 채취한 다음에 일리노이의 에번스턴에 있는 자기 실험실로 가지고 왔다. 두 지점 사이의 거리는 무려 1,000마일(약 1,600킬로미터)이나 되었다. 만약 모든 살아 있는 생명체가 자기 신체 내부에 '시계'를 가지고 있다는 주장이 옳다면, 일정한 온도 조건이 유지되는 가운데 대서양 소금물이 담긴 **닫힌** 용기 안 깜깜한 어둠 속에서 생명을 이어가던 굴들은 에번스턴에서도 뉴헤이븐에서 늘 그랬던 것처럼 오랜 세월 서식했던 그 해안 서식지의 물때(조수간만) 시간에 맞춰서 껍데기를 여는 게 맞다.

실제로 그 굴들은 그렇게 했다. 그러나 며칠 동안만 그랬을 뿐이고,

채 2주도 지나지 않아서 에번스턴에서 뜨고 지는 달의 운동과 조응해서 (즉 뉴헤이븐 해안과는 전혀 다른 시간대에) 껍데기를 열고 닫았다! 세계 어디에서든 달의 위치는 언제나 조수의 흐름과 일치하지만, 일리노이의 에번스턴에는 해양 조수가 없다. 하지만 그 굴들은 껍데기를 열었다가 닫는 움직임을 존재하지도 않는 에번스턴의 조수 흐름에 맞췄다. 이런 사실은 '어떤 것'이 (이것이 어떤 내부의 '시계'가 아님은 확실하다) 에번스턴이라는 새로운 환경에도 그 조수가 있다고 알려준다는 뜻이다.

브라운 교수와 그의 동료들은 이 뛰어난 연구를 한 걸음 더 진전시켰다. 그들은 모든 생명체에 공통적으로 존재하는 생물학적 과정인 신진대사를 놓고 실험했다. 신진대사를 비과학적인 용어로 단순하게 설명하면, 어떤 생명체가 음식을 먹었을 때와 이 음식을 노폐물로 배출할 때 사이에 일어나는 모든 화학적 변화 과정이다. 예를 들어, 의사는 당신의 신체가 당신이 섭취하는 음식을 제대로 사용하는지 어떤지 알아내기 위해서 '기초 신진대사 검사'를 할 수 있다.

브라운 교수가 선택한 실험 대상은 새싹이 막 돋아나기 시작한 감자 조각이었다. 브라운 교수와 동료들은 이 어린 표본들을 어둠과 **압력이 일정하게 유지되는 조건**에서 밀봉하면서, 감자의 어린 새싹이 산소를 소비하는 속도를 측정하고 기록하는 장치도 함께 설치했다. 그리고 그들은 이런 통제 조건 아래에서도 감자는 24시간의 산소 소비 사이클을 가지고 있다는 것을 발견했는데, 증거에 따르면 이런 현상은 밀봉된 용기 외부의 기압 변화에서 비슷하게 나타나는 24시간 사이클과 어떤 식으로든 관련이 있다. 그런데 무엇보다 놀라운 점은 감자가 외부 기압을 **이틀 전에** 예측하는 능력을 가지고 있다는 사실이었다. 오후에 신진대사율 수치가 최고점을 찍은 사실은 이틀 후 그 지역의 기압과 관련이 있는 것처럼 보였다!

이런 내용을 브라운 박사는 다음과 같이 요약했다. "당근에서 해조류까지 그리고 게에서 굴과 쥐에 이르기까지 우리가 실험실에서 연구했던 모든 생명체는 (…) 기압의 변화를 보통 이틀 전에 예측하는 능력을 보여주었다. 그 예측은 우연과 전혀 상관없이 매우 안정적으로 이루어졌다. 몇 주 혹은 몇 달 동안 일정한 조건에서 외부와 차단되어 격리된 상태에 있는 기상학자에게 이틀 뒤의 날씨 예보를 해달라고, 아니 오늘 날씨라도 말해달라고 요청한다고 생각해보라. 이 사람은 얼마나 답답하겠는가?"

무선 전파가 집 벽을 뚫고 들어와서 당신에게 6시 뉴스를 들려주는 것과 마찬가지로, '외부에 있는 어떤 것'이 밀폐된 용기를 뚫고 내부로 들어가서 브라운 교수의 감자가 보여준 이상하고도 주기적인 행동을 촉발했다. 당연한 말이지만 당신과 나는 밀폐된 용기 안에서 보호받지 않으며, 온도와 습도, 압력이 일정한 조건에서 일상생활을 하지도 않는다. 그러나 우리 모두는 적어도 감자만큼은 민감하다고 생각하고 싶어 한다. 그렇다면, 우리는 굴이나 감자에 작용하지만 정체가 드러나지 않은 그 동일한 힘이 우리 인간에게도 영향을 미칠 수 있다고 감히 결론 내릴 수 있을까? 굴이나 감자를 '활성화'하는 그 어떤 힘이 우리 인간 내부의 어떤 민감한 메커니즘을 '활성화'해서, 우리 기분이 기압의 변화에 따라 함께 움직이게 하는 것은 아닐까?

인간의 감정 사이클

사람에게는 누구나 저마다의 감정 기복이 있다. 사람들은 어떤 날에는 감정이 한껏 고양되어 열정과 흥분에 휩싸인다. 이럴 때면 세상에 감당하지 못할 것은 아무것도 없다고 느낀다.

그러나 다른 날에는 우울함에 푹 빠져 있다. 사소한 말 한마디에 짜증이 솟구친다. 입맛도 없다. 아주 사소한 일을 엄청나게 심각한 문제인 양 크게 부풀린다. 아닌 게 아니라 이 기간에는 이런 우리의 태도 때문에 없던 문제도 생겨난다.

제법 오래전에 펜실베이니아대학교의 렉스 허시Rex Hersey 교수가 남자에게 일어나는 이런 감정상의 변동을 과학적으로 연구했다. 그리고 개별 남성의 감정 사이클 주기는 16일에서 63일까지 사람에 따라 다양하지만 평균을 내면 약 5주라고 결론을 내렸다. 이 5주라는 기간은 보통의 남자가 한 차례 감정이 고양된 시기를 거쳐서 걱정으로 가득 찬 시기를 지난 다음에 다시 새로운 고양의 시기로 되돌아오는 데 걸리는 전형적인 시간이다.

허시 교수와 그의 동료들은 직업, 나이, 성격 유형, 민족적 배경 등이 다양한 남성 노동자 집단을 꼬박 1년 동안 관찰했다. 효율성, 생산성, 협동성, 부적절한 언행, 창의적 사고, 무단결근, 감정, 몽상 등과 같은 수많은 영역에서 드러난 그들의 행동을 혈압, 몸무게, 수면 시간, 피로감, 질병 등과 연계하여 연구했다.

허시 교수는 변동하는 피실험자들의 기분을 단순화해서 표기할 목적으로 감정 척도를 만들었으며, 이 척도에 다양한 수치를 적용했다. 예를 들면 행복감과 고양감에는 가장 높은 값인 플러스 6점을 매겼고, 걱정하는 마음에는 가장 낮은 값인 마이너스 6점을 매겼다.

피험자들은 13주 동안 날마다 네 번씩 연구자들을 만나서 간단하게 인터뷰를 했고, 그날의 '기분 점수'를 마이너스 6점부터 플러스 6점까지 받았다. 대부분의 경우 허시 교수는 피험자 자신이 어떻게 느끼는지에 대한 의견과 인터뷰를 진행하는 연구자의 관찰 내용을 결합하면 상당히 객관적으로 피험자의 기분을 평가할 수 있다고 믿었다. 이 방법으로 개인이 느끼는 모든 감정을 헤아리거나 묘사할 수는 없다. 그럼에도 이 방법은 피실험자 각각이 느끼는 그날의 지배적인 기분을 충분히 정확하게 드러냈다.

그런데 허시가 가장 많이 놀랐던 점은, 비록 사람들의 사이클은 저마다 달랐지만 개인 기준으로는 사이클이 상당히 일정하다는 사실이었다. 예를 들어서 어떤 사람의 기분 사이클이 평균 5주라면, 이 주기가 4주 아래로 짧아지거나 6주 이상으로 길어지는 경우가 거의 없었다. 가정에서의 다툼, 상사와의 불화, 특히 경사스러운 일, 승진, 직무 관련 문제, 예상치 못한 횡재, 사고 등 온갖 일이 일어난다고 해도 **그 사람의 기분 사이클은 그 사람의 정상적인 사이클과 1주 넘게 차이가 나지 않았다.**

당신의 감정 사이클에서 기분이 고양되는 기간의 징후는 무엇인가? 아침에 침대에서 꾸물거리지 않고 벌떡 일어나고, 열정이 타오르는 마음으로 일터로 달려가고, 며칠 또는 몇 주 동안 미뤄왔던 일을 거침없이 척척 해낸다. 이런저런 문제가 있어도 그 문제가 오히려 투쟁심을 자극한다. 너무 어려워서 감히 엄두도 못 내겠다는 일은 없다. 신체적으로도 너무 기분이 좋으며, 일을 마치고 퇴근해서도 다른 사람들과 어울릴 준비가 되어 있다. 당신은 또한 미래를 위한 계획을 세우고, 또 새로 구매할 자동차를 알아보거나 새 집 장만을 고려한다. 재정적인 문제와 관련된 걱정은 마음에서 사라지고 없다. 이런 상태에 놓인 사람은 클레멘트 스톤W. Clement Stone이 '긍정적인 정신적 태도'라고 부르는 것을 가지고 있다.

기분이 낮게 가라앉은 시기에는 심지어 출근하는 일조차 거의 불가능할 정도이다. 이런 문제를 해결하기 위해서 정신적으로나 육체적으로 노력을 기울이기란 쉽지 않다. 피곤하고 우울감을 느낀다. 그리고 기분이 좋았던 시기에는 거들떠보지도 않았던 문제들을 놓고 걱정한다. 직업, 미래, 가족, 은행 잔고 그리고 자기의 건강 등을 염려한다. 무슨 생각을 하든 늘 부정적이다.

이상하게 들릴지도 모르지만 사람들의 섹스 활동은 기분이 낮게 가라앉은 시기에 더 왕성해진다. 걱정이 많아서 마음이 복잡하고 그래서 잠을 쉽게 이루지 못할 때 대개 마음을 진정시키고 또 쉽게 잠들고 싶어서 평소보다 섹스에 더 열중하기 때문에 그렇다.

감정 사이클을 예측하는 방법

만약 자신의 기분 상태가 '고조된' 시기와 '저조한' 시기가 언제인지 안다면 무척 유용할 것이다. 그런데 사실 이는 최소한의 시간만 들이면 아주 쉽게 알 수 있다. [그림-5]와 비슷한 간단한 도표를 준비하기만 하면 된다.

이는 허시 교수가 사용했던 표를 단순하게 만든 버전이지만 자신의 감정 사이클을 시각적으로 드러내기에는 충분하다. 매일 저녁 잠깐만 시간을 내서 그날 하루의 기분이 어땠는지 전체적으로 살펴봐라. 그런 다음에 자기의 기분이나 감정에 가장 적합한 칸을 선택하여 점을 찍어라. 그리고 나중에 각 점과 점 사이를 직선을 이어라.

그러면 곧 하나의 패턴이 나타날 것이다. 이것이 당신의 자연스러운 기분 리듬이며, 이 리듬은 특별한 경우가 아니면 계속 반복된다. 감정기록표를 몇 달간 작성하고 나면 다음 차례의 '고조' 시기가 언제인

[그림-5] 감정기록표

		월									
		1	2	3	4	5	6	7	8	9	10
신난다	+3										
행복하다	+2										
기분이 좋다	+1										
보통이다	0										
기분이 나쁘다	-1										
역겹거나 슬프다	-2										
걱정이 많거나, 우울하다	-3										

30일까지 표를 그린다

지 그리고 다음 차례의 '저조' 시기가 언제 올지 놀랄 만큼 정확하게 알게 될 것이다. 앞에서도 언급했듯이 이 사이클의 주기는 일반적으로 길어지든 짧아지든 한 주 이상의 오차는 발생하지 않는다. 적어도 부분적으로 '미래를 내다보는' 능력을 보장해주는 이 지식을 통해서 당신은 자신의 기분에 맞추어 행동을 조정할 수 있다. 행복한 시기를 지나고 있을 때는 경솔한 약속을 하거나 불가능한 목표를 설정하거나 잘못된 할부 구매를 하기 전에 그 판단에 대해 한 번 더 생각하게 될 것이다. 또 슬프고 우울한 시기를 지나고 있을 때는 며칠만 지나가면 그 모든 나쁜 감정이 사라질 것임을 알기에 그 시기를 비교적 쉽게 통과할 수 있을 것이다. 사이클에 대해 알면 알수록 바꿔야 할 것은 더 잘 바꿀 수 있고 바꿀 수 없는 것에는 더 잘 대비할 수 있게 된다.

성욕도 사이클에 따라 움직인다

우리 인간종의 암컷인 여자의 감정 사이클 역시 남자 경우와 마찬가지로 약 5주마다 반복되지만, 여자의 감정 사이클은 두 개의 다른 사이클 때문에 더욱 복잡해진다. 그 가운데 하나는 월경 사이클인데, 여자는 사춘기부터 월경 사이클을 가지고 살아가며 또 임신 기간을 제외하고는 거의 28일 주기로 이 사이클을 경험한다. 매달 이 기간에는 온갖 다양한 감정이 만들어내는 분위기에 빠지기 쉽다. 월경통이 동반될 때는 특히 더 그렇다.

하지만 거의 알려지지 않은 여성의 또 다른 사이클이 있다. 바로 1930년대에 마리 스톱스Marie Stopes 박사가 처음 기록한 14일 주기의 성적 충동 사이클이다. 스톱스는 이를 '여성 욕망 반복의 주기성 법칙 The Law of Periodicity of Recurrence of Desire in Women'이라고 불렀다. (오늘날이었다면 이 사이클에 어떤 이름을 붙였을지 궁금하다.) 스톱스 박사는 상당히 많은 연구를 한 끝에, 보통의 여자라면 월경이 시작되기 직전에 성욕이 왕성해지고 또 월경이 끝난 지 8일 또는 9일 뒤에 다시 성욕이 크게 강해진다고 밝혔다. 박사는 또한, 성욕이 두 번째로 왕성해지는 시기인 월경 후 8~9일이 유대인의 전통적 가르침에서 성교 재개 시점으로 제시하는 월경 시작 후 12일째와 정확히 일치한다는 사실도 지적했다.

만약 당신이 여자고 앞서 설명한 대로 자신의 감정기록표를 작성한다면 남자의 사이클에서는 볼 수 없는 불규칙성이 분명 나타날 것이다. 하지만 그럼에도 당신 역시 남자와 마찬가지로 신체적으로나 심리적으로 약 5주 주기의 감정 사이클을 가지고 있음을 깨달을 것이다.

왜 우리 인간의 기분은 주기적으로 변동할까? 허시 교수는 기후가 원인일 수도 있다고 생각했다. 그러나 나중에는 사이클과 기후 조건 사이에 아무런 관계가 없음을 깨달았다. 만약 기후가 원인이라면 모든 사람이 비슷한 패턴을 보여야 하는데, 실제로는 사람마다 서로 다른 고유한 사이클을 가지고 있었기 때문이다. 감정 변화 시점과 방향이 제각각이어서 공통된 외부 요인의 영향을 받고 있다고 보기는 어려웠다.

그래서 허시는 어떻게 결론을 내렸을까? "기후를 제외하고는 우리 인간의 개별적인 조건을 전부 무시한 채 모두에게 똑같이 영향을 주는 단일한 요소에 대해 우리가 아는 바가 없기 때문에, 매우 흥미로운 이 인간 현상의 근본적인 원인은 앞으로 밝혀야 할 과제로 여전히 남아 있다고 결론을 내릴 수밖에 없다. (…)"

창의성에도 사이클이 있는가

아마도 당신은 자신의 기억력이나 자신을 지적으로 표현하는 능력을 면접장이나 시험장에서 온전하게 발휘하지 못한 바람에 승진에 실패했거나, 큼직한 계약을 성사시키지 못했거나, 혹은 원하던 직장에 취업하지 못했거나 하는 경험을 적어도 한 번은 했을 것이다. 그리고 그런 기회가 한 번 더 주어진다면 절대로 실패하지 않을 것이라고 장담했을 수도 있다. 실제로 당신 말대로 될 가능성이 매우 높다. 당신이 그 특정한 날에 실패했던 것은 바로 그날이 당신의 창의성 수준이 낮게 떨어진 기간에 속했기 때문일지도 모른다.

위대한 작가, 화가, 음악가 그리고 심지어 과학자도 자기가 거둔 최고의 성과가 오랜 실패 끝에 갑자기 이루어졌다고 느꼈다. 어떤 '분위기'가 형성되어 있지 않을 때는 아무리 위대한 인물이라도 완벽하게 (예술적인 의미에서) 발기불능이었다.

더글러스 웹스터J. H. Douglas Webster 박사는 의학 분야에서 주기적 변동 관련 지식에 주요하게 기여했는데, 웹스터는 탁월한 분석적 사고를 적용해서 창의성이라는 영역에 사이클이 존재할 가능성을 탐구했다. 그는 음악가와 시인의 전기 및 작품에서 자료를 수집했을 뿐 아니라 해당 주제를 다룬 과거의 논문들을 철저하게 검토하는 등 전방위적인 연구 작업을 수행했다. 그가 창의성 분야에서 발견한 가장 두드러진 사이클의 주기는 평균 7.6개월이다.

일기나 편지를 통해서 하루하루의 기록을 파악할 수 있었던 경우에는 크리스티나 로세티Christina Rossetti, 앤 브론테Anne Bronte, 요한 볼프강 폰 괴테, 아우구스트 폰 플라텐August von Platen-Hallermünde, 하인리히 쉬츠Heinrich Schütz 그리고 프란츠 슈베르트가 대략 7.6개월마다 창의력의 정점을 찍었음이 확인되었다. 월별 기록을 파악할 수 있었던 경우에도 루퍼트 브룩Rupert Brooke, 존 키츠John Keats, 퍼시 비시 셸리Percy Bysshe Shelley, 토머스 그레이Thomas Gray, 빅토르 위고, 볼프강 아마데우스 모차르트, 니콜라이 안드레비치 림스키코르사코프Nikolai Andreyevich Rimsky-Korsakov, 표트르 일리치 차이콥스키 그리고 장 시벨리우스Jean Sibelius가 7.6개월의 창의성 사이클을 가지고 있었음이 확인되었다. 또 이와 비슷한 사이클이 월터 스콧Walter Scott, 캐서린 맨스필드Katherine Mansfield, 귀스타브 플로베르, 헨리크 입센Henrik Ibsen, 리처드 바그너, 찰스 다윈, 클로드 베르나르Claude Bernard 그리고 마이클 패러데이의 생산성에서도 발견되었다.

이 사이클보다 훨씬 더 긴 7년 사이클은 피타고라스가 처음 언급했으며, 그 뒤에 키케로와 세네카도 이것을 언급했다. 지그문트 프로이트는 자신이 최고의 생산성을 발휘하는 시기가 7년마다 찾아온다고 믿었다.

 진정으로 창조적인 사람들 중 많은 이들이, 자신들의 메마른 시기를 올바르게 이해했다면 얼마나 좋았을까? 그 시기가 재능을 잃어가고 있다는 신호가 아니라 사실은 또 다른 창조성의 '높은' 시기로 이끌어갈 사이클의 불가피한 '낮은' 시기일 뿐이라는 것을 깨닫고 그것과 함께 살아가는 법을 배웠다면 얼마나 안도감을 느꼈을까? 실제로 연구자들에게 이것은 추가로 조사하고 탐구해서 소중한 결과를 이끌어낼 수 있는 유망한 연구 주제이다.

몸 속에 흐르는 전기 사이클

 미국의 뉴헤이븐에 있는 나무들이 규칙적인 주기로 전압을 생산한다는 사례를 앞에서 소개했는데, 기억하는가?
 모든 물질은 본질적으로 자연 상태에서 전하를 띤다. 당신이 읽고 있는 이 책의 종이, 당신이 편안하게 앉아서 쉬는 의자, 당신이 잠을 자는 침대, 이 모든 것은 양전하를 띤 양자와 그 주위를 끊임없이 도는 음전하를 띤 전자로 구성되어 있다. 갑자기 전문적인 과학 용어가 튀어나왔다고 해서 깜짝 놀라서 도망칠 필요는 없다. 나는 그저 코네티컷에 있는 전압을 가진 나무들이 물질로 구성되어 있다는 것을 그리고 당신 또한 마찬가지라는 것을 상기시키고 싶을 뿐이니까 말이다.
 직류 전류는 당신 신체의 신경 섬유를 따라서 감각기관의 신호를 뇌로 전달한다. 당신이 뜨거운 난로를 손으로 만졌다고 치자. 이때 손가락에서 느껴지는 촉각은 즉각적으로 전류를 통해 해당 메시지를 뇌로 전달한다. 그러면 그와 거의 동시에 다른 메시지가 뇌에서 팔의 신경으로 전달되는데, 이 메시지 내용은 지금 당장 난로에서 손을 떼라는 것이다. 이 전류의 흐름은 나무에서 흐르는 전류와 마찬가지로, 얼마든지 측정할 수 있다. 실제로 레너드 래비츠Leonard Ravitz 박사는 예일대학교와 듀크대학교, 펜실베이니아대학교의 500명 가까운 학생을 대상으로 전류를 3만 회 이상 측정했다.

래비츠 박사는 다양한 전기적 변동이 날마다 우리 몸에 나타나는데, 이런 변동이 대부분 **주기적으로 일어난다**는 사실을 발견했다. 그는 24시간 사이클을 언급했으며, 또 두 달에 한 번 나타나는 사이클과 넉 달에 한 번 나타나는 사이클 그리고 여섯 달에 한 번씩 나타나는 사이클도 언급했다. 그런데 이 시점에서 내가 반년, 즉 6개월에 한 번씩 나타나는 사이클이 나무에서 발견된다는 사실을 굳이 상기시킬 필요가 있을까?

여진이 남긴 수수께끼

사이클 연구의 여러 수수께끼 가운데 하나는 개별적인 사람이나 식물이나 동물은 자기가 속한 집단의 다른 개체들과 사이클 주기가 다르다는 사실이다. 나의 감정 주기는 5주인데 저 사람의 감정 주기는 왜

6주일까? 나는 기분이 고조된 시기를 지나고 있는데 저 사람은 왜 기분이 가라앉은 시기를 지나고 있을까? 나는 아침형 인간인데 저 사람은 왜 저녁형 인간일까?

외부의 힘에 대응하는 개별적인 반응성을 결정하는 고유한 차이점이 각 식물이나 동물 그리고 사람에게 있는 걸까? 화가가 사용하는 팔레트의 물감 색깔을 놓고 생각해보자. 화가가 캔버스에 칠하는 붉은색 물감은 푸른색 물감만큼이나 햇빛 속의 푸른색에 노출되지만, 스펙트럼의 붉은색 광선에만 반응하기를 '선택'한다. 그가 칠하는 푸른색 물감은 붉은색 물감만큼이나 붉은색 광선에 노출되지만 붉은색 광선은 무시하고 푸른색 광선만 반사한다. 식물과 동물 그리고 인간도 비슷하지 않을까?

모든 사람에게 차이점이 내재되어 있을 수 있다는 가능성은 뉴욕 용커스의 소아과 의사인 루이스 골드스타인Louis S. Goldstein이 제기했다. 그는 '여진aftershock'이라는 주제에 상당한 시간을 쏟아서 연구했다.

우리가 경험하는 첫 번째 충격은 태어나는 충격이다. 그리고 우리 중 많은 사람은 태어난 뒤의 어느 시점에선가 그리고 예방주사를 맞거나 수술을 받을 때처럼 외부의 어떤 물체가 자기 살 속으로 파고드는 것을 경험할 때, 이른바 2차 충격 혹은 여진이라는 것을 경험한다. 만약 '여진'이 존재한다면, 이것이 미리 정해져 있는 일정에 따라서 일어나지 않고 무작위로 일어날 것이라고 예상하지 않을까? 그런데 아니다, 그렇지 않다. 골드스타인 박사의 연구는 이러한 여진이 특정한 날에만 나타난다는 것을 보여준다. 그가 대상으로 삼았던 214명의 영아

가운데 스물여섯 명이 8일 간격으로 2차 충격을 받았고 35명이 10일 간격으로 2차 충격을 받았지만 9일 간격으로 2차 충격을 받은 아이는 한 명도 없었다! 또 열 명의 다른 유아가 12일 간격으로 그리고 스물다섯 명이 14일 간격으로 각각 2차 충격을 겪었지만, 11일 또는 13일 간격으로 2차 충격을 받은 아이는 단 한 명도 없었다! 214명의 사례를 무작위로 분포시켜서 이런 결과를 얻기란 터무니없을 정도로 어려울 것이다.

게다가 많은 경우에 결정적으로 중요한 날들 사이에는 산술적으로 단순한 관계가 있는 것 같다. 많은 2차 충격이 출생 후 8일째에 나타나고, 또 출생 후 24일째에도 많이 발생한다. 어떤 충격은 출생 후 7일째나 14일째 혹은 21일째에 발생한다. 언젠가 우리 인간이 최초의 충격 이후 2차 충격을 경험하기까지 걸린 일수를 기준으로 분류될 가능성이 있을까? 개별적인 사람과 사람 사이의 차이 그리고 이 두 사람의 사이클 차이를 이해할 열쇠가 될 힌트가 골드스타인 박사가 수행했던 연구의 어느 한구석에 숨겨져 있지 않을까?

5

보이지 않는 메신저

"과학 지식이 완전한 효과를 거두려면 세 가지 단계를 거쳐야 한다. 첫째, 실험을 진행하는 연구자가 어떤 사실을 새롭게 발견한 다음에 이 발견을 토대로 해당 법칙을 논리적으로 정리해야 한다. 둘째, 그 발견과 가르침을 문서로 발표해서 해당 정보가 사람들 사이에 퍼져나가야 한다. 셋째, 그 발견을 어떤 유용한 목적에 적용해야 한다."

- 로저 벌링게임Roger Burlingame

CYCLES

당신도 여태껏 지켜보았고 또 그래서 잘 알겠지만 한 명 한 명의 개별적인 인간은 서로 확연히 다르다.

그런데 사람들을 하나의 집단으로 묶어서 바라보면 모두가 동일한 박자에 맞춰서 동일한 방향으로 행진하는 것처럼 보인다. 사람들은 마치 보이지 않는 메신저가 가끔 자기 앞에 나타나서 누구든 주어진 명령에 맹목적으로 따라야 한다고 속삭이기라도 하는 것처럼, 또 그 속삭임에 순순히 따르기라도 하는 것처럼 행동한다.

이것은 역사가 우리에게 주는 매우 중요한 여러 교훈 가운데 하나이다. **집단 차원**의 인간은 행복한 시기와 우울한 시기를 번갈아 보낸다. 주기적으로 호전적이 되어서 전쟁과 혁명과 내란을 일으킨다. 대량 학살이 나타나는 이런 시기에 이어서 이번에는 수동성과 위축성과 무기력성을 특징으로 하는 시기가 뒤따른다.

어떤 때는 세계의 금융 중심지로 몰려가서 튤립에, 휴양지에 그리고 주식증서라는 무형의 자산에 자기가 가진 모든 걸 투자하겠다고 나서다가도, 어떤 때는 만연한 의심에 압도되어서 자기가 가진 모든 자산을 현금이나 금으로 바꾸어놓으려고 허둥댄다.

천년의 시계추가 한 번 흔들리는 동안에 사람들은 신을 향한 경건함을 드높이기 위해서 자기가 가진 창의성을 한껏 발휘하고, 화가와 음악가와 시인은 천상의 왕자가 된다. 그러나 이런 시기가 지나고 나면 깜깜한 암흑의 시대가 찾아오고 야망과 본능과 도덕은 암흑 속에 잠긴다.

인간의 행동은 왜 이렇게 규칙적으로 이랬다저랬다 할까?

효과인가, 원인인가

나는 4년 동안 대학 생활을 한 뒤에 1930년대의 경제 침체기를 경험했으며, 그러다가 회사들이 쓰러져가는 현상과 관련해서 '불경기 depression'라는 단어를 처음 들었다. 이 상황을 묘사하는 오래된 단어는 '공황panic'이었는데, '불경기'라는 단어를 처음 들었을 때 나는 그것이 적절하게 고안된 신조어라고 생각했다('depression'은 우울증을 뜻하기도 한다-옮긴이).

당시 나는 지금은 잊어버려서 기억이 나지 않는 어떤 이유로, 1873년 공황 이후에 사람들이 경험했던 극심한 어려움을 다룬 〈뉴욕타임스〉의 1875년과 1876년 과월호 기사들을 읽고 있었다. 놀랍게도 '불경기'

라는 단어가 그때 이미 사용되고 있었다. 그 단어는 전혀 새로운 게 아니었다!

사람들이 불경기에는 사업이 잘 돌아가지 않아서 우울할까? 아니면, 사람들이 우울하기 때문에 사업이 잘 돌아가지 않을까? 나는 후자가 맞지 않을까 하고 생각한다. 심리학에서는 우울증을 '전반적으로 무기력해지는 경향이 있는 감정 상태'라고 정의한다. 사업이 잘 돌아가지 못하게 만들 수 있는 심리 상태를 설명하는 데 이보다 더 적절한 용어는 없지 싶다.

구체적인 예를 하나 들어보겠다. 1930년에 나의 아버지는 뇌졸중을 맞닥뜨렸는데(나중에 결국 아버지는 이 병으로 돌아가셨다) 그때 아버지는 우울증이라고 말할 수 있는 상태였다. 1929년에 있었던 주식시장 폭락으로 금전적으로 크게 손해를 봤고, 따라서 아버지는 생활 수준을 낮춰야만 했다. 그게 급선무였다. 그래서 나는 아버지에게 이렇게 물었다.

"더 싼 아파트로 이사해야 한다는 걸 모르겠어요?"

그러자 아버지는 웅얼거리듯이 대답했다.

"음······."

"이 집에 계속 머물 여유가 없다는 걸 이해하시죠?"

"응."

"그럼 이사하실 거예요?"

"아니."

아버지는 희미한 목소리로 대답했다.

"왜 안 가요?"

"몰라."

아버지는 이사해야 한다는 건 알았다. 반드시 그래야 한다는 걸 알았지만, 실제로 행동으로 옮길 힘은 바닥난 것 같았다.

나는 대중 속의 일원으로 존재하는 인간은 환경의 힘에 영향을 받을 수 있다고 생각한다. 이 힘은 먼저 그들을 한껏 들뜨게 했다가, 그다음에는 우울하게 만든다. 감정적인 고양은 과도한 확장으로 이어진다. 그리고 그들의 우울감은, 내 아버지가 그랬던 것처럼 논리적으로 생각하거나 상식적으로 행동할 능력을 잃게 만든다.

나는 또한 정체가 무엇이든 간에 이 힘들은 식물과 동물 생명체 그리고 날씨에도 영향을 미친다고 생각한다. 이런 힘들이 실제로 존재한다는 것은 다음과 같은 일련의 추론을 근거로 한다.

1. 세상에 존재하는 거의 모든 것은 변동한다.
2. 많은 것이 주기적으로 혹은 파동적으로 변동한다.
3. (예컨대 앞에서 예를 들었던 것과 같이 빨간색 카드와 검은색 카드가 여러 차례 반복해서 번갈아 나오는 것과 같은) 많은 파동은 '우연'이라고 할 수 없을 정도로 너무도 규칙적이고 지배적이며 또 많이 반복된다.
4. 만약 파동 혹은 사이클이 우연에 따라서 반복되는 게 아니라면, 어떤 것 혹은 어떤 힘이 그것을 '촉발하는' 게 틀림없다.

우리가 살아가는 환경 속에 있는 그 '힘' 또는 '힘들'을 발견할 때 우리가 안고 있는 수수께끼가 풀릴 것이다.

내부 사이클과 외부 사이클

우리가 발견한 사이클이 우연일 수도 있다는 가능성을 배제하고 나면, 이 사이클은 반드시 두 가지 범주 가운데 하나에 속할 수밖에 없다. 즉 그 사이클의 리듬은 내부적인 원인에 따른 결과이거나 외부적인 원인에 따른 결과이다.

내부 리듬은 다시 역동적인dynamic 리듬과 피드백feedback 리듬이라는 두 개의 범주로 나뉜다. 역동적인 사이클은 시스템 내부에서 일어나는 작용으로 발생한다. 4장에서 살펴본 많은 신체 리듬이 그러하다. 심장박동처럼 그것들의 원인은 외부에 있지 않다. 물론 길에서 예쁜 소녀나 무서운 호랑이를 만나면 심장박동이 일시적으로 영향을 받을 수 있지만, **리듬 자체**는 외부에서 통제할 수 있는 게 아니다.

가격도 내부적이거나 역동적인 사이클을 가질 수 있다. 검보라는 스튜 요리를 놓고 생각해보자. 검보의 가격은 오르기 시작한다. 사람들은 이 추세에 주목하고는 자기를 보호하기 위해서 검보를 과도하게 많이 구매한다. 그러면 모든 사람이 검보 재고를 과도하게 가지고 있기 때문에 검보를 더는 필요로 하지 않게 된다. 그래서 검보 수요가 줄어든다. 그러자 가격이 내려가기 시작한다. 가격이 내려가면 사람들은 앞으로 그 가격이 더 많이 내릴 것이라고 생각해서 검보 구매를 자제한다. 이렇게 해서 검보 가격은 매우 낮은 수준으로 떨어져서 바겐세일이 벌어진다. 그러자 사람들이 다시 검보를 사기 시작하고, 가격이 다시 오른다. 이렇게 해서 검보 가격의 사이클이 다시 새롭게 시작된다.

이런 역동적인 사이클 가운데 많은 것이 의학과 경제학 그리고 과학의 특정한 몇몇 분야에서는 매우 중요하다. 그러나 이것들의 존재 및 원인은 대부분 알려져 있으며, 주기를 연구하는 차원에서 보자면 이는 그저 호기심을 불러일으키는 대상에 불과하다.

역동적 사이클과 밀접한 관련이 있는 것이 피드백 관계이다. 피드백 리듬을 쉽게 이해하려면 보일러와 보일러의 온도 조절 장치 사이의 관계를 보면 된다. 실내 공기가 너무 차가우면 온도 조절 장치가 이를 인식해서 보일러를 작동시킨다. 그러다가 온도가 일정 수준으로 올라가면 보일러를 끈다. 그러면 다시 집이 추워지고, 보일러는 다시 작동한다. 이런 식으로 사이클이 반복된다.

피드백 사이클의 또 다른 형태는 포식자-먹잇감의 관계이다. 특정 조류는 특정 곤충만 먹을 수 있고, 또 이 특정 곤충은 그 조류 종에게만 잡아먹힌다고 치자. 우리가 상상하는 사이클의 시작점에는 그 새도 많고 그 곤충도 많다. 먹잇감이 풍부하니 새들의 개체수가 늘어난다. 이렇게 늘어난 새들은 곤충을 빠르게 먹어치우고, 곤충의 개체수가 줄어든다. 그러자 먹을 게 부족해진 새들은 굶어 죽고, 새의 개체수가 줄어든다. 상황이 이렇게 변하니 이제 곤충의 개체수가 늘어나기 시작한다. 먹잇감이 풍부해지니 새의 개체수가 다시 늘어난다. 이렇게 해서 다시 또 한 차례의 사이클이 새롭게 시작된다. 변수가 크게 바뀌지 않는 조건이라면 이 새의 개체수가 최고점을 기록한 시점에서 시작해서 다음 차례의 최고점을 기록하는 시점까지 걸리는 시간은 매우 규칙적으로 반복될 수 있다. 또, 온도 조절 장치와 보일러가 만들어내는 사이클에서도, 모든 창문과 현관이 잘 닫혀 있고 외부의 기온이 일정하다는 조건이 지켜지기만 한다면, 보일러가 작동하는 시간 간격도 매우 규칙적일 수 있다. 즉 사이클이 나타난다는 말이다.

모든 역동적인 사이클과 피드백 사이클은 외부의 힘으로 촉발되지 않는다는 특성을 보인다. 우리의 관심을 끄는 유일한 유형의 리듬은 외적 원인으로 촉발**될 수 있는** 유형의 사이클, 즉 외부에 의해서 강제된 사이클forced cycle이다.

강제된 사이클은 사이클 조절 메커니즘(즉 '방아쇠')이 그 사이클의 바깥에 있는 것처럼 보이는 사이클이다. 지구의 자전축이 밤과 낮을 만들어내기 때문에 당신은 아침마다 **어쩔 수 없이** 잠자리에서 일어날 수밖에 없다. 겨울이 다가오면 자동차 엔진오일에 **어쩔 수 없이** 부동액을 넣어야 하고, 여름의 뜨거운 열기 아래에서는 시원하고 가벼운 옷을 **어쩔 수 없이** 입어야 한다.

'강제된/어쩔 수 없는forced'이라는 단어의 뜻을 나는 일반적이고 대중적인 의미가 아니라 기술적인 의미로 사용한다. 정말 이상한 아내가 아니라면 아침마다 남편의 머리에 총구를 들이대고 잠자리에서 일어나라고 강제하지는 않을 것이다. 아침 햇살이 환하게 들이친다고 해서 **반드시** 잠자리에서 일어나야 하는 것은 아니다. 적어도 이론적으로는 몇 시간이든 며칠이든 혹은 몇 달 아니 심지어 몇 년씩이라도 자기가 원하는 만큼 얼마든지 침대에서 일어나지 않을 수 있다. 그러나 당신이 아침에 일어나는 시각은 그전에 잠자리에서 일어났던 시각과 비교할 때 대략 24시간이 지난 시점일 것이다. 당신의 24시간 사이클은 당신이 이 사이클에 응해왔든 그렇지 않았든 간에 하나의 힘으로서 계속 존재해왔고, 또 당신이 그 사이클에 응한다면 그 외부의 힘이 당신의 하루 일정을 결정하는 셈이 된다. 이 책에서 주로 관심을 갖는 여타 사이클의 경우도 마찬가지다.

우연한 사이클과 내부 사이클 그리고 외부 사이클을 구분하는 것은 정말 중요하다. 만약 어떤 사이클이 우연한 사이클이라면 우리는 그 사이클이 계속 되풀이되지 않을 것임을 안다. 고속도로에서 당신이 운전하며 네 번째로 추월한 자동차가 폭스바겐인 경우가 지금까지 세 번 연속해서 일어났다고 해서, 또다시 그런 일이 발생하리라고 볼 수는 없다. 우연이 작동하는 경우가 아니라면 말이다.

자, 그렇다면 우연의 반대편에 놓이는 사이클을 보자. 당신이 그 원인을 알든 모르든, 조수간만의 변화가 12.5시간 주기로 일어나고, 밤과 낮의 변화가 24시간 주기로 일어나고, 달의 일주 운동이 약 25시간 주기로 진행되고, 한 주가 7일 주기로 진행되고 (이것은 분명 인간이 만든 제도이지만, 어쨌거나 강제된 사이클임은 분명하다), 1년이 12개월 주기로 진행된다.

이 양극단 사이에 수많은 규칙적인 사이클이 존재하는데, 이 가운데서 어떤 것은 우연적이고 어떤 것은 역동적이며 어떤 것은 피드백적이고 또 어떤 것은 강제적이다. 어떤 사이클이 우연적이라면 이 사이클은 당연히 예측 가치가 없다. 역동적이거나 피드백적일 때 비로소 어느 정도 예측 가치가 있다. 그리고 강제적인 사이클이라면 이 사이클의 예측 가치는 엄청나게 높다.

외부의 힘이 존재할까?

규칙적인 사이클을 유발하는 외부의 힘이 존재한다는 근거는 아직 입증되지 않았다. 오랜 세월에 걸쳐서 증거가 축적되었음에도 여전히 그렇다. 우리는 이런 종류의 힘들이 우리를 둘러싸고 있다는 사실을 **알지** 못한다. 또 그런 힘들이 있다고 하더라도 그 정체가 무엇인지 알지 못한다. 지금까지 그 누구도 그 힘들을 본 적이 없다. 그 힘들은 전파처럼 눈으로는 볼 수 없기 때문이다. 이런 것들이 존재한다고 생각해본 사람이 거의 없고, 우리는 그저 우리가 관찰한 어떤 현상이나 사건을 통해 그것이 존재한다고 추측만 할 뿐이다.

라디오와 무선 전파는 우리가 탐구하고자 하는 미스터리를 설명해 주는 하나의 단서를 비유적으로 제시한다. 설명을 계속 이어가기 전에 미리 밝혀둘 점이 하나 있는데, 지금부터 나는 '가능한/가능하다 possible'라는 단어를 반복해서 쓰려고 한다. 그래야 나의 설명을 독자가 오해하지 않을 것 같다. 나는 그저 이런저런 단서들을 당신이 살펴볼 수 있도록 테이블 위에 올려놓을 뿐이다.

우리는 모두 라디오에 대해서, 라디오가 어떻게 작동하는지 충분히 잘 안다. 당신은 지금 당신이 있는 방에 전파가 가득 흐른다는 것을 잘 안다. 보거나 듣거나 느끼거나 냄새를 맡을 수 없지만 전파가 엄연히 존재한다는 것을 잘 안다. 왜냐하면 라디오를 켤 때마다 그 전파가 소리로 변환되어 그 소리를 당신이 귀로 들을 수 있기 때문이다.

당신은 또한 방 안에 흐르는 이 전파들이 모두 동일한 게 아니라는 것도 안다. 방송국마다 주파수가 제각기 다른 전파를 송출하고, 전파 수신기, 즉 라디오의 다이얼을 어디에 맞추느냐에 따라서 라디오에서는 다른 소리가 나온다.

그럼 이제 화성에서 온 어떤 남자가 내 집에 손님으로 와 있다고 상상해보자. 이 손님은 훌륭한 물리학자이지만 라디오나 방송국에 대해서는 전혀 알지 못한다. 그는 내 집 어떤 방에 놓인 라디오를 살펴보고는, 라디오의 다이얼을 79.4로 맞추면 라디오가 초당 7만 9,400번 진동한다는 사실을 알아낸다. 그런데 그가 옆방에 있는 다른 라디오의 주파수를 79.4로 맞출 때도, 그 라디오는 아까와 똑같은 소리를 낸다.

우리의 뛰어난 화성인 손님은 이런 사실을 종합해서 다음과 같이 추론한다. 두 대의 라디오가 놓인 두 방이 동일한 진동으로 가득 차 있고, 두 라디오가 똑같이 반응하는 것으로 보아 어딘가에 이 진동을 유발하는 무엇인가가 존재한다는 것을 어렵지 않게 알아낸다. 이 손님이 그 두 대의 라디오 다이얼을 98.2로 맞추거나 101.4로 맞추어도 똑같은 일이 일어난다. 그러면 화성인은 초당 9만 8,200번의 진동을 유발하는 두 번째 힘이 어딘가에 있으며 또 초당 10만 1,400번의 진동을 유발하는 세 번째 힘이 어딘가에 있다고 추론한다.

하지만 그는 이런 파동이나 송신국이 존재한다는 증거는 전혀 가지고 있지 않다. 그래서 그는 그 검은색의 작은 상자(라디오)가 만들어내는 현상(혹은 행동)을 관찰함으로써 그런 것들이 존재한다고 논리적으로 유추했다!

이제 그 화성 손님이 저녁 식사를 기다리는 동안 내 서재에서 캐나다스라소니의 개체수가 10년마다 고점을 찍는데, 4~5년 동안에는 개체수가 늘어나다가 또 그와 비슷한 기간에는 개체수가 줄어드는 규칙적인 사이클이 나타난다고 관찰한 어떤 통계나 논문을 읽었다고 치자. 또 런던의 강수량과 인도 일부 지역의 강수량이 동일한 주기로 변동한다는 걸 알았다고 치자. 또 파리의 오존 수치, 뉴저지의 애벌레 개체수, 대서양 양쪽의 연안에 서식하는 연어의 개체수 그리고 다른 많은 현상도 마찬가지임을 알았다고 치자. 더 나아가, 다른 것들도 마치 제각기 다른 시간 주기로, 그러나 여전히 사이클이라는 패턴으로, 어떤 힘들에 반응하는 것처럼 행동한다는 것을 알았다고 치자.

이 모든 것을 두고서 그 화성인 손님은 화성인다운 열정을 담아서 이렇게 외칠 것이다. "정말 놀랍다! 내가 읽은 내용이 라디오가 보여준 반응과 정확하게 일치하는구나! 이 현상들은 그 검은색의 작은 상자를 대신하는 수신기 역할을 하는 것 같다. 그 검은색 상자는 1초에 수만 번 혹은 수십만 번 진동했지만, 며칠이나 몇 달이나 몇 년 단위로 진동하는 어떤 외부의 힘들이 존재하는 게 틀림없다."

그는 계속해서 이렇게 덧붙일 것이다. "이제 나는 이 집의 주인에게 이런 것들과 관련한 모든 것을 설명해달라고 부탁할 것이다. 장담하건 대, 그는 그 두 대의 검은색 상자의 주파수가 동일하게 설정되어 있을 때 동일한 소리를 내게 만드는 것의 정체가 무엇인지 나에게 말해줄 수 있을 것이다. 집주인은 또 이 행성에서 일어나는 수십 가지 현상이 모두 동일한 힘의 영향을 받는 것처럼 함께 진동하게 만드는 것의 정체가 무엇인지도 말할 수 있을 것이다."

하지만 이 손님은 나를 과대평가한 것이다. 사실, 나는 그에게 무선 전파와 전파 송신국에 대해서 약간의 얘기는 해줄 수 있다. 나는 '파장' 을 두 전파의 연속적인 고점 사이의 물리적 거리라고 설명해줄 수 있다. '주파수'는 어떤 주어진 지점을 빛의 속도로 이동해 1초 동안에 통과하는 파동의 개수라고도 설명해줄 수 있다.

그러나 파장이 한층 더 긴 사이클들에 대해서는 그 어떤 설명도 해줄 수 없고, 또 이런 사이클들에 대해서는 그 어떤 증거도 가지고 있지 않다. 내가 그 화성인 손님이나 당신에게 제공할 수 있는 것이라고는, 우리의 환경이 한층 더 긴 파장의 파동들(아마도 전파의 파동과 기본적 특성이 비슷한 파동), 즉 더 빠르고 더 작은 '형제 파동들'처럼 볼 수도 없고 냄새 맡을 수도 없으며 들을 수도 없고 의식적으로 느낄 수도 없는 그런 파동으로 가득 차 있을지도 모른다는 가능성뿐이다. 파장이 상대적으로 긴 이 파동들의 고점은(이런 고점이 존재한다면) 수천분의 1초가 아니라 며칠, 몇 주, 몇 달, 심지어는 몇 년 간격을 두고 나타날 수도 있다. 그리고 만약 이 파동들이 전파의 파동과 비슷하다면, 이 파동의 파장은 미터 단위가 아니라 마일이나 광년 단위로 측정해야 할 것이다.

아무리 좋은 측정 장치를 단 수정이나 트랜지스터나 전선이라고 하더라도 이런 초장파의 파동을 감지하고 기록할 수 있을 만큼 고도로 민감하지는 않다. 우리는 그 파동들의 존재를 증명할 수도 없고, 그것의 원인이나 특성을 알 수도 없으며, 또 그것이 어디에서 비롯되었는지 정확하게 추정할 수도 없다. 지금까지 한 번도 과학적 차원에서 실험실에서 재현되거나 입증된 적이 없으므로, 편견 없는 선의의 과학자들에게 이 파동들은 인정받지 못하고 있다. 하지만 그럼에도 이 파동이 존재한다는 정황적 증거는 압도적으로 많다. 브라운 교수가 실험하고 관찰했던 굴과 감자만 증인석으로 불러내더라도 과학의 완고한 사고방식을 뒤흔들 수 있다.

그 어떤 도구로도 그 힘을 감지할 수 없다면 이 파동의 존재를 우리는 어떻게 알 수 있을까? 인간이나 식물이나 동물이 그런 힘에 민감하게 반응하기 때문에 알 수 있다. 우리는 이들이 그런 힘에 민감하다고 판단하는데, **집단으로 존재하는 상태에서** 그들이 보여주는 행동이 우리가 빨간색 카드와 검은색 카드를 번갈아 한 장씩 뒤집는 것과 마찬가지로 결코 우연일 수 없는 방식으로 변동하기 때문이다.

어떤 사람들은 이러한 다양한 주기적 현상이 그 일 자체에 내재된 이유로 발생한다고 주장할 수도 있다. 이 사이클들은 역동적인 결과이거나 피드백의 결과라고 그들은 말한다. 그러나 대서양 연어와 캐나다 스라소니의 개체수, 인도의 강수량, 파리의 오존 수치가 어떻게 독립적이고 내재적으로 모두 같은 사이클을 가질 수 있는지 설명해보라고 요구하면 아무 대답도 하지 못한다. 여기에는 어떤 상상력을 동원해도 온도 조절 장치-보일러 같은 관계가 없다.

세상을 바꾸는 힘

우리는 우리가 가지고 있는 증거 주변을 맴돌았고, 그 증거는 여전히 수수께끼로 남아 있다. 그러나 만약 이런 규칙성이, 또는 적어도 그 가운데 일부가, 외부에 존재하는 힘에 의해서 해당 리듬을 얻었다면 그리고 그런 힘이 인간이 발견하고 배울 수 있는 어떤 법칙을 따른다면, 이를 예측함으로써 우리가 사는 세상을 바꿀 수 있다.

이런 가능성에 담긴 함의는 자주 검토하면 할수록 좋다. 왜냐하면 그럴 때 이런 힘으로부터 영향을 받는 모든 것을 어느 정도 정확하게 예측할 수 있을 테기 때문이다. 기상학자나 농부나 연어 낚시꾼에 대해서는 이미 앞에서 언급했었다. 그러나 위대한 사이클의 미스터리가 풀릴 때 이득을 볼 수 있는 사람은 이들 말고도 많다. 금융인은 미래의 이자율이나 전반적인 경기가 어떻게 변동할지 알 수 있을 것이다. 제조업자는 제품 수요의 증감 가능성을 계산해서 생산 일정을 조정함으로써 재고가 과도한 수준으로 쌓이는 부담을 피할 수 있을 것이다. 부동산 개발업자는 수요가 있을 때 빈집을 제공할 수 있을 것이고 또 불필요한 건축 면적을 줄여서 건축비 부담을 줄일 수 있을 것이다. 금융투자자는 경제 동향을 주의 깊게 살펴서 주식 가격과 상품 가격이 언제 오르고 또 언제 내릴지 알 것이다. 정부는 국제적 긴장이 언제부터 고조될지 미리 알아서 적절한 안보 조치를 취할 것이다. 단언하건대 인간의 여러 활동 가운데서 미래에 대한 지식이 늘어난 덕분에 이득을 얻을 수 없는 분야는 없다.

만약 이런 힘이 존재한다면 그리고 그 힘이 지금까지 인간사에 영향을 끼쳐왔다면, 이를 제대로 고려하지 않은 인간 활동 관련 이론은 어딘가 부족할 수밖에 없다는 말이 된다. 역사, 경제, 철학 그리고 그 외 사람들이 관여했던 모든 영역을 새롭게 평가해야 마땅하다. 어느 사회학자가 주장한 것처럼 사회학도 하나의 과학이 될 수 있다.

그런 힘이 실제로 존재한다는 증거가 있다면 이 증거는 장롱 속에 처박혀 무시될 수 없다. 패턴은 분명히 존재하며, 무엇인가가 그것을 만들어내는 작용을 한다. 질서가 없다면 사물의 자연적 상태는 무질서이기 때문이다. 예를 들어서 책상 위에 아무렇게나 놓아둔 쇳가루가 어떤 모습을 만들어내는지 생각해보자. 만일 그 쇳가루가 [그림-6]과 비슷한 패턴을 만들어낸다면, 그 책상 아래에는 자석이 숨어 있을 게 분

[그림-6] 막대자석의 자력선

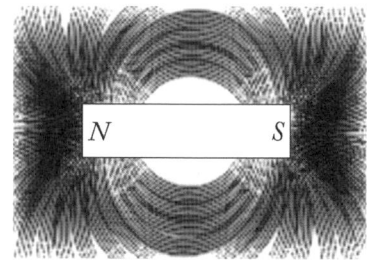
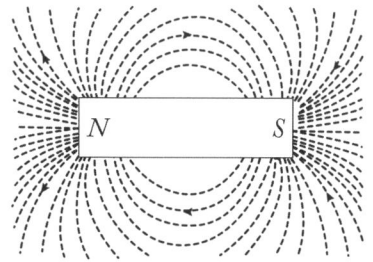

명하다.

자석이라는 물건에 대해서 한 번도 들어본 적이 없는 사람이라고 하더라도, 막대자석이 만들어내는 이 자력선 패턴이 그저 우연이라고는 생각하지 않을 것이다. **어떤 것**이 작동해서 그저 우연이었을 것을 질서로 바꾸었음을 알 것이다.

예측 가능성에서 빚어지는 결과

지금까지 살펴본 내용으로 당신은 사이클이라는 개념에서 새로운 지평을 보았을 것이다. 인간이 장차 미래를 예측할 수 있으리라는 가능성에 어쩌면 흥분했을지도 모르겠다. 하지만 다른 한편으로는 심각하게 불안해졌을 수도 있다. 이 점에 대해서는 메트로폴리탄 생명보험회사의 이사회 의장이었던 프레드릭 에커Frederick H. Ecker가 의견을 제시한 적이 있다.

언젠가 투자은행이던 우드스트러더스앤컴퍼니Wood, Struthers and Company의 수석 파트너였던 로버트 스트러더스Robert Struthers가 나를 위해서 오찬 자리를 만들었고, 에커가 이 자리에 손님으로 함께했다. 그 자리에서 나는 자연스럽게 사이클을 주제로 이런저런 이야기를 했다.

오찬이 끝난 뒤에 에커는 스트러더스에게 다음과 같이 말했다. 그때 그가 한 말을 내가 지금까지도 기억하는 것은, 스트러더스가 그 말을 나중에 내게 반복했기 때문이다.

"만약 당신이 이 사이클 어쩌고저쩌고하는 게 빈껍데기일 뿐이라고 확신한다면, 이걸 가지고 지지든 볶든 뭘 해도 괜찮습니다. 그러나 만약 당신이 듀이가 하는 말이 정말 의미가 있고 중요하다고 믿는다면, 지금 즉시 그것을 뜨거운 감자를 던지듯 던져버려야 합니다. 미래를 아는 것보다 인류에게 더 나쁜 일은 없기 때문입니다."

아마도 에커는 미래를 **한 치의 오차도 없이 완벽하게** 아는 것이 인류에 바람직하지 않다는 뜻으로 그렇게 말했을 것이다. 정말 그런 뜻이었다면 나도 그 말에 동의한다.

당신이 자신의 미래를 완벽하게 안다고 치자. 당신은 지금부터 죽을 때까지 당신에게 무슨 일이 일어날지 하나하나 모두 다 안다. 특히 당신은 내일 오후에 자동차 사고로 죽을 것이고, 그것을 알기에 그 비극을 피하기 위해 내일은 자동차를 타지 않을 것이다.

그런데 이렇게 되면 당신이 한 그 선택에서 많은 결과가 초래된다. 당신이 아직 살아 있기 때문에 당신의 부인은 일리노이의 작은 도시 피오리아에서 온 남자와 결혼하지 않을 것이고, 당신의 조수는 당신 자리로 승진하지 못할 것이다. 그리고 그는 승진하지 못해서 그 직장을 그만두고 로체스터로 이주한다. 당신이 교통사고로 죽었다면 하지 않았을 선택을 그가 하게 되는 것이다. 그리고 또 그는 당신이 교통사고로 죽었다면 낳지 않았을 아이를 낳을 것이다. 그렇다면 당신은 어떨까? 당신도 이렇게 저렇게 어쩌고저쩌고……. 이렇게 바뀐 일련의 사건은 쌓이고 쌓여서 역사의 모든 흐름을 바꾸어놓을 것이다.

만일 당신이 미래가 어떻게 될지 안다면 (당신이 보통 사람과 다르게 특별한 자제력을 가지고 있지 않은 한) 당신은 우주의 계획과 패턴이 어떻게 망가지든 신경도 쓰지 않고서 오로지 자기 이익을 위해서 자신이 가진 이 힘을 휘두를 것이다. 이런 일이 실제로 일어날까 싶어서 나는 두렵다.

그러나 사이클을 연구한다고 해서 **결코 미래를 완벽하게 예측하지는 못한다.** 사이클에 대해서 누가 아무리 많이 안다고 해도 모든 상황에는 우연한 변형 혹은 변주와 비주기적인 요소가 개입하게 마련이다.

동굴 생활을 하던 인류의 조상은 여름과 겨울이 규칙적으로 반복된다는 사실을 깨달은 뒤, 충분한 따뜻한 시기에 식량과 연료를 모아 그것이 부족한 추운 시기에 대비했다. 이 지식은 인류가 환경에 적응해서 살아가는 데 큰 기여를 했다.

지금으로부터 100만 년 뒤에 우리 인류가, 동굴 생활을 하던 우리 조상이 깨달았던 1년 주기와 비슷하지만 한층 더 복잡한 파장을 가진 다른 사이클들을 깨쳐서 활용할 수 있기를 바란다면 지나친 희망일까?

6

군중이 만드는
사이클

"군중은 보통 매우 신비로운 존재의 생명체이다. (…) 그것이 어디에서 오는지 또 어디로 가는지 아는 사람은 거의 없다. 갑작스럽게 모이고 흩어지며, 그 다양한 근원을 추적하기란 바다 자체를 추적하는 것만큼이나 어렵다. 그런데 군중에 대한 바다의 비유는 여기서 그치지 않는다. 바다가 변덕스럽고 종잡을 수 없듯이, 군중 또한 그러하다. 바다에서 성난 파도가 일어나면 사나워지듯이 군중도 격동하면 더욱 사나워진다. 바다가 비합리적이고 잔혹하듯 군중도 그와 다르지 않다."

- 찰스 디킨스 Charles Dickens

CYCLES

'군중mob'이라는 단어의 어원은 어디로 튈지 모르는 변덕스러운 사람들이라는 뜻의 라틴어 **모빌레 불구스**mobile vulgus이다. 군중의 규모와 특성은 다양할 수 있다. 예컨대 법을 지키지 않는다거나 무질서하다거나 수동적이라거나 성을 낸다거나 호전적이라거나 조직화되어 있다거나 지도자가 없다거나 제멋대로 날뛴다거나 등.

특별한 상상력을 동원하지 않아도 우리는 인류를 집단적 군중으로 상상할 수 있다. 심지어 그들이 한층 더 평화로운 상태를 추구할 때도 그렇다. 미국의 철학자이자 시인인 에머슨Ralph Waldo Emerson은 군중을 두고서 이렇게 썼다.

"마치 천국에서 우리가 사는 세상을 유배지로 여기고 자기들 세상의 미친 천사들을 이 세상으로 보낸 것 같다. 그리고 이 세상에서 그들은 자기들만의 고유한 음악을 쏟아내고, 또 천국에서 들었던 말들을 가끔

뱉어내곤 한다. 그러다가 어느 순간엔가 미치광이 모습이 돌아와서는 개처럼 짖어대며 뒹군다."

우리가 이런 식으로 행동하는 이유가 무엇인지, 또 우리가 이런 행동을 하도록, 그것도 대개는 주기적으로 그러도록 촉발하는 것이 무엇인지 알아내는 것이 이 탐구의 목적이다. 이 장에서부터 이 책의 마지막까지는 인간이 개별적으로 드러내는 현상보다는 **집단 차원에서** 드러내는 행동에 초점을 맞출 것이다. **인간을 '어디로 튈지 모르는 변덕스러운 사람들'로 만드는 힘들을 찾아나서겠다는 말이다.**

우리, 쉽게 흥분하는 인간

제1차 세계대전 직후에 러시아의 뛰어난 교수인 알렉산더 치체프스키Alexander Chizhevsky는 그 어떤 극장에서 내건 플래카드에도 등장하지 않을 것 같은 특이한 제목을 붙인 책을 한 권 내놓았다. 《기원전 5세기부터 오늘날에 이르기까지의 태양흑점 활동과 우주 역사 과정의 관계에 대한 연구Investigation of the Relationship Between the Sunspot Activity and the Course of the Universal Historical Process from the V Century b.c. to the Present Day》라는 책이었다. 이 책에서 그는 태양흑점의 숫자가 폭발적으로 늘어나는 교란이 11년마다 일어나는데, 바로 이 때문에 지구상에서 집단 흥분 상태가 일어난다고 주장했다.

치체프스키는 우선 인류가 실제로 11년마다 불안한 시기를 겪어왔음을 보여주어야 했다. 그는 기원전 500년부터 1922년까지 2,422년이라는 긴 기간에 걸친 전 세계 72개국의 온갖 통계수치와 역사를 상세하게 탐구했다. 그래서 그는 그 책에 전쟁, 혁명, 폭동, 원정, 이주 등과 같은 인간사의 불안 및 흥분과 관련된 온갖 것을 담았으며, 각각의 사건과 관련한 사람의 숫자와 해당 사건의 특성 그리고 그 사건에 영향을 받은 지역의 규모 등과 같은 요소까지 모두 담았다. 또 그는 불안이 시작된 시점과 이 불안이 최고조에 이르렀던 시점이 모두 각각 다양한 수준의 의미나 중요도를 나타낼 수 있도록 수치로 변환했다.

치체프스키는 자신이 수집한 엄청난 양의 데이터를 가지고서 집단으로 존재하는 인간의 흥분성Mass Human Excitability 지수를 연도별로 정리했다. 이것은 2,400년이라는 방대한 과거를 인간 감정의 놀라운 파노라마로 엮어낸 결과였다([그림-7] 참조).

그림에서 보듯이 이 지수는 한 세기마다 약 아홉 개씩 나타나는 경향을 보이는 파동 형태로 변동하며, 각 파동의 파장(주기)은 대략 11.1년이다.

치체프스키의 분석에 따르면 이 11년 사이클은 각각 네 개의 기간으로 구성된다. 첫 번째 기간은 대략 3년 정도 이어지는데 흥분성이 가장 낮다. 그래서 이 기간은 평화, 관용, 수동성, 낮은 통일성, 소수가 휘두르는 독재 통치 등을 특징으로 한다.

그 뒤에 흥분성이 점점 커지는 기간이 이어지는데, 이 기간은 대략 2년이다. 이 기간에 대중은 새롭고 혁명적인 지도자 아래에서 조직되기 시작한다. 그들은 새로운 발상으로 정치적·군사적 의사결정을 과감하게

[그림-7] 집단으로 존재하는 인간의 흥분성, 기원전 500년-서기 1922년

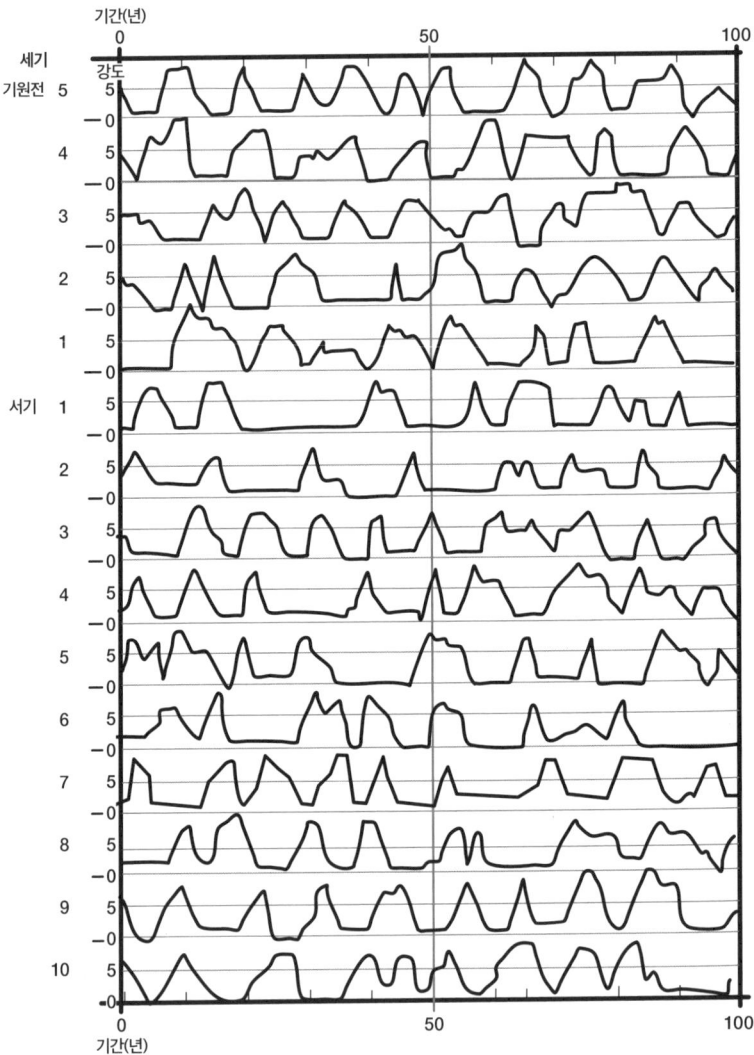

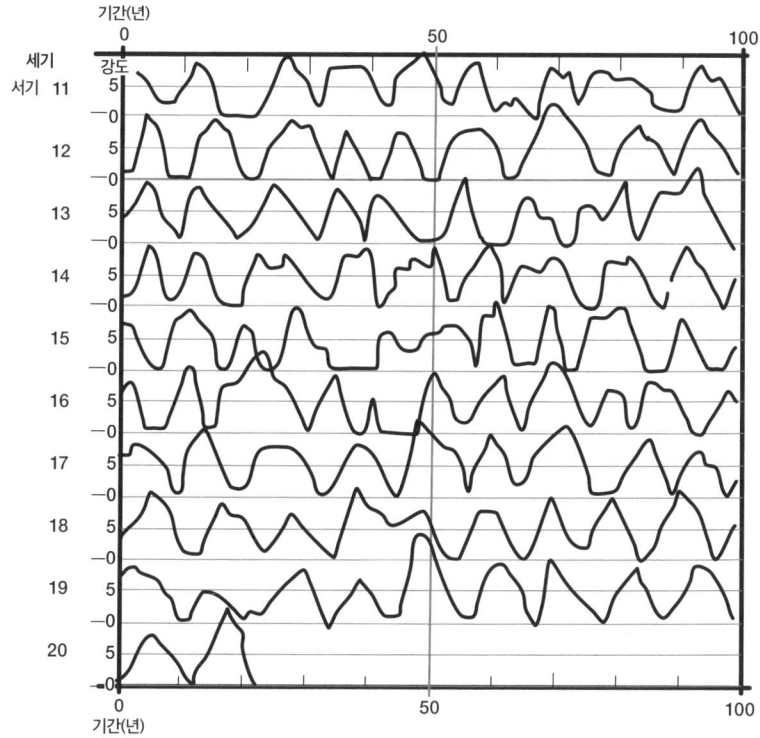

알렉산더 치체프스키의 집단으로 존재하는 인간 흥분성 지수. 한 세기마다 아홉 개의 파동이 나타난다는 점에 주목해라.

시도한다. 그런데 그 발상은 보통 어느 하나의 주제를 중심으로 형성되며, 언론이 이것들을 부풀린다. 이 기간에는 각 지역의 상황에서 다양한 지도자들이 부상하지만, 서로 다른 불안 지역의 지도자들 간에는 명확한 충성 관계나 동맹이 형성되지 않는 것으로 보인다.

흥분성이 최고조에 다다르는 세 번째 기간은 대략 3년 정도 이어지는데, 이 기간에 그 시대의 가장 시급한 문제들이 해결된다. 이런 두드러진 성과에는 흔히 여러 가지 특이한 정신 이상 상태가 동반된다. 혁명과 전쟁이 꼬리에 꼬리를 물고 일어나고, 여러 개의 분파 집단이 최면술사 같은 한 명의 지도자 아래에서 하나로 뭉치며, 군사와 정치와 정신 분야에서 위대한 지도자가 나타나고, 대중의 목소리가 드높이 울려 퍼진다. 대중이 폭동을 일으키고, 유혈 충돌이 일상적으로 일어나며, 오랜 세월 기득권을 누려왔던 계층은 마비 상태에 놓여서 변변하게 저항도 하지 못한 채 무너진다. 무정부 상태가 만연하지만, 결국에는 민주주의와 사회 개혁이라는 결실이 나타난다.

대략 3년 정도 이어지는 네 번째 기간에서는 대중의 흥분이 점점 가라앉고, 그러다가 마침내 대중은 거의 비활성화되고 무감각해진다. '평화'는 대중이 외치는 구호이고, 대중의 통일성은 사라진다. 대중은 겨울잠을 자는 곰처럼 새로운 사이클을 기다리며 혼수상태와 같은 잠에 빠져든다.

치체프스키가 제시한 이 지수의 파동은 비록 1922년에서 멈추지만, 당신은 가장 아랫줄에 있는 20세기 부분에 손가락을 올려놓고서 중단된 상태의 그 파동을 계속 이어서 그려보고 싶을지도 모른다. 비록 완벽하게 정확하지 않을지라도, 다른 세기에 해당하는 시간대를 가리키는 페이지 위쪽으로 손가락을 옮겨서 치체프스키의 연구가 과연 타당한지 현재와 관련해서 당신 나름대로 결론을 내려보라.

치체프스키가 태양흑점이 지구에 사는 우리 인류를 불안하게 만든다는 가설을 과연 제대로 증명했는지 여부는 뒤에서 태양을 두고 길고 자세하게 다룰 때 다시 살펴볼 것이다.

규칙적인 개신교 교도들

1950년 이른 어느 날 저녁이었다. 코네티컷의 리버사이드에 있는 우리 집에 전화벨이 울렸다. 그리고 유쾌한 목소리가 들렸다.

"저는 해럴드 마틴Harold Martin이라고 합니다. 코네티컷의 노워크에 있는 제일회중교회First Congregational Church의 목사입니다. 편하신 시각에 교수님의 사무실로 찾아가서 보여드리고 싶은 게 있어서 전화를 드렸습니다. 그게 뭐냐 하면, 여러 개신교 종파와 개신교 교회의 신규 신도의 변동 사항을 보여주는 도표인데, 제가 직접 그린 것입니다. 그런데 이렇게 새롭게 신자가 되는 사람들의 숫자가 주기적으로 사이클을 그리면서 오르내리는 것 같은데, 이 발견과 관련해서 교수님의 의견을 듣고 싶습니다."

"좋죠, 보시지요!"

나는 그렇게 대답했고, 그렇게 해서 우리는 만났다.

마틴은 감리교, 성공회, 장로교 그리고 회중교에서 새 신자가 나타나는 양상을 여러 개의 도표로 완성한 엄청난 작업을 모두 마친 상태였다. 그가 그린 도표들은 멀리는 100년 전으로 거슬러 올라갈 정도로 방대한 자료를 담고 있었다. 그는 또한 많은 개별 교회에서 새로운 신자가 발생하는 추이를 담은 도표도 가지고 있었다.

마틴이 가장 먼저 발견한 것은 지역과 관계없이 신규 신자 발생의 추이가 동시에 오르내리는 경향을 보인다는 사실이었다. 예를 들어, 사람들이 보스턴에 있는 회중교회에 새 신자로 등록하려고 몰려들 때 노워크와 샌프란시스코와 시애틀에 있는 회중교회에도 새 신자들이 몰려들었다.

전국적인 차원의 이런 변동에 마틴은 당혹감을 느꼈다. 신규 신자의 증가와 감소는 개별적인 지역의 상황에 따라서 달라진다고 늘 믿어왔기 때문이었다. 지역적 영향은 의심할 여지 없이 중요하지만, 마틴이 그동안 연구 조사한 결과는 그것보다 훨씬 더 강력한 어떤 힘이 존재함을 보여주었다. 전국적인 차원에서 작동하는 이 힘은 지역 차원의 요인보다 훨씬 더 강력한 힘과 영향력을 가지고 있는 것 같았다.

거기에는 교회의 전도와 관련해서 놀라울 정도로 중요한 잠재적 의미가 담겨 있었다. 새로운 신자를 교회로 끌어들이는 힘이 지역적인 차원의 힘이 아니라면, 교회는 이 힘의 정체가 무엇인지 발견한 다음에 이 정보를 적극적으로 활용해서 교세를 확장하는 게 맞다.

마틴이 두 번째로 발견한 사실은 회중교뿐만 아니라 개신교의 다른 여러 교파에서도 신규 신자가 늘어나거나 줄어드는 추세가 비슷하다는 점이었다. 많은 사람이 회중교회에 신규 신자로 등록할 때 감리교, 성공회, 장로교 등의 교회에서도 많은 사람이 새로 신자로 참여했다. 비록 해당 추정을 뒷받침할 자료가 없긴 하지만, 아마도 마틴이 가톨릭과 유대교의 신규 신자 추이를 추적했더라도 비슷한 양상을 확인했을 것이다.

교회와 관련된 이런 동시적인 움직임에 마틴은 깜짝 놀랐다. 그는 감리교 신도가 늘어나는 것은 위대한 복음주의자들이 감리교에 등장한 일과 관련이 있고 장로교 신도가 늘어나는 것은 위대한 지도자들이 장로교에 등장한 일과 관련이 있다고만 생각했었는데, 그게 아니었기 때문이다. 사실 기록상으로 보자면 위대한 개인의 영향력을 확인할 수 있긴 하다. 그러나 이것을 넘어서서, **모든 교단에 동시에 영향을 미치는** 것으로 보이는 전반적인 쇠퇴와 성장의 패턴도 눈에 띈다. 이런 근본적인 힘은 지리적 조건뿐만 아니라 종교적인 교리와도 아무런 관련도 없이 독립적으로 작동하는 것처럼 보인다.

마틴은 마지막으로 세 번째 발견을 했고, 이 발견을 계기로 그는 교단 본부로 자리를 옮겼다. 그는 여러 교회의 신규 신자 증감 양상 가운데서 적어도 일부는 주기적인 규칙성을 보인다는 사실을 발견했다. 사람들은 9년마다 신에게로 돌아오는 경향이 있었다([그림-8] 참조).

[그림-8]의 도표 세 개를 나란히 놓고 살펴보면서, 사이클을 어떻게 찾아낼 수 있는지 보여주겠다. 비록 이것이 매우 단순화된 버전의 기법임을 명심해야 하겠지만, 당신도 당신 회사의 연간 매출액과 같은 수치들 속에 어떤 사이클이 존재하는지 직접 찾아보고 싶을지도 모른다.

[그림-8-a]는 미국 장로교 교회의 실제 신규 신자 숫자이다. 1826년에 새 신자는 1만 2,938명이었고, 1831년에는 3만 4,160명으로 늘어났으며, 그러다가 1832년에는 2만 3,546명으로 줄어들었다. 아마도 당신은 지금까지 이런 도표를 수도 없이 많이 보았을 것이다. 주식시장 도표, 날씨 도표 그리고 당신이 다니는 회사의 매출액 도표 등……. 비록 [그림-8-a]에 두드러지게 눈에 띄는 고점과 저점이 있기는 하지만, 이 리듬 속에서 어떤 규칙성을 포착하기란 매우 어렵다.

그래서 우리는 마치 실험실에 있는 과학자처럼 불순물에 해당하는

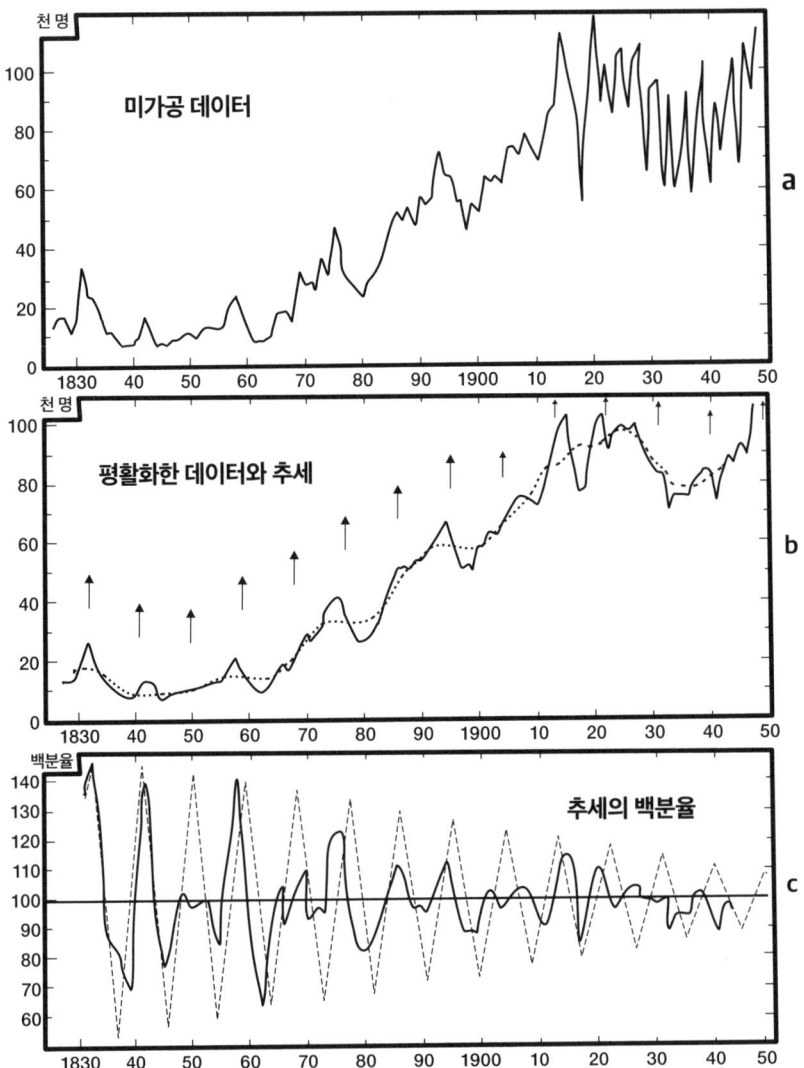

[그림-8] 장로교회의 신규 신자 추이, 1826-1948년

신앙고백 및 재확인을 통한 미국(북부) 장로교회의 신규 신자 추이

소음과 불규칙성을 걸러내는데, 이 과정을 위해서 우리는 이동평균(추세의 변동을 알 수 있도록 구간을 옮겨가면서 구하는 평균-옮긴이)을 사용한다. 즉 1826년과 1827년과 1828년의 신규 신자 숫자를 놓고 평균을 낸 다음에 이 3년 동안의 평균을 그 중간 해인 1827년의 수치로 [그림-8-b]에 표시한다. 마찬가지로 1827년과 1828년과 1829년의 신규 신자 숫자를 놓고 평균을 낸 다음에는 이 수치를 1828년의 수치로 [그림-8-b]에 표시한다. 이런 식으로 계속해서 각 연도의 수치를 구한 다음에 '불순물'이 걸러진 최종 도표를 완성한다. 하지만 그래도 규칙적인 리듬의 힌트는 아직도 쉽게 눈에 들어오지 않는다.

여기에서 우리는 추세선을 얻기 위해서 다시 또 그 수치를 가공하는 작업을 추가로 한다. '추세trend'라는 것은 우리가 확보한 일련의 수치들이 위로 올라가든 아래로 내려가든 혹은 옆으로 횡보하든 간에 일정하게 변동하는 전반적인 방향이다. 이 추세선은, 이 경우에는 방금 언급했던 3년 이동평균값과 비슷한 9년 이동평균값을 취함으로써 연간 신규 신자가 급격하게 튀는 변동분을 매끄럽게 다듬어준다. [그림-8-b]의 점선이 바로 우리의 '추세'선이다. 이렇게 해서 우리는 한층 나은 결과를 얻는다.

[그림-8-c]는 백분율을 나타내는 반면에 [그림-8-a]와 [그림-8-b]는 단위가 1,000명인 신규 신자의 숫자를 나타낸다는 사실에 유의하라. [그림-8-c]에서는 3년 이동평균값이 [그림-8-b]의 점선 추세선 값의 위로 혹은 아래로 얼마나 벗어나 있는지 백분율로 표시하기만 하면 된다.

예를 들어 설명하면 쉽게 이해할 수 있다. 1830년과 1831년과 1832년의 새 신자는 각각 1만 5,357명, 3만 4,160명, 2만 3,546명이고, 이 3년의 평균은 2만 4,354명이다. 이 수치는 [그림-8-b]에 1831년 시점에 실선의 일부로 표시된다. 그런데 1831년의 이 값(2만 4,354)은 1831년의 추세선 또는 점선의 수치(1만 7,974명)보다 더 높다. 따라서 1831년의 3년 이동평균값인 2만 4,354명은 우리 추세값인 1만 7,974명의 135퍼센트에 해당하며, 이 수치는 [그림-8-c]에서 1831년의 값으로 표시된다. 모든 연도에 대해서 이 작업을 해서, 추세선인 점선을 기준으로 위로 혹은 아래로 얼마나 편차가 발생하는지 표시해나가면, 뚜렷한 사이클이 우리 눈앞에 모습을 드러내기 시작한다. 이 사이클을 한층 더 쉽게 파악할 수 있도록 [그림-8-c]에 점선으로 9년 주기 사이클을 그려 넣었으니 참고해라.

여기에서 사용된 수치들은 1947년에 회계연도에서 (1월에 시작해서 12월에 끝나는) 달력연도로 기록 보관 방식이 바뀐 것을 감안하여 조정되었다.

[그림-9]는 [그림-8-c]와 비슷한데, 회중교회의 신규 신자 숫자가 지금까지 살펴본 장로교회의 신규 신자 추이와 비슷하게 9년 사이클로 반복된다는 사실을 보여준다.

[그림-9]와 [그림-8-c]를 비교해보면 알 수 있듯이, 장로교회와 회중교회의 신규 신자 사이클에서 이상적인 고점 시기가 일치한다. 다만 양쪽 모두의 변동분은 과거에 비해 백분율을 기준으로 중요도가 훨씬 낮아졌다.

그런데 이 9년 사이클은 비슷한 주기의 다른 사이클(예를 들면 은행

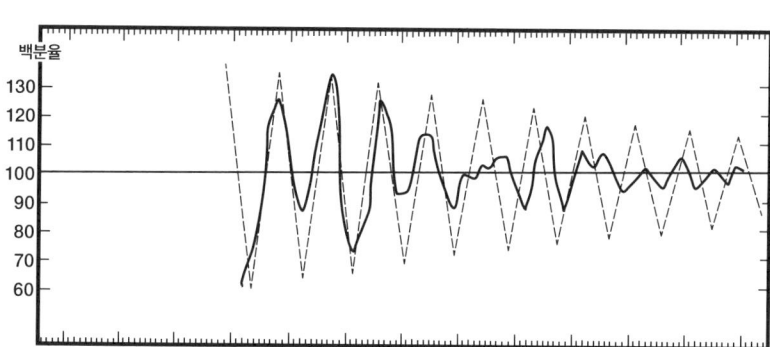

[그림-9] 회중교회의 신규 신자 추이, 1861-1950년

회중교회의 신규 신자 추이를 보정된 수치로 보여주는 이 그림은, 평균보다 높거나 낮게 변동하는 양상을 드러낸다. 이 그림을 [그림-8]과 비교해보면 회중교회의 신규 신자 추이와 장로교회의 신규 신자 추이가 비슷함을 알 수 있다.

예금, 면화 가격, 캐나디안퍼시픽철도Canadian Pacific Railway의 수송량 그리고 그 밖의 경기 지표 등의 사이클)과는 시기적으로 거의 정반대이다. 그렇다면 교회의 신규 신자 리듬은 무슨 까닭으로 경제학에서 주요한 리듬으로 꼽히는 것들 가운데 하나와 주기는 같으면서 방향은 반대일까? 어째서 사람들은 9년 주기로 교회에 신규 신자로 더 많이 등록하고, 또 왜 하필 이 시점에 맞춰서 경제 분야의 활력은 약해질까? 해답을 아는 사람은 아무도 없다. 그러나 어쩌면 이런 질문은 우리가 앞에서 했던 생각과 관련이 있을지도 모른다. 즉 사람들을 9년 간격으로 대담하게 만들고 또 겁에 질려 신에게 의지하고 싶게 만드는 무언가가 존재하는 게 아닐까?

만일 그렇다면, 사람들이 충분히 대담하고 자립적일 때는 사업의 장기적 결과는 개의치 않고 서로 경쟁하며 가격을 올리게 되지 않을까? 그리고 우리가 두려움에 사로잡힐 때는 신에게 더 많이 의지하게 되어서 교회에도 더 많이 나가지 않을까? 이런 발상은 신규 신자 숫자의 9년 사이클이 갖는 중요성이 점점 줄어드는 추세와 딱 들어맞는다. 왜냐하면, 지금의 개신교 신자들은 지난 50년 동안 지옥의 꺼지지 않는 불과 저주를 자기 할아버지나 증조할아버지보다 훨씬 덜 두려워한다는 것은 누구나 아는 사실이기 때문이다.

그럼에도 불구하고, 1967년 갤럽의 한 여론조사는 1967년 한 해 동안에 교회에 나가는 사람들의 숫자가 성인 인구의 45퍼센트나 될 정도로 늘어났음을 보여주었다. 이 보고서에 의하면, 그 이전 마지막 고점을 기록한 해는 1958년이었는데, 그때는 보통 한 주 동안에 49퍼센트가 교회에 나갔다고 한다. 평균 사이클을 기준으로 9년 사이클의 신규 신자 숫자가 고점을 기록한 해는 1940년, 1949년, 1958년 그리고 1967년이었다! 이 사이클은 지금도 계속 이어지고 있다(다시 말하지만 이 책의 출간연도는 1971년이다-옮긴이).

양심 곡선

교회 신자 수 혹은 최소한 대부분의 교회에서 설교하는 십계명의 가르침과 대중의 양심이라는 문제는 서로 밀접한 관련이 있는데, 여기에 서조차 사이클이 나타난다.

1923년부터 1954년까지 32년 동안 영국 납세자들이 자발적으로 바친 속건제guilt offering(기독교에서 하나님의 성물을 무례하게 대했거나 하나님의 규례를 어겼거나 사람에게 해를 끼친 죄를 면죄받기 위해 자발적으로 드리는 제사 혹은 배상을 일컫는 말-옮긴이)를 **대중의** 양심 수준을 가늠하는 척도로 삼을 수 있다. 영국에서는 해마다 재무장관이 아무런 근거가 없는 이 익명의 성금을 '다양한 사람들이 양심의 가책을 이기지 못해서 낸 성금'이라는 명목으로 회계 기록에 남긴다. [그림-10]은 이 성금의 액수 추이가 평균 3.5년의 사이클로 움직인다는 것을 분명히 보여준다.

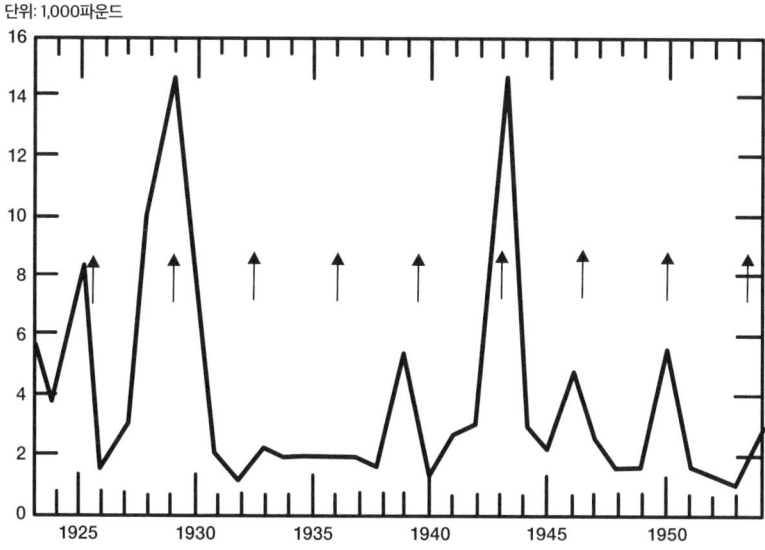

[그림-10] 양심 성금 사이클, 1923-1954년

영국의 납세자들이 내놓는 '양심적인 돈' 혹은 속죄의 자발적 배상 공물에서 나타나는 3.5년 사이클. 화살표는 3.5년 주기로 배치되어 있다.

다만 안타깝게도 이 '양심 곡선' 그래프는 그 돈을 내는 사람의 숫자가 아니라 그 사람들이 낸 전체 금액을 기준으로 작성되었다. 그렇지 않았더라면 고점과 고점 사이의 거리가 한층 더 가까워졌을 것이다. 그러나 어쨌든 진폭, 즉 파동의 높이나 깊이가 시기에 따라서 변동하지만 고점이나 저점의 시간적 규칙성은 분명하게 드러나 있다.

그런데 이런 규칙성이 우연의 결과일 수 있을까? 물론 그럴 수도 있다. 그러나 이처럼 규칙적인 파장을 가진 파동이 여덟 개나 연속된 것을 두고 우연의 결과라고 **쉽게** 말할 수는 없다. 이 양심 성금액의 변화 추이가 정말로 3.5년 사이클로 나타나는 양심의 가책이 불러온 결과일까? 반드시 그렇다고는 말할 수 없다. 그렇게 성금이 모금된 것은 그 성금을 낼 수 있는 경제적인 능력 사이클의 결과일 수도 있다. 양심의 가책이 주기적으로 달라진 결과가 아니라 경제 능력이 주기적으로 달라진 결과일 수 있다는 말이다. 하지만 어쨌거나 무엇인가가 그런 행동을 유발했음은 분명하고, 그 행동은 주기적으로 일어나고 있다.

결혼과 죽음 그리고 소란스러움

인간이 집단 차원에서 수행하는 중요한 활동 가운데서 두 가지를 꼽자면 싸우려는 성향과 투기하려는 성향이다. 싸움과 투기는 우리 인간의 삶에 워낙 큰 영향을 미치므로 이 책에서는 이 둘을 각기 다른 장에서 따로 다루기로 한다.

하지만 인류에게는 셀 수도 없이 많은 다른 중요한 사이클이 있으며, 따라서 이 책의 저자로서 나는 이 책이 그것을 과연 충분히 담을 수 있을지, 또 그 가운데서 무엇을 선택해야 할지 하는 문제를 해결해야 한다. 수천 개의 사이클 가운데서 과연 어떤 것을 선택해서 독자들 앞에 펼쳐야 할까? 또 그 가운데서 어떤 것을 다음 책 혹은 다다음 책에 싣기 위해서 우리 사이클연구재단의 캐비닛에 잘 갈무리해둬야 할까?

다양성이야말로 궁극적인 해결책이라고 나는 믿는다. 나는 우리가 하는 연구 중에서도 가능한 한 넓은 스펙트럼에서 이 책에 실을 사례들을 추출하려고 한다. 그렇게 할 때 규칙적인 사이클들이 드러내는 보편성이 독자의 삶에서 당연한 것으로 더 쉽게 받아들여지지 않을까 싶다.

시인의 노래처럼 사랑의 마법은 어디에나 있다. 그런데 결혼이 사랑의 궁극적인 표현이라면 그 마법의 힘은 18.2년마다 강해져야 할 것이다. 왜냐하면 미국에서는 이 정도 주기의 결혼 사이클이 줄곧 반복되어 나타났기 때문이다.

1955년에 우리가 이 현상을 연구할 때 1867년부터 1953년까지로 기간을 한정해서 인구 1,000명당 결혼 건수를 추정할 수 있었다. [그림-11]에서 보듯이 비록 최근에 혼인 건수가 늘어나는 경향이 있지만 18.2년 사이클은 뚜렷하게 존재한다. 제2차 세계대전 당시 및 그 직후에 결혼 비율이 매우 높지만 이 사이클의 리듬 자체는 1950년에 원래 상태로 교정되었다. 이 사이클에 대해서는 굳이 다른 설명이 필요없다.

사망률은 어떤가. 비록 보험회사가 좋아할 정도로 꾸준하게 줄어들고 있지만, 사람들이 규칙적인 사이클로 사망하는 것은 분명하다.

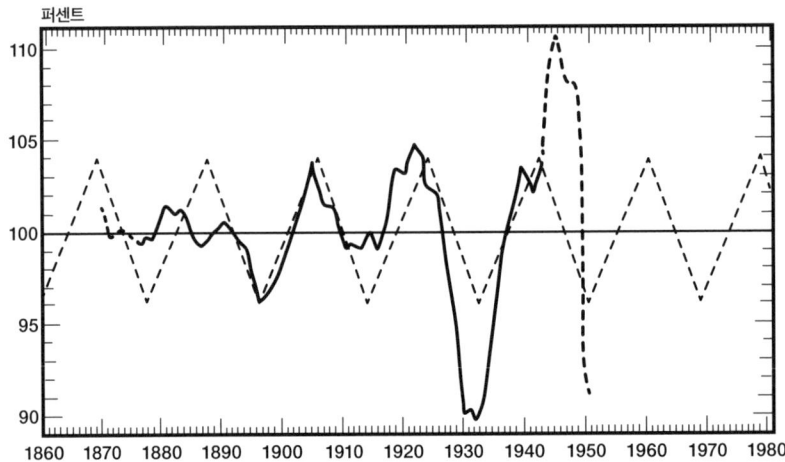

[그림-11] 미국 결혼율의 18.2년 사이클, 1869-1951년

※ 이 책의 나머지 부분에 나오는 모든 도표는 특별한 언급이 없는 한, 해당 사이클이 추세선보다 얼마나 높거나 낮은지를 보여주는 방식으로 표시된다.

1860년부터 1962년까지 기간을 대상으로 매사추세츠 사망률 데이터를 분석한 결과는 8.92년의 사이클을 드러냈다([그림-12] 참조).

또 사회학적 영역을 넘어서 여성이 입는 이브닝드레스의 디자인을 봐도 그렇다. 1725년부터 현재까지의 기간을 대상으로 아그네스 브룩스 영Agnes Brooks Young이 수행한 연구에 따르면, 종 모양과 엉덩이 쪽을 부풀려서 강조하는 버슬bustle 모양 그리고 통짜 관 형태인 튜블러tubular 모양이라는 세 가지의 기본적인 디자인이 약 35년 주기로 번갈아 나타나는데, 따라서 이브닝드레스 디자인의 총 주기는 105년인 셈이다. 이 사이클에 따르면 지금은 '종 모양'의 시대지만, 1970년대 중반이 되면 분명 '버슬 모양'이 나타날 것이다.

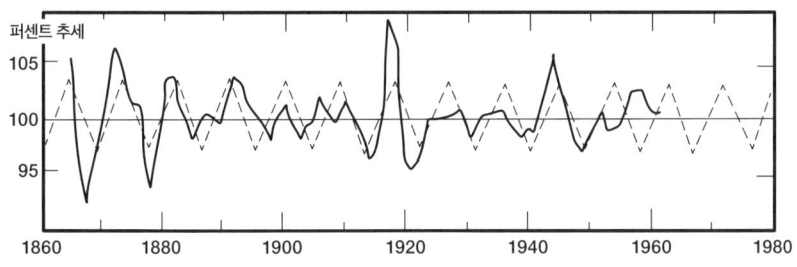

[그림-12] 매사추세츠 사망률의 8.9년 사이클, 1865-1961년

여성 패션에 관심이 있는 사람이라면 치마 길이가 100년 사이클로 오르내린다는 사실도 흥미로울 것이다. 또 데콜타쥬(여성의 드레스나 상의에서 어깨와 가슴 윗부분을 드러내는 네크라인-옮긴이)도 독자적인 사이클로 과감하게 아래로 내려갔다가 위로 올라오기를 반복하는데, 이 주기는 71년이다.

이번에는 좀 더 가볍게 안경을 놓고 생각해보자. 1920년대에는 네모난 강철 프레임이 유행했다. 그런데 누군가가 안경테의 바깥쪽 윗부분이 안경다리 쪽으로 기울어져 올라가는 프레임을 개발해서 '할리퀸'이라고 불렸으며, 또 스팽글(반짝거리는 작고 동그란 금속 조각-옮긴이)에서부터 표범의 점에 이르기까지 온갖 것이 안경테를 장식하기 시작했다. 그런데 지금은 '인싸'가 되고 싶은 사람이라면 안경테가 수수하고 꾸밈이 없어야 한다. 심지어 미국이 아직 영국으로부터 독립하기 전인 식민지 시대에 유행했던 둥근 모양의 안경테조차도 세련된 것으로 여겨진다.

사이클연구재단의 한 회원이 요요에 대한 의견을 나에게 편지로 써서 보낸 적이 있다. 그 사람에게는 장난감 도매업에 종사하는 친구가 있었는데, 이 친구는 요요 유행이 몇 년에 한 번씩 찾아오는 걸 몹시 두려워한다고 했다. 요요 열풍이 시작되면 소매점에서 밀려드는 요요 주문을 다 받아내기 어렵다가도, 이 요요 주문이 어느 날 갑자기 아무런 예고도 없이 뚝 끊긴다는 것이었다.

요요를 구매하겠다는 욕구가 광범한 지역에서 갑자기 그것도 동시에 사라져버리는 이유가 무엇인지 우리는 알지 못한다. 그러나 만일 우리가 그 이유를 안다면 사이클이라는 주제와 관련된 내용이 조금이나마 더 분명하게 드러날 것이다. 주석 구매업자들도 내게 이와 비슷한 양상을 경험한다고 말했다. 주석 매매 중개인들이 주석의 미래 가격을 추정하는 태도를 어느 날 갑자기 뚜렷한 이유도 없이 바꾼다는 것이다. 모노폴리 같은 특정한 종류의 게임의 인기가 약 14년 간격으로 높아진다는 말도 있다. 아마도 언젠가는 이런 것들의 인기가 주기적으로 변동하는 이유를 우리도 알게 될 것이다.

피곤에 지친 집단 대중

미국은 거의 전적으로 이민자와 그 후손으로 구성된 나라지만 이민 문제는 늘 정치적으로 민감한 주제였다. 먼저 미국이 이민자들을 향해 문을 연다. 그러면 난민이 몰려온다. 그러자 미국은 깜짝 놀라서 이민자의 숫자를 국가별로 할당해서 제한하는 법률을 마련한다. 그랬다가 다시 그 제한을 느슨하게 완화한다. 그러나 이 모든 노력에도 불구하고

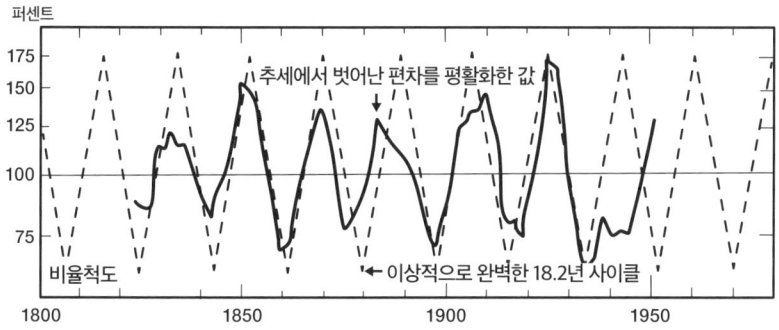

[그림-13] 미국 이민자의 18.2년 사이클, 1824-1950년

빈곤, 종교적 박해, 독재 등을 피해 자유를 찾아 전 세계 사람들이 여전히 미국을 찾아온다. 이들은 19세기 초부터 지금까지 평균 18.2년 주기의 사이클로 그렇게 해왔다([그림-13] 참조).

이 사이클의 파장인 18.2년은 우리가 방금 결혼률에서 언급했던 파장과 정확히 일치하며, 두 사이클의 그래프를 비교하면 둘이 동시에 오르내리는 것처럼 보인다. 18.2년 또는 18.3년이라는 동일한 사이클 파장은 보통주, 부동산 활황기, 밀 경작지 면적, 캐나디안퍼시픽철도의 화물 운송량, 목재 및 가구 생산량, 나일강의 홍수 횟수, 자바섬 나무의 나이테 등에서도 분명히 드러난다. 전혀 관련이 없을 것 같은 이 모든 현상을 동일한 리듬으로 진동시키는 것의 정체는 과연 무엇일까?

"이달의 범죄"

여러 해 전에 미국 연방수사국FBI의 초대 국장이던 존 에드거 후버 John Edgar Hoover가 〈디스위크매거진This Week Magazine〉에 발표한 내용에 따르면 범죄 발생에는 독자적인 사이클이 있다. 또 2,400개가 넘는 도시와 마을에서 5년 동안 작성된 경찰 기록에 따르면, 계절 변화와 범죄 패턴 사이에는 놀라운 연관성이 있다. 후버는 기상학자들이 허리케인뿐만 아니라 강간 범죄도 어느 정도는 예측할 수 있다고 지적했다([그림-14] 참조).

범죄의 패턴은 오랜 기간 거의 변하지 않았다. 살인은 강간과 가중폭행이 그렇듯이 7월과 8월에 가장 많이 발생한다. 그런데 살인에서는 계절적 특성 외에 다른 특성도 나타나는데, 주말 야간에 발생하는 범죄이기도 하다는 것이다. 구체적으로 말하면 살인 사건의 62퍼센트가 오후 6시와 오전 6시 사이에 발생한다.

신체에 상해를 입히는 범죄는 여름에 기승을 부리지만, 강도는 전혀 다른 사이클 속에서 일어난다. 강도 사건은 12월이나 1월 또는 2월의 토요일 밤 오후 6시와 새벽 2시 사이에 일어날 가능성이 가장 높다.

그런데 범죄가 가장 적게 발생하는 달은 언제일까? 5월이다. 한 가지 특이한 통계를 제외하면 그렇다. 그 예외적 사고는 바로 개 물림 사고. 7월과 8월의 무더운 '개의 날들dog days(덥고 긴 여름날을 지칭하는 표현인데 통상 7월 3일부터 8월 11일까지이다-옮긴이)'을 포함해서 1년 중 어느 달보다도 즐거운 이 5월에 개 물림 사고가 가장 많이 신고된다.

[그림-14] 여러 범죄의 연간 사이클 (후버의 자료를 바탕으로 작성)

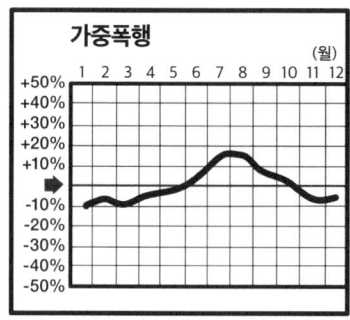
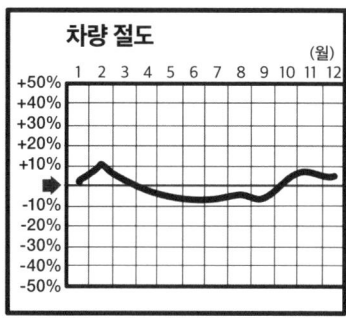
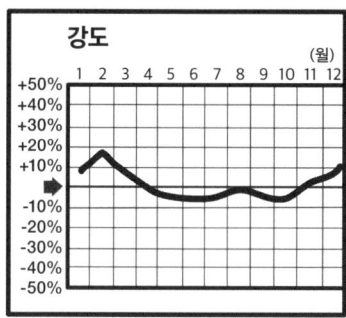
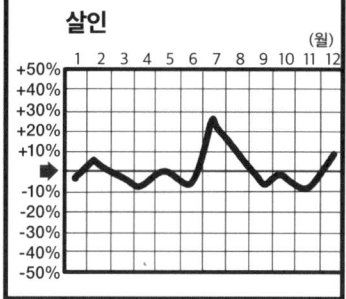

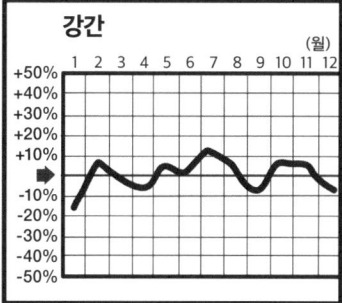

화살표는 연평균을 가리킨다.

그런데 인간의 지적인 차원에서 나타나는 계절적 사이클은 인간의 범죄 성향과 전혀 다르게 나타난다. 생을 마칠 때까지 우리 사이클연구재단의 소중한 이사회 멤버였던 헌팅턴 교수는 사람들이 어느 계절에 진지한 내용의 책을 읽고 과학을 주제로 한 회의에 참석하고 시험에서 가장 좋은 점수를 받고 또 특허 출원 수정안을 가장 많이 제출하는지 알아내기 위해서 폭넓은 연구를 했다. 그리고 마침내 그는 모든 경우에서 봄과 가을에 고점을 기록하고 여름에 저점을 기록한다는 사실을 발견했다.

그런데 이런 패턴과 정반대인 사이클도 있었는데, 헌팅턴이 했던 연구에 따르면 6월은 자살과 정신병원 입원이 가장 많은 달이다. (또한 동시에 6월은 결혼을 가장 많이 하는 달이기도 한데, 둘 사이에 어떤 상관관계가 가능한지 알아보는 일은 나보다 더 용감한 사람에게 맡기겠다.)

여름이 되면 어쩌면 사람들이 높은 온도와 숨 막히는 습도 때문에 이상하고 무서운 행동을 하는지도 모른다. 그러나 연방수사국의 에드거 후버는 그 연관성을 확신하지 못한다. 그는 이렇게 말한다.

"물론 습도와 살인 사이에 상관성이 있다는 증거는 없다. 살인 사건이 여름에 가장 많이 발생하는 이유가 무엇인지 솔직히 우리는 모른다."

심장병과 두 명의 오랜 친구

1900년에는 미국에서 전체 사망자의 20퍼센트가 심혈관계 질환으로 사망했다. 오늘날에는 전체 사망자의 50퍼센트 이상이 심장 질환으로 사망한다. 물론 이 비율은 50년 또는 60년 전에 우리를 죽음에 이르게 했던 여러 질병의 치료법이 속속 발견되면서 점점 더 높아지고 있다. 실제로 우리의 전반적인 사망률은 거의 매년 감소하고 있기 때문이다. 그런데 이상하게도, 적어도 미국 북동부 지역에서는 심장 질환으로 인한 사망자 숫자가 9⅔년 사이클로 변동하는데, 이 사이클을 앞에서 살펴보았던 캐나다스라소니의 개체수 사이클 및 뉴브런즈윅 연어의 개체수 사이클과 나란히 놓고 보면 너무도 비슷해서 어쩐지 섬뜩한

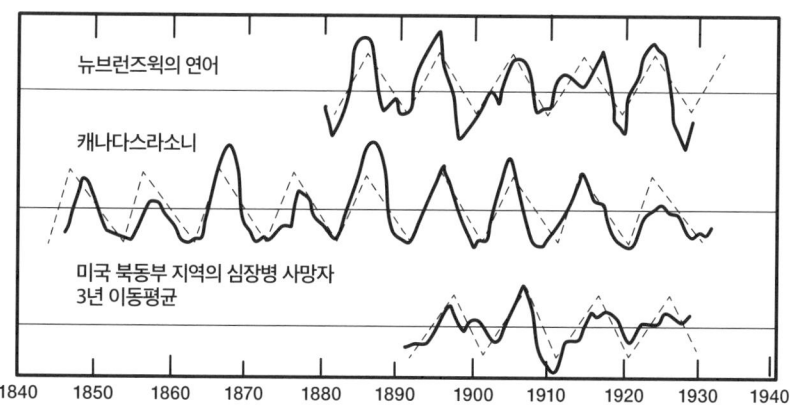

[그림-15] 이것이 우리가 가지고 있는 미스터리의 단서일까?

대서양 연어 및 캐나다스라소니의 개체수 그리고 미국 북동부 지역의 심장병 사망자 숫자(헌팅턴 교수의 자료) 사이에는 유사한 9.6년 사이클이 분명히 드러난다.

느낌이 든다([그림-15] 참조).

    미국 북동부 지역에 사는 주민의 심장박동이 멈추는 것과 스라소니 연어의 개체수 사이에는 과연 어떤 관계가 있을 수 있을까? 과연 누가 이 세 가지 사건을 이성적이고 논리적인 끈으로 하나로 꿸 수 있을까? 이렇게 하고자 하는 시도에서는 상식이 사라지고 만다. 그러나 뉴턴의 발 앞에 떨어진 사과가 그랬던 것처럼, [그림-15]에서 드러나는 힌트는 아직도 어둠에 싸여 있는 자연의 어느 한구석으로 작은 탐구의 빛을 더 깊이 비추라고 권하는 거부할 수 없는 초대장이다.

7

생산량을 예측할 수 있는가

"인간이 온갖 기술을 다 동원한다고 해도 굴 하나를 자연과 똑같이 온전하게 만들어내지 못하는데, 하늘과 땅에서 이루어지는 이 모든 희귀한 일이 어쩌다 보니 우연히 그렇게 일어났다고 생각한다면, 이보다 더 어리석은 짓이 또 있을까?"

- 제러미 테일러Jeremy Taylor

CYCLES

여러 해 전에 유명 작가 짐 비숍Jim Bishop이 〈플레이보이Playboy〉와 인터뷰를 하면서 에이브러햄 링컨Abraham Lincoln과 존 F. 케네디John F. Kennedy의 삶과 죽음에서 우연하게도 일치하는 점이 얼마나 많은지 모른다면서 사람들의 관심을 촉구했다.

케네디는 암살자가 쏜 총탄을 뒤통수에 맞고 사망하기 다섯 시간 전인 1963년 11월 22일 금요일 오전 7시 30분에 일정 담당 비서이던 케네스 오도넬Kenneth O'Donnell에게, 자기 목숨을 내놓고 대통령을 죽이고 싶은 사람이 있다면 누구든지 그렇게 할 수 있을 것이라고 말했다. 링컨도 암살자가 쏜 총탄을 뒤통수에 맞고 사망하기 다섯 시간 45분 전인 1865년 4월 14일 금요일 오후 4시 45분에 경호원이던 윌리엄 크룩William Crook에게 자기가 암살될 가능성을 언급하면서 "그런 짓을 저지르고서도 살아서 도망갈 수 있는 사람은 없을 것이다. 그렇지만 그런 시도가 실제로 일어난다면, 그 누구도 막지 못할 것이다"라고 말했다.

또 비숍은 이 두 건의 암살이 금요일에 일어났고, 정치적인 불만이 이유였으며, 총상 부위는 뒤통수였고, 이 일이 일어날 때 영부인은 대통령 곁에 있었으며, 사망한 대통령 대신 대통령직을 이어받은 사람의 이름은 존슨Johnson이었다는 사실을 지적했다.

링컨과 케네디는 둘 다 의원으로 당선된 지 정확하게 14년 만에 대통령으로 선출되었다. 부스John Wilkes Booth는 링컨을 극장에서 암살했고, 케네디를 암살한 오스월드Lee Harvey Oswald는 극장에서 체포되었다. 두 암살자 모두 재판을 받기 전에 총에 맞아 죽었다. 링컨의 시신이 매장될 때 그의 아들 로버트는 조지타운의 N스트리트 3014번지로 이사했고, 케네디의 시신이 매장되었을 때 그의 아들 존은 조지타운의 N스트리트 3014번지에 살고 있었다. 두 사망자의 부인은 모두 나중에 백악관으로 초대받았을 때 정중하게 거절했다. 그리고 이 두 사별자는 모두 프랑스어를 할 줄 알았다.

비숍은 또한 용기, 흑인 인권에 대한 관심, 재치와 같은 개인적인 특성과 성격에 있어서도 두 사람이 비슷하다는 점을 지적했다. 그는 "16대 대통령과 35대 대통령 사이의 수많은 유사점은 우연이라는 단어에 내포된 뜻과 거리가 멀어도 한참 멀다"라고 말했다.

그가 암시하고자 했던 내용은 명백하다. 자신이 발견한 우연의 일치들이 **단순한** 우연이 아니라 어떤 규칙성을 가지고 있다는 주장이었다. 거기에는 특별한 중요성이나 의미가 담겨 있었다.

만일 짐 비숍의 말이 맞다면, 그가 암시하는 내용은 주술적이거나 신비주의적이다. 그 내용은 통계 결과도 아니고 과학적인 추론도 아니니다.

과학적 접근법과 신비주의적 접근법의 차이점은 무엇일까?

우선 과학적인 관점에서 보면 우연에는 잘못된 것이 없다. 수소 원자 두 개와 산소 원자 하나를 결합하면 물을 얻을 수 있다. 이 실험을 다시 시도하면 같은 결과를 얻을 수 있다. 이것은 우연의 일치다. 이 실험을 세 번째 시도해도 물을 얻을 수 있다. 이 또한 우연의 일치다. 충분히 많은 수의 우연이 반복될 때 과학은 이 결과를 해당 사물이 작동하는 방식이라고 받아들인다.

그렇다면 비숍이 제기한 우연과 과학에서 받아들이는 우연의 차이는 무엇일까? 그 차이는 기본적으로 두 가지가 있다. 첫째, 과학은 사람들이 예측할 수 있는 우연을 의미 있는 것으로 받아들인다. 당신은 수소 원자 두 개와 산소 원자 하나를 결합하면 물이 생성된다는 것을 완벽할 정도로 정확하게 예측할 수 있다. 둘째, 과학은 통계적인 평가에 도움이 되는 우연을 의미가 있다고 받아들인다.

그러나 비숍이 지적했던 우연으로는 어떤 예측도 할 수 없다. 링컨과 케네디가 떠나며 남긴 대통령직을 같은 이름을 가진 두 사람이 각각 이어받았다고 해서, 린든 존슨Lyndon Johnson의 뒤를 그랜트Grant라는 이름을 가진 사람이 이어받으리라고 예측할 수는 없다(앤드루 존슨Andrew Johnson을 이어 율리시스 심슨 그랜트Ulysses Simpson Grant가 18대 대통령이 되었다-옮긴이). 앤드루 존슨 대통령의 부인인 엘리자베스 맥카들 존슨Elizabeth McCardle Johnson이 독일어를 할 수 있었다는 사실을 두고서 린든 존슨 대통령의 부인인 레이디 버드 존슨Lady Bird Johnson이 독일어를 할 수 있을 것이라는 사실을 예측할 수는 없다. 링컨과 케네디 모두 암살 가능성이 언제나 존재한다는 말을 하고 대여섯 시간 뒤에 총격을 받고 사망했다는 사실만 가지고서는, 나중에 다른 어떤 대통령도 암살 가능성을 입에 올렸다가는 그로부터 대여섯 시간 뒤에 반드시 암살당할 것이라고 예측할 수 없다.

또한 비숍이 말했던 우연적인 사건은 통계적으로 평가될 수도 없는데, 어쨌거나 그건 아마도 비숍이 의도한 바도 아니었을 것이다. 어떤 것을 통계적으로 평가할 수 있으려면 우선 우연한 사건뿐만 아니라 우연하지 않은 사건의 수도 알아야 한다. 그래야 성격이 다른 두 사건을 비교할 수 있다.

몇 가지 가상의 사실을 예로 들어보자. 케네디가 입고 있던 재킷의 단추가 세 개였고 링컨이 입고 있던 재킷의 단추는 네 개였다고 치자. 아침으로 케네디는 달걀과 베이컨을 먹었고, 링컨은 오트밀을 먹었다고 치자. 또 그 운명의 날 아침에 케네디는 샤워를 했고 링컨은 물수건으로 몸을 닦아냈다고 치자.

알려진 사실과 알려지지 않은 사실 수백만 가지 가운데서 조사자가 그리고자 하는 그림에 딱 들어맞는 것들만 따로 골라내서 이것들을 토대로 어떤 결론을 내리는 실수를 저지르지 말아야 한다는 게 내 말의 요지이다. 케네디와 링컨이라는 암살당한 두 대통령 사이에 일치하지 않는 점이 몇 가지나 되었는지 우리는 모른다. 이런 것들을 제대로 알지 못하는 한 과학적·통계적 평가는 불가능하다.

그럼 이제부터는 이 모든 것을 사이클에 적용해보자.

우리도 우연적인 사건을 다룬다. 그러나 사이클은 신비주의나 주술이 아니라 일종의 과학이다. 사이클이 과학이 될 수 있는 이유는 그것이 예측의 근거로 사용될 수 있기 때문이고 또 그것을 통계적으로 평가할 수 있기 때문이다. 사이클이 충분히 지배적이며 또 충분히 규칙적으로 반복될 때 우리는 어떤 예측이든 확실한 근거를 갖고 할 수 있다.

어떤 아이가 자기 아버지에게 물었다.

"내일 해가 다시 뜬다는 걸 어떻게 알아요?"

그러자 아버지는 이렇게 대답했다.

"지금까지 늘 그랬거든."

이것은 비숍이 말했던 우연과 얼마나 다를까?

만약 그 아이가 했던 질문이 조금 달라서 "내일 정오에도 해가 햇살을 비출 거라는 걸 우리가 어떻게 알아요?"라고 물었더라면, 그 아버지는 일식이 일어날 수도 있는 가능성을 의식해서, 지금까지 **거의 언제나** 그래왔으므로 아마 내일도 **거의 확실하게** 그럴 것이라고 대답했을 것이다. 기원전 6세기 이전에 사람들이 예측할 수 있는 것은 그 정도 수준이었다. 그러나 바빌로니아인들이 일식을 예측하는 방법을 배우고 난 뒤로는 사람들이 어떤 쪽으로든 확신을 갖고 대답할 수 있었을 것이다.

이 장에서 다룰 현대 경제학에서의 사이클 연구에서 우리는 바빌로니아인 이전의 천문학자들이나 거의 마찬가지다. 우리는 사이클에 대해 알고는 있지만 그 사이클들이 빠르든 늦든 언제 올지 미리 **확실하게는** 알지 못한다. 2년에 한 번씩 뉴잉글랜드로 돌아오는 콩새의 사이클처럼, 우리는 그 사이클이 예정된 때마다 정확하게 나타날지조차 확신하지 못하는 수준에 아직 머물러 있다. 그 모든 것을 미리 아는 것은 다음 단계로 나아가는 위대한 진전이다.

우리의 우연의 일치와 비숍의 우연의 일치 사이의 두 번째 차이점은 (비록 부분적이긴 하지만 미래를 예측할 수 있는 능력이 첫 번째 차이점이다), 우리가 조사하고 있는 일련의 수치에 존재하는 우연의 일치는 말할 것도 없고 **존재하지 않는** 그 모든 우연의 일치도 우리가 알고 있거나 배울 수 있다는 것이다. 따라서 우리는 흥미를 끄는 우연의 일치들이 담고 있는 중요성의 정도를 측정할 수 있다.

만일 케네디의 인생과 링컨의 인생 그리고 당신의 인생과 나의 인생 또 그 외 수많은 다른 사람의 인생이 기록될 수 있다면, 케네디가 우리 각자와 공유하는 우연의 일치가 무척이나 많을 것이다. 만일 그렇다면, 과학적 관점에서 우리가 제기해야 할 질문은 이렇다. 케네디와 링컨이 공유하는 우연의 일치가 케네디와 우리 가운데 누군가가 공유하는 우연의 일치보다, 혹은 우리 각자가 서로 간에 공유하는 우연의 일치보다 많은가? 만일 그렇다면, 그것은 중요한 어떤 의미를 가질 만큼 **충분히** 많을까?

물론 이 경우에는 이런 종류의 비교를 할 수가 없다. 하지만 사이클 연구에서는 얼마든지 가능하다. 문제를 매우 단순하게 만들기 위해서 설탕 가격 추이와 같은 일련의 수치에서 최상의 사이클(우연한 사건의 연속?)을 찾는다고 치자. 그다음에는 원래의 수치들을 무작위로 배열하고 계속해서 뒤섞을 수 있다. 그리고 이렇게 얻은 각각의 새로운 일련의 수치에서 최고의 사이클을 찾는다. 이런 방법을 통해 원래 설탕 가격 데이터에서 발견한 사이클만큼 좋은 사이클을 순전히 우연만으로 얻으려면 몇 번의 뒤섞기가 필요한지 셀 수 있다. 그 시도를 100번 해보고 나면 원래의 설탕 가격 주기가 우연히 생겼을 가능성은 1퍼센트 미만임을 알 수 있을 것이다. 따라서 당신이 설탕 가격에서 발견한 그 사이클이 상당한 의미를 가지고 있다는 가설은 상당히 강력하다.

신비하기 짝이 없는 생산량의 규칙적인 오르내림

식물, 동물, 심지어 인간에게서 주기적인 리듬이 나타난다는 발상을 받아들이기란 그다지 어렵지 않다. 왜냐하면 이런 사이클 개념 가운데 많은 것을 이미 생물학자와 의사가 잘 알고 있고 받아들여지고 있기 때문이다.

그러나 경제 영역에서 발견되는 의미 있는 사이클에 대해서는 여러 집단이 이례적일 정도로 발작적인 반응을 보이면서 손을 홰홰 내젓는다. 특히 경제 전문가들이 그렇다. 내로라하는 대기업의 고위 임원이었던 어떤 사람은 다음과 같은 발언으로 그런 태도를 분명하게 드러냈다.

"만약 당신들이 하는 말이 사실이라면, 경제학과 관련해서 지금까지 내가 배운 모든 게 틀렸고, 내가 평생 쌓은 작업이나 업적은 모두 모래성처럼 허물어지고 맙니다. 나로서는 그따위 주장을 도저히 받아들일 수 없습니다."

이 신사는 또 미국에서 내로라하는 대학교에서 학생들을 가르치기도 했다. 그의 태도는 대학교에서 강의하는 교수가 지닌 일반적인 태도의 축소판일 텐데, 이는 젊은 학생들이 끊임없이 지적해온 문제이기도 하다.

나는 또 어떤 기업의 고위 임원이 했던 말도 기억하는데, 그는 이렇게 말했다.

"당신이 하는 말에 중요한 어떤 것이 담겨 있다고 나는 믿습니다. 그렇지만 내가 믿는다는 사실을 우리 직원들은 몰랐으면 합니다. 왜냐고요? 만일 그랬다가는 온갖 구설수가 영원히 나를 따라다닐 것이기 때문입니다."

그러던 어느 날 저녁에 이 사람이 했던 말을 문득 떠올렸다. 세지윅William Sedgwick과 타일러Harry Tyler 그리고 비글로우Albert Bigelow가 함께 쓴 《과학의 짧은 역사A Short History of Science》를 읽다가 나침반을 두고 13세기 사람들이 말하던 내용을 읽을 때였다. 그 내용은 이랬다.

"어떤 배의 선장이든 감히 나침반을 사용하려 들 때는 다른 사람들로부터 마술사라는 의심을 받을지 모른다는 위험을 감수해야만 했다. 선원들도 그런 의심을 했다. 어둠의 힘에 영향을 받는 것처럼 보이는 도구를 사용하는 사람을 선장으로 모시고 이 사람의 명령을 받으면서는 바다에 나가려 하지 않았다."

자기 머리를 모래에 파묻으며 현실의 진실을 회피하는 사람들이 아무리 많다고 해도 경제의 여러 가지 현상에 사이클은 엄연히 존재한다. 그리고 이 나라는 물질적인 것에 집중하고 또 이것을 숭배하기 때문에,

경제학은 다른 어떤 학문 분야보다 통계와 데이터를 많이 확보하고 있다. 물론 그래 봐야 사이클이라는 전체 현장을 놓고 보면 그것도 아주 작은 부분에 지나지 않긴 하지만 말이다.

우선 재화와 서비스의 물리적 생산이라는 분야에서 사이클의 대표적인 표본 몇 가지를 제시하겠다. 지금부터 소개하는 내용은 사이클연구재단의 기관지인 〈사이클즈〉를 통해서 발표되었던 것인데, 〈사이클즈〉는 전쟁에서부터 달걀 가격에 이르는 수백 가지 현상에서 나타나는 사이클을 1950년 이후 회원들에게 꾸준하게 소개해온 월간지이다.

내가 소개하는 내용이 다소 이례적일 수도 있다. 다양한 산업 분야의 생산량에서 확인되었던 사이클 열 가지를 소개할 텐데, 내용은 〈사이클즈〉에 소개했던 원문 그대로다. 그리고 참고를 위해 제시하는 여러 가지 그래프도 모두 원본 기사에 첨부되었던 그래프이며, 이들 가운데 어떤 것들은 1950년대 초까지 거슬러 올라간다. 그러니까 이 그래프들은 업데이트 과정을 전혀 거치지 않은 원래 내용 그대로라는 말이다. 참고로 〈사이클즈〉에 이 내용을 실을 때는 대부분 회원들이 읽고 토론할 수 있도록 해당 사이클을 '논의 테이블'에 올려놓은 다음에 다른 주제로 넘어가곤 했었다. 이 책에서 각각의 사이클에 대해 설명하는 첨부 내용도 원래의 기사에서 발췌한 것이다. 발췌하지 않고 기사를 원문 그대로 다 실을 수도 있지만, 그렇게 했다가는 그 분량이 이 책의 절반이나 차지할 참이라 그럴 수 없었음을 참고로 밝힌다.

문제의 그 사이클들을 소개하기 전에, 당신이 떠올릴 수 있는 흥미로운 생각 하나를 미리 언급해두고 싶다. 케네디-링컨 사이에 있었던 우연의 일치에 대해서 짐 비숍이 했던 말을 두고 앞서 잘못이라고 지적했는데, 정작 나도 그런 잘못을 저지르는 게 아닐까 하고 당신은 의심할 수 있다. 생산량 분야에서 딱 열 개의 사이클만 보여줌으로써, 일치하지 않는 다른 수많은 리듬을 깡그리 무시하는 것은 아닐까 하고 말이다. 그러나 분명히 말하지만 그렇지 않다. 두 가지 이유로 나는 이렇게 자신 있게 말할 수 있다.

첫째, 뒤에서 확인하겠지만 각각의 사이클은 단순한 우연의 영역을 훨씬 넘어서는 리듬이 존재한다는 증거를 확실하게 제시한다. 둘째, 이제부터 소개할 열 개의 사이클은 전체 사이클 가운데서 그리고 피츠버그에 있는 사이클연구재단이 확인했다고 주장하는 사이클 가운데서 지극히 일부일 뿐이다. 내가 몇 가지 사이클을 선택해서 소개하는 것은 이것들이 고유한 특성을 가지고 있기 때문이며, 또 이 사이클들을 열 개로 제한한 것은 그럼으로써 내가 말하고자 하는 주장을 신속하고 효과적으로 설명할 수 있기 때문이다. 그 밖의 다른 많은 사이클도 우리의 탐구가 이어지는 동안에 '논의 테이블'에 올려지기 때문에 꼼꼼하게 살펴볼 수 있을 것이다.

자, 그럼 지금부터 시작해보자.

제너럴일렉트릭 주문 접수량의 6년 사이클

〈사이클즈〉, 1950년 9월호

"50년 이상 동안 제너럴일렉트릭의 수주량은 약 6년 파장의 파동으로 변동해왔다([그림-16] 참조). 경영진과 기업의 특성이 바뀌는 와중에서도 이 리듬은 전쟁과 불경기 속에서도 꾸준히 지속되었다."

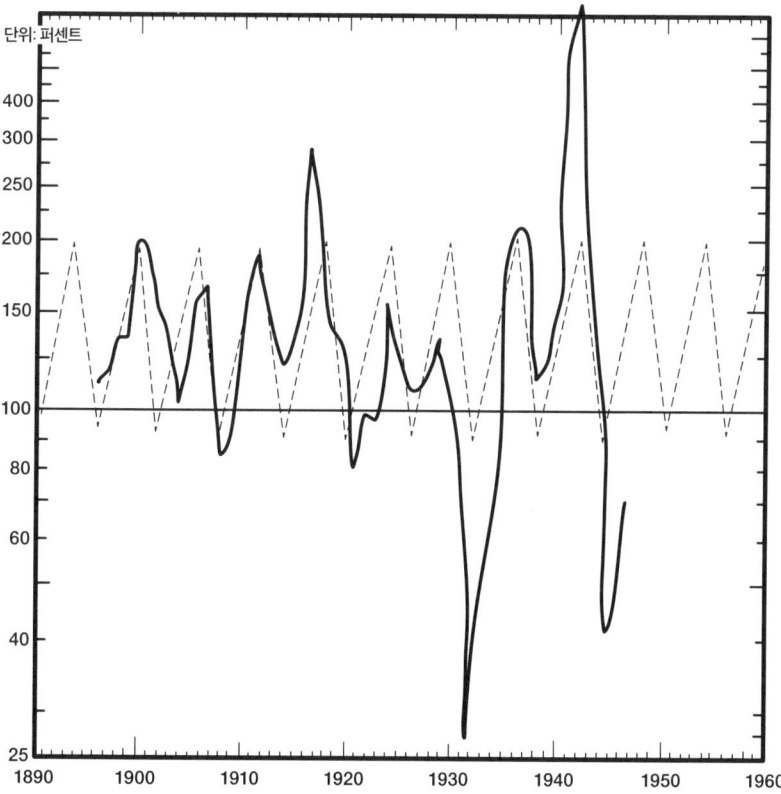

[그림-16] 제너럴일렉트릭 주문 접수량의 6년 사이클, 1896–1946년

"(…) 이 리듬은 열 개의 파동으로 구성되어 있으며, 일체의 보정을 가하지 않은 수치의 그래프에서 명확하게 드러난다."

"(…) 이 파장의 리듬은 미국 산업에서 매우 일반적이다. 연구 대상으로 삼았던 30개 회사 가운데 스물다섯 개 회사의 매출액과 생산량에서 이 리듬이 존재한다. 이와 비슷한 파장의 리듬은 평균 100년 된 나무의 단면에서 평균적으로 나이테 여섯 개에 한 개씩 나타난다. 암석층의 두께가 두꺼워졌다가 얇아졌다가 하는 패턴에서도 나타난다. 또 뉴욕시의 기압에서도 나타나며 태양흑점의 변동 사이클에서도 분명히 관찰된다."

"(…) 이 리듬이 의미 있는 이유는 해당 파동의 수와 규칙성 때문이다. 이 리듬이 지난 57년 동안 그랬던 것처럼 앞으로도 계속 반복된다면, 제너럴일렉트릭뿐만 아니라 국가 전체의 미래를 예측하는 데 중요한 지표가 될 것이다."

항공 운송량의 5.5년 사이클

〈사이클즈〉, 1950년 12월호

"항공기 엔진 제작업체인 프랫앤휘트니Pratt and Whitney에서 일했던 엔지니어로 코네티컷의 이스트 하트퍼드에 거주하는 앨버트 캅테인 Albert J. Kapteyn은 미국 항공기 운송량이 5.5년 사이클로 변동한다고 말했고 이는 내 관심을 끌었다([그림-17] 참조)."

[그림-17] 항공 운송량의 5.5년 사이클, 1930-1955년

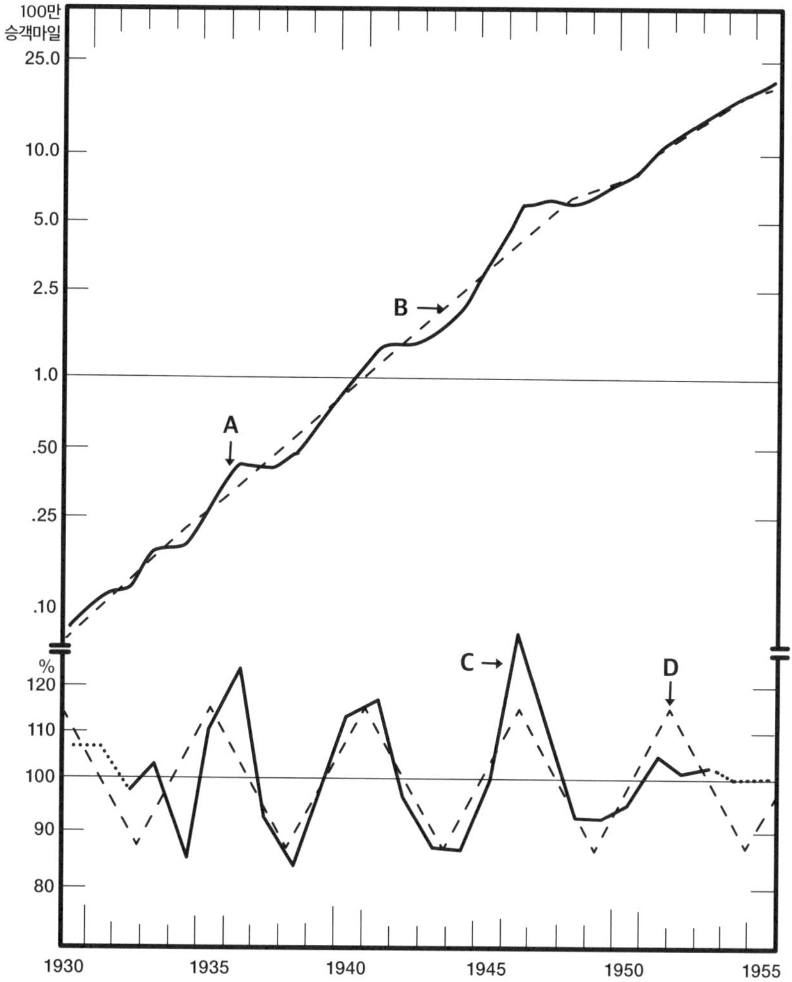

이 도표에서 윗부분은 실제 성장치(실선)와 추세치(점선)를 보여준다. 아랫부분은 추세치에서 위로 혹은 아래로 얼마나 벌어졌는지를 보여주며, 아울러 뚜렷하게 존재하는 사이클의 주기가 대략 5.5년임을 보여준다. 파동의 반복 수가 너무 적어서 이 사이클이 지속될 것이라고 단정할 수는 없지만, 이것 이외의 다른 여러 현상에서도 비슷한 주기의 사이클이 발견되었기 때문에 도표에서 드러나는 이 사이클을 완전히 무시할 수는 없다.

- 100만 승객마일Million Passenger Mile은 항공, 철도, 버스 등 운송 산업에서 수송 실적을 나타내는 주요 지표로, 한 명의 승객이 1마일을 이동하면 1승객마일로 계산된다.-옮긴이

"항공기 운송량은 수십억 승객마일로 측정된다. 수치는 1930년부터 기록되었으며 그래프에서 곡선으로 표시된다. (그래프에서 모든 선은 직선이라도 '곡선'으로 지칭된다.) (…) 약 5.5년 주기로 운송량 증가가 더 빨라지는 경향이 뚜렷하다."

"'곡선 B'는 '곡선 A'의 5년 기하이동평균 추세를 나타내며, 양 끝의 두 값은 추정치이다. '곡선 C'는 평균보다 높거나 낮은 추세의 백분율을 보여준다. '곡선 D'는 이상적인 5.5년 주기의 사이클을 보여준다."

"(…) 이 짧은 기간에 이 사이클의 파동은 약 다섯 번 반복되었을 뿐이어서 그 중요성을 판단하기에는 근거가 부족하다. 그러나 1875년에 옥수수 가격의 변동을 시작으로 유럽의 날씨, 면화 가격, 선철 가격, 태양흑점의 수 그리고 제조업 분야에서 적어도 두 개 회사의 매출액 등에서도 5.5년 주기의 사이클이 확인되었다."

"(…) 이 5.5년 사이클의 효과를 조정하면, 내재적인 성장 추세를 다른 어떤 방법보다 정확하게 파악할 수 있다."

알루미늄 생산량의 6.4년 사이클

〈사이클즈〉, 1963년 1월호

"사이클연구재단은 알루미늄 생산량에서 6.4년 주기의 사이클이 나타난다는 사실을 발견했다([그림-18] 참조). (…) 이 리듬은 미국에서 알루미늄을 생산해왔던 78년 동안에 열두 번 반복되었다. 이 리듬은 알루미늄 생산량의 변화를 특징짓고 또 지배한다."

"(…) 성장은 이 산업의 특징이다. 1885년 500파운드 미만의 생산량에서 1962년까지 생산량은 800만 배 증가했다! 우리가 성장에 주목하는 이유는 성장이 바로 이 사이클이 작동하게 만드는 기본 구조이기 때문이다. 하지만 우리의 관심은 기본적으로 사이클에 있다."

"(…) [그림-18]에서 보듯이 변동은 규칙적으로 반복된다. 이런 변동은 일정한 규칙적 패턴(이 경우에는 6.4년마다 규칙적으로 반복되는 완벽한 패턴)을 따르는 경향이 있다."

"알루미늄 생산량 이외에도 기업의 채무불이행 사건, 제너럴모터스의 승용차 및 트럭 판매 대수, 선철 가격, 면화 가격, 철도 주식의 주가 등에서 약 6.4년 주기의 사이클이 관찰된다는 주장이 나오고 있다."

"이 사이클들은 모두 동일할까? 매우 정확한 측정만이 그 대답을 해 줄 수 있다. 만약 동일하다면, 이는 단지 우연일 뿐일까, 아니면 어떤

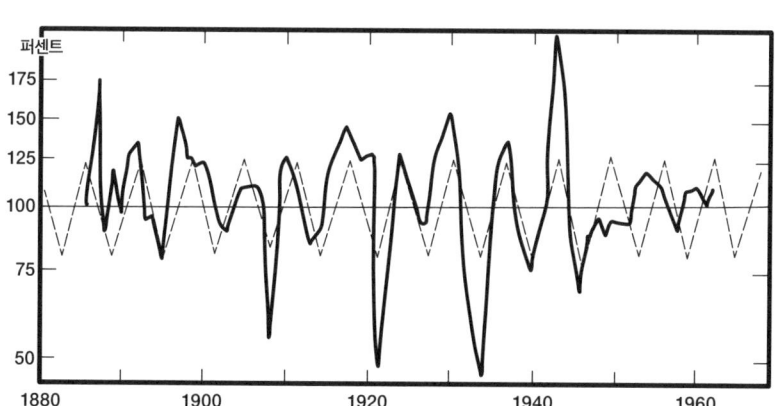

[그림-18] 알루미늄 생산량의 6.4년 사이클 1885-1962년

7장. 생산량을 예측할 수 있는가

근본적인 관계가 존재하는 것일까?"

"(…) 어쨌든 알루미늄 생산량에서의 이 강력하고도 중요한 리듬은 우리를 둘러싼 세상에 리듬이 거의 보편적으로 존재함을 보여주는 또 하나의 사례이다."

부동산 경기의 18⅓년 사이클

〈사이클즈〉, 1959년 2월호

"미국의 부동산 경기는 1795년 이후로 지금까지 18년이 조금 넘는 아주 규칙적인 주기의 사이클로 변동해왔다. 부동산업계 종사자들이 알든 모르든 간에 이 사이클은 부동산업계에서 기본적인 사실로 존재했다. [그림-19]는 완벽한 18⅓년 사이클(점선)과 부동산 경기 지수(실선)를 비교해 보여준다. 부동산 경기 지수는 100을 기준으로 해서 아래위로 변동하는 폭을 백분율로 표시한다. 이 그래프의 데이터는 로이웬즐릭앤컴퍼니Roy Wenzlick & Company가 정기적으로 발행하는 잡지인 〈부동산 동향The Real Estate Trends〉에서 가져왔다."

"(…) 1795년부터 1946년까지 18⅓년 사이클의 파동이 여덟 번 반복되었다. 그 기간은 무려 150년에 달하며, 이때의 파동은 너무도 선명하고 규칙적이어서 도저히 거부하거나 무시하기 어렵다. 그러나 현재 상황을 고려할 때 이 사이클은 해마다 재검토되어야 하며, 다시 안정적인 궤도에 오를 때까지 맹신해서는 안 된다."

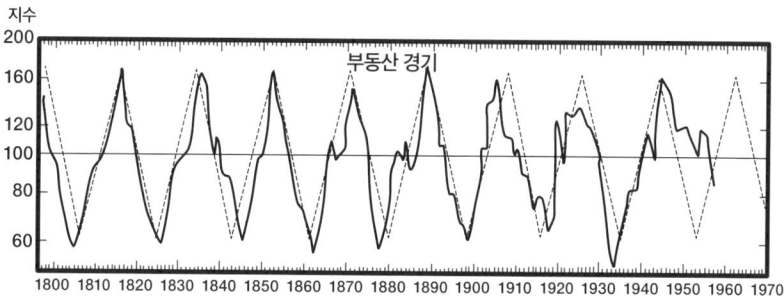

데이터는 매년 1월 기준이다.

담배 생산량 8년 사이클

〈사이클즈〉, 1962년 4월호

"1879년부터 1958년까지 미국의 담배 생산량에서는 약 8년 주기의 규칙적인 사이클이 나타난다([그림-20] 참조). 독일의 수학자 율리우스 바텔스Julius Bartels가 개발한 유의성 검정(수집한 자료가 제시된 이론이나 가설과 맞아떨어지는지 판단하는 방법-옮긴이)에 따르면, 이런 패턴이 우연의 결과로 나올 가능성은 100번 가운데 세 번을 넘지 않는다." [바텔스는 어떤 사이클이든 우연히 발생할 확률을 따지는 계산법을 개발했다.]

"실제 데이터에서, 이 리듬은 보통 성장률 변화라는 지수로 나타난다. 성장은 처음에는 빠르고, 그다음에는 속도가 느려진다. 이런 규칙적인 패턴이 나타나는 이유는 아직 알려지지 않았다."

"(…) 이 8년 주기 리듬은 다른 많은 현상에서도 관찰되며, 이러한 사

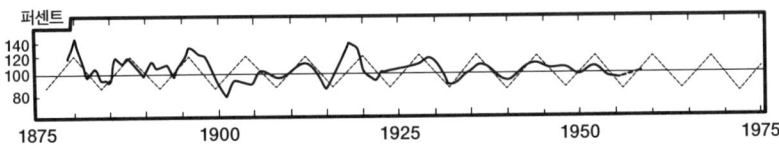

[그림-20] 담배 생산량의 8년 사이클, 1879-1958년

이클은 거의 동시에 고점을 찍는 경향이 있다. 이런 다양한 현상들 사이에 공통적인 원인이 존재할까?"

철강 생산량의 6년 사이클

〈사이클즈〉, 1955년 6월-7월호

"1874년부터 1947년까지 강괴와 주물의 생산량에서는 6년 주기의 사이클이 관찰된다. 이 사이클은 뚜렷한 규칙성으로 충분히 많이 반복되어 우연의 결과라고는 볼 수 없다."

"(…) 철강 생산량은 다소 복잡한 양상을 보여, 6년 사이클은 여러 경향 가운데 하나일 뿐이다. 1890-1905년 기간에는 6년 사이클이 점차 약화된 점에 주목해야 한다. 현재 이 사이클은 다시 한번 약화되는 조짐을 보이고 있다. 만일 그렇다면, 1890-1905년 기간의 선례를 보고 판단하건대 6년 사이클에 이어서 비실비실한 6년 사이클이 약 세 차례 더 이어질 것이라고 예측할 수 있다."

"사이클이 희미해졌다가 다시 선명해지는 현상은, 주기가 약간 더

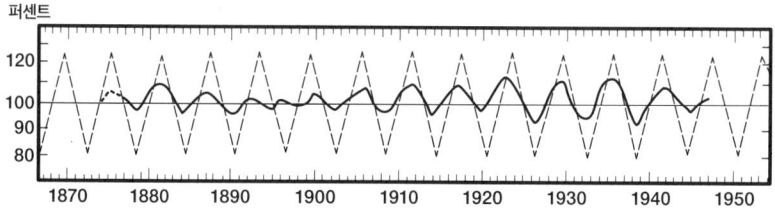

[그림-21] 철강 생산량의 6년 사이클, 1874-1947년 (무작위값은 제거)

길거나 짧은 다른 사이클의 영향 때문일 수 있다. 철강 생산량에도 이러한 간섭 사이클이 있을 수 있다. 이에 대한 추가 조사를 통해 결과를 후속 기사로 공유할 예정이다. 정확한 예측을 위해서는 그에 앞서는 다양한 사이클을 먼저 이해해야 한다."

주거용 건물 건설의 33개월 사이클

〈사이클즈〉, 1956년 8월호

"주거용 건물 건설에서 나타나는 33개월 주기 사이클은 17년 전 코넬대학교의 경제학자들이 처음 발견한 이후 지금까지 6.5번 반복되었다."

"[그림-22]는 두 개의 부분으로 되어 있다. 왼쪽 부분은 〈농업경제학 Farm Economics〉 1939년 2월호에서 가져왔고, 오른쪽 부분은 닷지 사 F. W. Dodge Corporation가 37개 주에서 이루어진 주거용 건물 건설 계약을 평가한 데이터를 기반으로 한다. 이 그래프에서 실선은 이 사이클 발견 이후의 동향을 나타낸다."

[그림-22] 주거용 건물 건설의 33개월 사이클, 1920-1955년

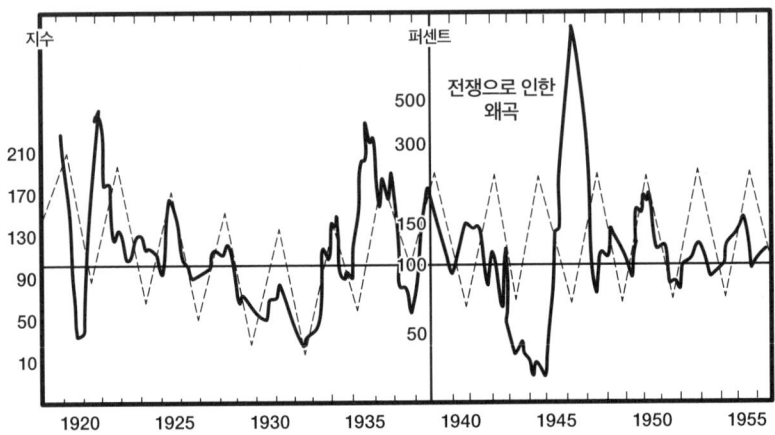

실선은 전년 동월 대비 증감률을 나타낸다.

"(…) 전쟁 기간에는 왜곡이 크게 나타났으나, 전쟁이 끝난 뒤에는 점차 통상적인 양상으로 돌아가서 (…) 기존의 사이클로 돌아간다는 점을 눈여겨봐라. 이유가 뭘까?"

"33개월 주기 사이클은 우리 재단에서 확인한 사이클 중에서도 잘 입증된 것 가운데 하나이다. 이 사이클에 내포된 의미에 대해서 나는 한 점 의심도 하지 않는다."

밀 재배지 면적의 9.6년 사이클

〈사이클즈〉, 1951년 5월호

"1868년부터 현재까지 미국의 밀 경작지 면적 변화에서 약 9.6년 주기의 사이클이 반복되었다는 사실을 발표하게 되어 기쁘다([그림-23] 참조). 85년 동안 이 사이클이 반복되었다는 사실과 이 사이클의 강도와 규칙성을 놓고 보건대, 수백만 달러 규모의 밀 산업에 종사하는 농업인에게 이 사이클은 매우 중요한 변수다."

"이런 파장과 규칙성을 바탕으로 이 사이클의 주기는 9.6년으로 확인된다." [캐나다스라소니와 연어 (…) 그리고 심장병으로 인한 사망 등에서도 9.6년 주기가 나타났음을 기억하는가?]

"제1차 세계대전 직전 및 전쟁 기간에는 패턴이 심하게 왜곡되었지만, 제2차 세계대전 기간에는 그런 왜곡이 관찰되지 않았다."

[그림-23] 밀 재배지 면적의 9.6년 사이클, 1868-1947년

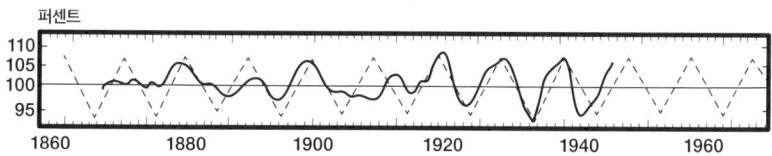

생명보험 매출액의 9년 사이클

〈사이클즈〉, 1967년 3월호

"통상적인 생명보험 매출액은 1949년 이후 해마다 꾸준히 증가했다. 1965년의 매출액은 890억 달러가 넘었다." [보험업계에서는 매출액을 생산량으로 간주하므로, 본 연구에서도 이를 생산량의 일종으로 분류해 사례에 포함시켰다.]

"통계적으로 유의미한 9.03년 사이클은 이 분야에서 해당 기록이 처음 시작되었던 1858년 이후로 지금까지 분명하게 존재해왔다([그림-24] 참조). 이 사이클은 통계적으로 유의미할 뿐만 아니라(바로 이런 점 때문에 사이클 연구가 중요해진다), 보험 매출액에 중요한 영향을 미칠 만큼 두드러진 것이므로 보험 산업 그 자체에도 중요한 의미를

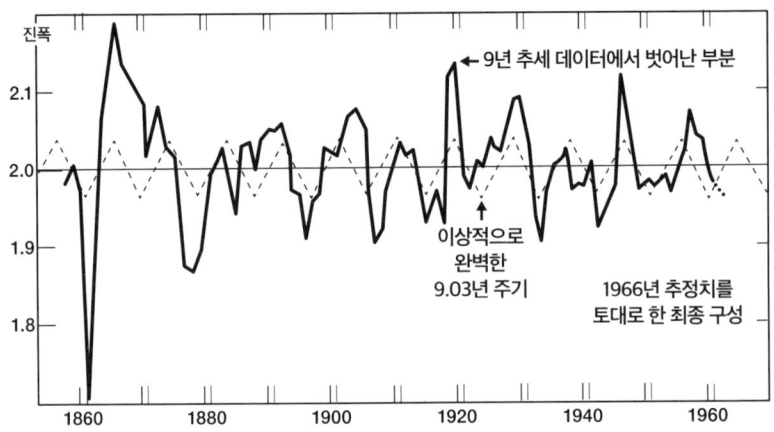

[그림-24] 생명보험 매출액의 9년 사이클, 1858-1962년

갖는다."

캐나디언퍼시픽철도 운송량의 9.18개월 사이클

캐나디언퍼시픽철도의 운송량과 관련한 사이클은 〈사이클즈〉 1951년 6월호에 장문의 논문으로 처음 발표되었다. 논문의 내용을 구구절절하게 발췌하기보다는 그 내용을 간단히 요약해서 설명하겠다.

메레디스 마틴 라운트리Meredith Martin Rountree는 1940년대에 캐나디언퍼시픽철도의 수석 통계 전문가였다. 1942년, 그는 사이클연구재단에 파견되어 철도 사업에 존재할 수 있는 규칙적인 변동성에 대해 연구했다. 라운트리는 사이클연구재단 본부에서 약 1년 동안 일했는데, 이 기간에 그가 거둔 연구 결과는 사이클 연구의 역사에서 획기적인 이정표가 되었다.

라운트리의 연구는 톤-마일ton-miles로 표기되는 운송량을 포함했는데, 이는 운송되는 화물의 톤수에 각 톤이 운송되는 거리(마일)를 곱한 값이다. 철도 회사들에서 대부분 그랬듯이 캐나디언퍼시픽철도에서도 운송량은 계절을 탔다. 라운트리는 월간 수치에서 이 계절적인 왜곡분을 제거했는데, 그가 확보할 수 있었던 월간 수치는 1903년까지 거슬러 올라갔다. 이렇게 해서 남은 데이터는 믿을 수 없을 정도로 놀라운 사이클을 드러냈는데, 이 사이클은 평균 9.18개월 주기로 무려 **49회나 반복되었다**([그림-25] 참조). 이 리듬은 제1차 세계대전 동안에도 계속

[그림-25] 캐나디언퍼시픽철도 운송량의 9.18개월 사이클, 1903-1948년

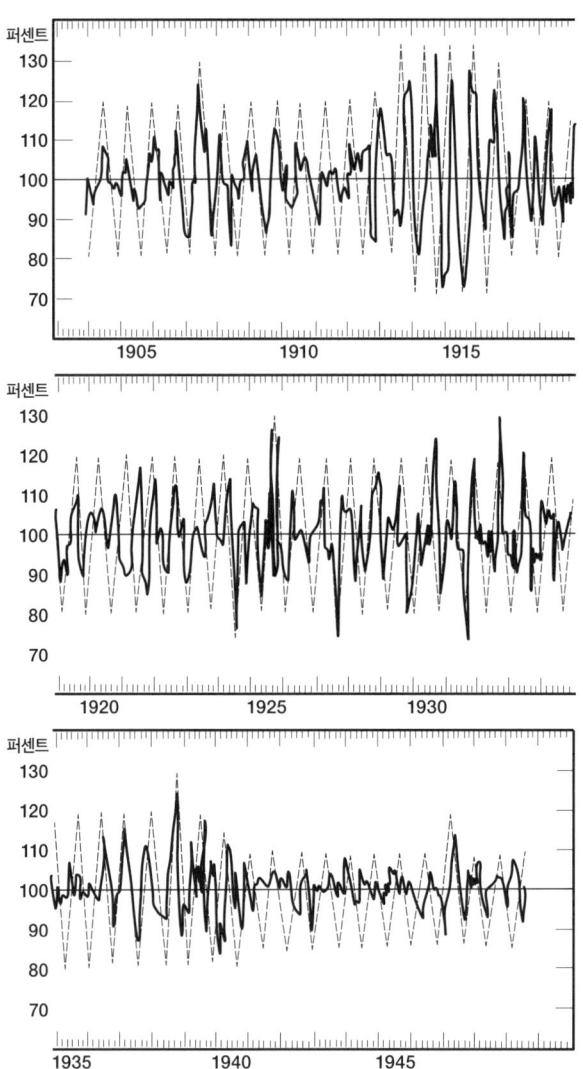

이어졌고, 그 뒤로는 1920년부터 1925년 사이에 두 번 비틀거리다가 1934년까지 다시 규칙적으로 나타났으며, 그러다가 또다시 비틀거린 후 규칙적인 리듬을 회복한 다음에는 제2차 세계대전까지 그대로 이어졌다.

  이 사이클은 제1차 세계대전 때와는 전혀 다르게 제2차 세계대전 동안에는 거의 사라지다시피 했지만, **전쟁이 끝나자 전쟁 이전과 동일한 시간표에 따라서 동일한 파장과 동일한 타이밍으로 다시 나타났다!** 이렇게나 규칙적인 패턴이 무작위적인 숫자에서 그렇게나 많이 반복된다는 것을 어떻게 상상이나 할 수 있겠는가.

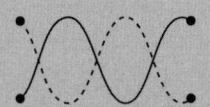

8

물가는 어떻게 움직이는가

"과거로 들어가는 문은 이상한 문이다. 문이 열리면 사람이든 사물이든 그 문으로 지나갈 수 있다. 그러나 들어갈 수는 있어도 나올 수는 없다. 그 누구도 그 문의 문지방을 넘어서 돌아올 수 없다. 다만 아래를 내려다보면서 수초 속에서 녹색 빛이 흔들거리는 것을 바라보기만 할 뿐이다."

- 로렌 아이슬리 Loren Eiseley

CYCLES

누구든 큰돈을 들여서 어떤 재화나 서비스를 구매하려고 할 때는 그 상품의 미래 가격을 예측하려고 애쓴다.

지금 당장 이 집을 사야 할까, 아니면 부동산 가격이 내려갈 때까지 기다려야 할까? 물론 그 가격은 올라갈 수도 있다. 지금 당장 자동차를 중고차 시장에 내놓아야 할까, 아니면 좀 더 나은 값을 받기를 기대하면서 12월까지 기다려야 할까? 기업도 어떤 시점에 채권을 발행하는 것이 가장 유리할지 따져보고, 주부는 슈퍼마켓 물품의 가격 변동을 예측하려 한다.

물가에 영향을 미치는 변수로는 인플레이션, 전쟁, 수요와 공급, 통화 가치 하락, 가격 통제, 관세법의 변화 등 여러 가지가 있다. 그러나 이 모든 명백하고 잘 알려진 여러 원인의 밑바닥에서는 리듬이라고 불리는 신비하고도 거스르기 어려운 힘이 작용한다.

제2차 세계대전 이후로 물가는 끊임없이 점점 더 올랐지만, 이런 지속적인 상승 움직임 속에서도 규칙적인 상하 변동 패턴이 나타난다. 물가는 대체로 사이클에 따라서 변동하는데, 이런 이상한 모습은 겉으로만 보면 수요와 공급, 인플레이션 또는 그 밖의 잘 알려진 경제적 변수들과는 전혀 관련이 없어 보인다.

설명할 수 없는 이런 규칙적인 변동을 무시해서는 안 된다. 이를 무시한다는 것은 눈을 감고서 인생을 살아간다는 뜻이다. 위험하게 구불구불한 도로를 시속 100킬로미터로 달리는 것이나 마찬가지다. 그것도 후진으로, 또 브레이크는 망가졌는데 가속기는 있는 힘껏 밟은 채로……. 게다가 이 자동차에는 백미러도 없고, 굽은 도로의 저 먼 곳을 바라보기 위해서 고개를 뒤로 돌릴 수도 없다. 이 후진 주행 상황에서 당신이 할 수 있는 행동이라고는 곁눈으로 사이드미러를 바라보는 것뿐이다. 바로 이것이 당신이 오늘날의 물가를 바라보면서 유일하게 할 수 있는 행동이다.

실제 현실에서 당신은 **지금 당장** 무슨 일이 일어나고 있는지 볼 수 있긴 하다. 그러나 1분 뒤의 **미래**조차 미리 알 수는 없다. 게다가 당신은 매시간 일정한 속도로 끊임없이 등을 떠밀리고 있다. 멈출 수도 없고 쉴 수도 없고 심지어 속도를 늦출 수도 없다. 방금 언급했던 자살 행위나 다름없는 자동차 후진 주행에서처럼 올바르게 예측하지 못하면 심각한 사태를 맞을 수 있다.

물론 자동차를 후진으로 주행하다가 굽은 도로를 포착하고 판단하는 데 도움이 될 단서 한두 가지를 발견할 수도 있다. 예컨대 오른쪽으로는 언덕이 이어져 있고 왼쪽으로는 개천이 도로와 나란히 이어질 수 있다. 그리고 전봇대도 일정한 간격으로 나타날 것이다. 적어도 그 가운데 하나에 자동차를 처박지 않는다면 말이다.

어떤 것의 미래 가격을 예측할 때도 이런 종류의 단서는 존재한다. 그러나 이 단서들을 두고도 잘못 예측할 가능성은 여전히 반반이다. 상품 거래나 증권 거래 분야의 전문가에게 물어보면, 그는 너무나 당연한 사실이라 보통 무시되곤 하는 사실 하나를 재빨리 입증할 것이다. 바로 거의 모든 거래에는 해당 품목의 미래 가격에 대한 올바른 예측 하나와 잘못된 예측 하나가 포함된다는 것이다. 거의 모든 상품 가격, 모든 주식 가격 그리고 당신이 언급하고 싶은 다른 모든 것은 아마도 다음 시간이나 다음 날이나 또 다음 주에 오르거나 내리거나 둘 가운데 하나의 움직임을 보인다. 어떤 거래든 간에 거래가 이루어질 때마다 구매자와 판매자 가운데 한쪽은, 모든 객관적 사실 및 그에게 전달된 조언에도 불구하고 미래 가격을 잘못 예측했다는 결과를 마주한다.

그러나…… 만약 운전자가 '눈을 감은' 상태로 후진 주행을 하면서 자기에게 무엇이 다가오는지 바라볼 수 없다고 하더라도 자기가 가는 그 도로에 일정한 **패턴**이 있다는 것을 깨닫는다면 어떨까? 만약 그 도로에 일정한 어떤 **구조**가 있고, 또 이 구조를 제대로 파악하기만 하면 그 도로가 어디에서 어떻게 구부러질지 운전자가 얼마든지 **예측할 수 있다면** 어떨까? 정말 놀랍지 않을까?

사이클에는 바로 이런 구조가 있다. 그리고 아직은 배워야 할 게 많지만, 사이클을 이용하면 미래를 예측하는 데 도움을 받을 수 있다. 그 예측이 얼마나 훌륭하고 실용적일지와 상관없이 정말 놀라운 사실은, **내부 증거만 가지고서도** 얼마든지 예측을 할 수 있다는 점이다! 우리가 안고 있는 미스터리와 그 원인을 많이 알면 알수록 우리가 얻을 결과는 그만큼 더 좋아질 것이다.

성서 시대에 요셉은 7년 동안 풍년이 든 후에 7년 동안 흉년이 이어질 것이라고 예언했고, 파라오는 이 조언을 받아들여서 흉년 기간에도 식량이 모자라지 않도록 풍년 기간에 식량을 비축했다. 요셉 이후 세상은 또 다른 현인이 나타나서 상품과 가격의 주기를 일러주기를 수천 년 동안 기다렸다. 파라오는 요셉이 하는 말에 귀를 기울였다. 그러나 세상은 아직 새뮤얼 터너 베너Samuel Turner Benner의 말에 귀를 기울이지 않고 있다. 아마도 요셉에게는 예언이라는 드문 재능이 있었을 것이다. 그러나 베너에게는 수치와 그래프와 그림뿐이었다.

베인브리지에서 온 예언자

새뮤얼 터너 베너는 1832년에 오하이오의 블룸퍼니스에서 태어났다. 젊을 때는 아버지가 운영하던 철공소에서 일했으며, 남북전쟁에 복무한 뒤에는 상원의원의 딸이던 엘렌 샐츠Ellen Salts와 결혼했고, 오하이오의 베인브리지에서 돼지를 키우고 옥수수를 재배하면서 부유하게 살았다.

1873년에 그는 두 건의 충격을 받았다. 자기 힘으로는 도저히 어떻게 할 수도 없는 충격에 고스란히 당할 수밖에 없었다. 그것은 바로 돼지 콜레라와 1873년 공황이었다. 이 충격으로 그는 파산했다. 무일푼이었던 그는 장인의 도움을 받을 수밖에 없었고, 베너 부부는 외아들 스티븐을 데리고 오하이오의 던다스에 있는 아내 명의의 농장으로 이사했다.

베너는 농사일을 계속하긴 했지만 마음은 다른 데 가 있었다. 그는 결심했다. 무엇이 공황을 일으키는지, 무엇이 물가를 오르내리게 만드는지, 또 경기 변동에 관계없이 지속적으로 번영을 누릴 방법이 무엇인지 알아내겠다고 굳게 마음을 먹었다. 그리고 1875년에 그는 마흔셋의 나이로 그 유명한 책을 출간했다. 《미래의 물가 오르내림에 대한 베너의 예측Benner's Prophecies of Future Ups and Downs in Prices》이라는 책이었다. 그 뒤로도 그는 해마다 예측을 보충해 추가했는데, 이 작업은 무려 1907년까지 이어졌다. 그는 1913년에 81세의 나이로 세상을 떠났는데, 나중에 역사는 그를 미국 사이클 연구의 아버지라고 선언한다. 왜냐하면 그는 레벤후크가 현미경을 가지고서 그랬던 것처럼 완전히 새로운 또 하나의 지식 세계를 열었기 때문이다.

레벤후크의 미생물 발견은 그 발견 이후 200년이 지난 다음에야 인류에게 도움이 되었다. 베너의 발견에는 레벤후크의 발견에 적용되었던 시간표가 똑같이 적용되지 않기를 바란다. 그 시간표대로라면 1875년에 베너가 발견한 내용이 인류에게 도움이 되려면 2075년까지 기다려야 하는데, 우리에게는 그런 여유가 없다. 세상이 앞으로도 다시 100년 동안이나 더 지금까지 그랬던 것처럼 눈을 감고 자동차를 운전하는 모양 새로 돌아가도록 둘 수는 없다. 사이클 관련 지식 분야에서 베너는 선철 가격과 옥수수 가격의 변동과 관련해서 중요한 공헌을 했다. 그는 선철 가격이 9년 사이클로 변동한다는 사실을 발견했다. 선철 가격의 고점은 8년과 9년과 10년 간격이 차례로 나타나고, 저점은 9년과 7년과 11년 간격이 차례로 나타난다는 것을 발견했다([그림-26] 참조).

1875년부터 1935년까지 베너의 사이클을 기준으로 선철을 거래했다면 이익이 손실의 44배에 달했을 것이다.

1939년 이후로는 베너의 예측이 잘 들어맞지 않는다. 선철 가격 사이클의 실제 주기는 9년이 아니라 9.2년인데, 베너 자신도 주기가 소수점 이하까지 내려가는 사이클을 다룰 줄은 모른다고 인정했다.

베너의 예측은 점차 실제와 동떨어지기 시작했지만, 1875년에 했던 원래의 예측이 20년이 넘는 세월 동안 실제와 정확하게 맞아떨어질 것이라고는 본인도 전혀 예상하지 못했다. 만약 베너가 아직도 살아 있으며 또 해마다《미래의 물가 오르내림에 대한 베너의 예측》의 증보판을

[그림-26] 베너의 선철 가격 9년 사이클, 1834-1900년

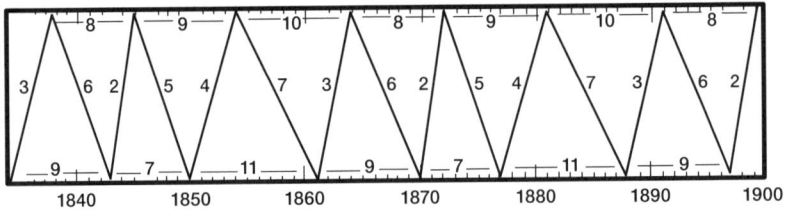

이 그림은 1876년에 처음 발표된 새뮤얼 베너의 연구를 바탕으로 작성되었다. 베너는 선철의 가격 사이클을 매우 정확하게 예측했는데, 제2차 세계대전까지 44:1의 성공률(예측 적중 대비 실패 비율)을 기록했다.

낸다면, 아마도 그는 주기가 소수점 이하까지 내려가는 사이클을 파악하는 데 필요한 모든 것을 배웠을 것이고, 따라서 그의 예측도 한결 정확하게 조정되었을 것이다.

그러나 우리가 이 위대한 개척자를 대신해서 굳이 변명할 필요는 없다. 베너는 선철 가격을 60년 동안이나 정확하게 예측했는데, 이것은 현존하는 가격 예측 가운데서도 가장 주목할 만한 사례이다. 그는 또 면화 가격과 밀 가격 그리고 돼지고기 가격에서도 주기적 패턴을 발견했으며, 평균 주기가 18년인 공황 혹은 불경기순환 사이클도 발견했다. 지금부터 여러 가지 다양한 현상에서 나타나는 사이클의 몇몇 사례를 사이클연구재단이 축적한 자료에서 살펴볼 텐데, 이 18년이라는 주기를 염두에 두기를 바란다.

유럽 밀 가격의 54년 사이클

〈사이클즈〉, 1962년 11월호

"사람들이 54년 사이클이 현실에 실제로 존재하고 또 이런 사실이 중요하다고 믿는 이유는 여러 가지가 있지만, 그 가운데 하나는 베버리지 경이 1500년부터 1869년까지의 유럽 밀 가격을 대상으로 했던 유명한 주기성 분석에서 54년이라는 주기를 발견했기 때문이다."

"(…) 온갖 현상에서 54년 사이클이 나타난다는 사실의 중요성에 대한 대부분의 믿음은 베버리지가 쌓은 업적에 달려 있기 때문에, 베버리지가 제시한 수치들을 조사해서 실제로 이런 길이의 **규칙적인** 사이클이 현실에 존재하는지 확인하는 것이 바람직하다고 나는 생각했다. 그리고 그 결과가 [그림 27]에 나와 있다. 그 수치들이 규칙적인 리듬을 가지고 주기적으로 오르내림을 반복한다는 사실에는 의심의 여지가 없다."

"(…) 그렇다고 해서 고점과 고점 사이 그리고 저점과 저점 사이가 정확히 54년이라는 간격을 두고 반복된다는 뜻은 아니다. 이 고점과 저점은 어떤 식으로든 왜곡되는데, 이렇게 왜곡하는 주체는 우연적인 것들과 또 다른 사이클이다. 그러나 강세 **구간**이 50~60년 간격으로 나타나는 **경향**이 있고, 각 강세 구간 사이에는 약세 구간이 끼어 있다. 도표를 보면 강세에 약세가 따르고 다시 강세가 따르고 그 뒤를 다시 약세가 따르는 반복적인 규칙성이 시간 흐름에 따라서 전개되는 것을 볼 수 있다. 54년은 이러한 다양하고 연속적인 파동에 가장 잘 들어맞는 완벽하게 규칙적인 사이클의 주기이다."

"(…) 따라서 베버리지 경이 발견한 54년 사이클은 통계적인 차원의

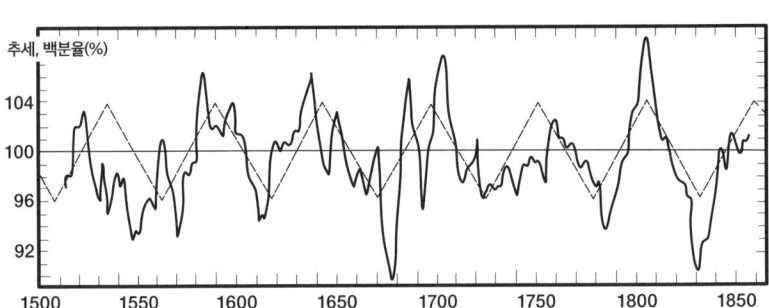

[그림-27] 유럽 밀 가격의 54년 사이클, 1513-1856년

추상이 아니라 실제로 존재하는 현실이다. 이것은 또한 미국에서도 존재하는 현실이다."

"(…) 영국의 밀 가격 추이는 1259년부터 쉽게 확인할 수 있다. 이보다 더 긴 기간에 걸쳐 연구한 일련의 수치도 있는데, 여기에서도 54년 사이클은 분명하게 나타난다. (…) 이런 사실은 이 중요한 사이클에 담긴 의미와 영속성이 충분히 믿을 만하다고 보증한다."

석 달 뒤에 나는 영국의 밀 가격 사이클에 대해서 추가로 다음과 같이 설명을 보탰다.

〈사이클즈〉, 1963년 2월호

"물론 1500년부터 1869년까지 영국과 유럽에서 밀 가격이 대체로 동일하게 움직였던 것은 놀라운 일이 아니다. 그러나 내가 최근에 한 연구에 따르면 이런 전체 그림에 새로운 요소 세 가지를 추가해야 한다. 첫째, 영국에서 1500년부터 1869년까지의 밀 가격에서는 규칙적인 파동이 이어졌는데, 베버리지가 했던 연구는 이런 사실을 보여주기에는 충분하지 않았다. 둘째, 나는 이 파동들이 1869년부터 1940년까지 **앞으로(미래로)** 이어졌으며 1500년부터 1260년까지 **뒤로도(과거로도)** 나타났다는 것을 발견했다! 마지막으로, 그렇게 훨씬 더 긴 기간에 걸쳐서도 그 파동의 파장, 즉 주기는 54년에 거의 가깝게 유지되는 것으로 보였다."

"일련의 가격 추이에서 나타나는 어떤 리듬이 700년 넘게 지속된다는 것이 얼마나 놀라운 일인지 사람들이 깨닫기를 바란다. 1260년이라는 시점은 **까마득하게** 먼 과거이다. 그것은 노르만 정복이 시작된 지 200년 뒤이고, 신대륙을 발견하기 200년 전이며, 산업혁명이 일어나기 무려 400년 전이다. 그렇게나 오랜 기간에 걸쳐서 (…) 전쟁, 영토 확장, 봉건제 농업에서 자유보유지freehold 농업으로의 변화 또 자유보유지 농업에서 산업 경제로의 변화를 거쳐서 (…) 50~60년의 박자가 계속되어왔다!"

"(…) 여러 해가 지난 뒤인 1949년에 나는 애리조나 나무의 나이테 폭이 어떤 때는 좁게 형성되고 어떤 때는 두껍게 형성되는 것과 관련된 수치들을 연구했는데, 이 수치들에서도 역시 1100년부터 지금까지 54년 사이클이 나타난다는 사실을 발견했다. 여기에는 정말 중요한 의미가 담겨 있었다. 만약 나무의 나이테 폭 같은 자연과학 현상이 경제 현상과 사이클이 동일하다면, 우리는 인간사에서의 가격 및 생산 활동의 오르내림이라는 단순한 흐름이 아니라 이보다 훨씬 더 근본적인 어떤 것을 다루고 있다는 말이 된다."

1926년에 모스크바에 본부를 두고 있던 경기연구소Conjuncture Institute 소장이던 경제학자 니콜라이 콘드라티예프Nikolai D. Kondratiev가 논문 하나를 발표했는데, 그는 서구 세계 전역에서 경제 현상이 과거 두세 차례의 파동 동안 약 50년 주기의 진동으로 거의 동시에 상승과 하강을 반복해왔다고 주장했다. 그의 이 논문은 우리가 지금도 여전히 해답을 찾아서 헤매고 있는 여러 가지 질문을 던졌다. 경제와 관련된 현상은 왜 규칙적으로 변동할까? 제각기 다른 나라의 경제와 관련된 현상이 왜 함께 오르고 또 내릴까? 도대체 원인이 무엇일까?

옥수수 가격의 3½-3¾년 사이클

⟨사이클즈⟩, 1955년 10월호

"미국의 옥수수 가격은 몇 가지 사소한 예외를 제외하고는 1720년부터 현재까지 모두 확인할 수 있다." [독립전쟁 이전의 가격은 영국 실링을 미국 달러로 환산했다.]

"(…) 1720년 1월부터 1954년 12월까지는 정확히 2,820개월이다. 엄청나게 많은 달이다."

"(…) 1720년부터 현재까지 기간의 옥수수 가격을 대충만 훑어보더라도 4년이 조금 안 되는 주기로 사이클이 상당히 분명한 규칙성을 가지고서 반복되어왔음을 알 수 있다."

이 사이클은 1720년 이후로 독특한 방식으로 작동해왔는데, 이를 온전하게 파악하기는 무척 까다롭다. 이 사이클이 리듬을 스스로 바꾸었기 때문이다! 4¾년 파동이 두 번 진행된 뒤에, 1826년까지 사이클이 스물다섯 번 반복되는 동안 하나의 고점에서 다음 고점이 나타나기까

[그림-28] 옥수수 가격의 3½년 사이클, 1860-1948년

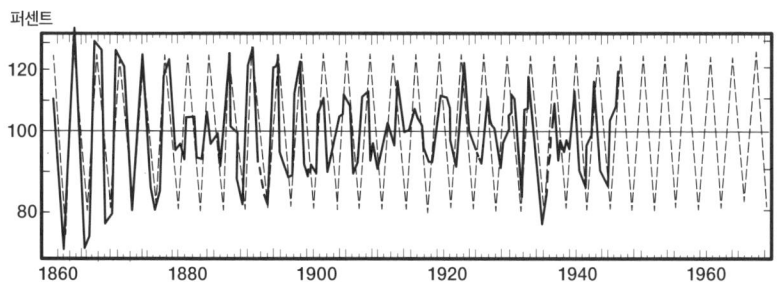

지 평균 3⅔년이 걸렸다. 그런 다음에는 주기가 짧아져서 사이클이 다섯 번 반복되는 동안 3½년으로 줄어들었다. 그런 다음에는 갑자기 사이클이 네 번 반복되는 동안 1860년까지 주기가 4½년이 되었다. 그리고 1860년부터 현재까지는 사이클이 스물다섯 번 반복되는 동안 주기가 3½년으로 정착되었다([그림-28] 참조)! 92년 동안 반복되었던 초기의 3½년 사이클이나 지난 95년 동안 반복된 최근의 3½년 사이클이나 모두, 순전히 우연으로만 그렇게 놀라운 규칙성을 보인 것은 아니다. 그렇다면 도대체 어떤 힘이 그 리듬에 변화를 일으킨 것일까?

면화 가격의 17¾년 사이클

〈사이클즈〉, 1955년 1월호

"면화 가격에는 220년이 넘는 세월 동안 약 17¾년 주기의 규칙적인 사이클이 작동해왔다([그림-29] 참고)."

"(…) 일반적인 사이클은 1775년 11월에 고점을 찍고, 그 뒤로는 17.75년마다 고점을 찍는다."

"(…) 이 사이클을(또는 다른 어떤 사이클이라고 하더라도) 완벽하게 들어맞는 고점이라는 측면에서 생각해서는 안 된다. 강세 구간과 약세 구간이라는 **구간**area 측면에서 생각해라."

"(…) 과거에 고점과 저점이 각각 스물한 개씩 있었다. (…) 열다섯 개는 완벽한 시점이거나 2년 미만의 오차로 나왔고, 네 개는 3년이 빠

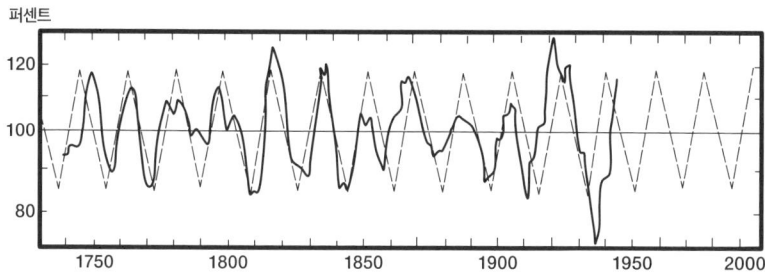

[그림-29] 면화 가격의 17¾년 사이클, 1740-1945년

르거나 늦게 나왔으며, 한 개는 4년 빠르거나 늦게 나왔고, 나머지 한 개는 5년 오차로 나왔다."

"(…) 다시 한번 말하지만, 면화 가격의 17¾년 사이클은 이 그림에 나와 있는 많은 사이클 가운데 하나일 뿐이다. 이것은 파이 껍질에 들어 있는 쇼트닝과 같아서, 예측 작업의 재료로서는 중요하지만 그 자체로는 별로 맛이 없다. 그러나 면화 가격의 17¾년 사이클과 이 그림에 나오는 5.91년 사이클을 결합하면, 둘 중 하나만을 사용하는 것보다 더 나은 예측 결과를 기대할 수 있다. 또 더 많은 사이클을 재료로 추가하면 훨씬 더 나은 예측 결과를 기대할 수 있다."

나는 당신이 이 마지막 단락에 특별히 주목하기를 바란다. 1955년 원본 기사에서 발췌해 이 책에 실은 것은 특별한 이유가 있기 때문이다. 이 단락에서 그리고 이 책에서 처음으로, 많은 현상이 하나 이상의 주기 길이를 가지고 있으며 마치 둘 이상의 순환적 힘에 동시에 영향을 받는 것처럼 작동한다는 사실을 지적한다. 아직은 확정되지 않고 불안하게 흔들리는 이 발상에 대해서는 조금 뒤에 다시 자세하게 살펴볼 것이다.

영국 연철 가격의 16⅔년 사이클

〈사이클즈〉, 1955년 5월호와 1967년 7월호

"1288년부터 1908년까지 영국 연철 가격의 추이는 약 16⅔년 주기의 사이클을 선명하게 보여준다([그림-30] 참조). 이 도표는 충분히 긴 기간을 다루고 있어 그 사이클은 642년 동안 38번 반복되었다."

"(…) 환경 조건이 바뀐 상황에서도 규칙적인 사이클이 지속된다면,

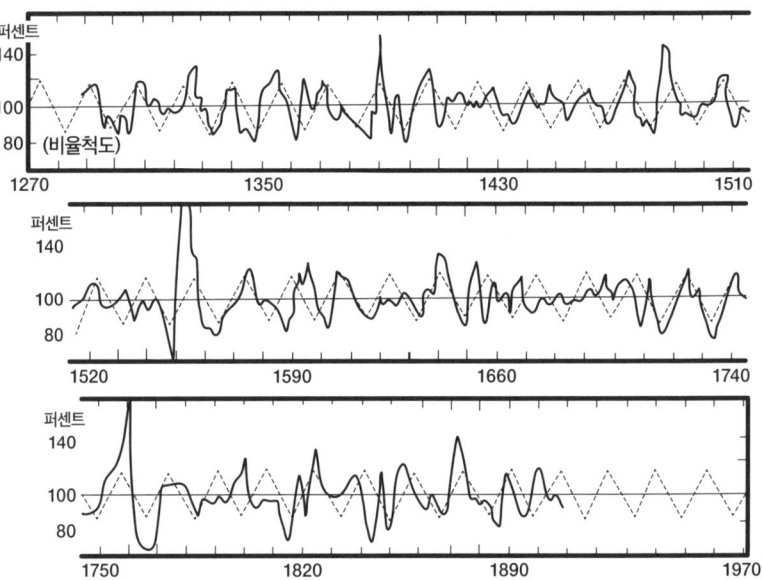

[그림-30] 영국 연철 가격의 16⅔년 사이클, 1288-1908년

이 도표를 잘 살펴보라. 비록 사이클이 두 번 이상 왜곡되었지만 패턴은 늘 이전의 행동에 맞게 다시 교정되었다. 이것은 해당 사이클이 우연에 의한 것이 아니라 의미가 있는 것임을 증명하는 중요한 단서이다.

이는 우연의 결과가 아님을 추가적으로 입증한다."

"(…) 이 사이클은 산업혁명 이전부터 산업혁명을 거쳐서 현대 기술 시대에 이르기까지 자기만의 분명한 특징을 유지한다는 점에 주목해라."

"(…) 642년이라는 기간에 걸쳐서 가끔 산발적으로 나타난 몇 가지 특이 사항을 제외하고는 완벽하게 규칙적인 패턴이 반복되었다는 사실은 매우 놀랍다."

선철 가격의 17¾년 사이클

〈사이클즈〉, 1955년 4월호

"선철 가격은 1784년부터 지금까지 약 17.7년 주기의 사이클을 보여왔다([그림-31] 참조). 관련 데이터를 확보할 수 있었던 171년이라는 기간은 해당 사이클이 9.5회 반복되기에 충분하다."

"(…) 선철 가격은 복수의 주기적인 힘에 영향을 받아 변동한다."

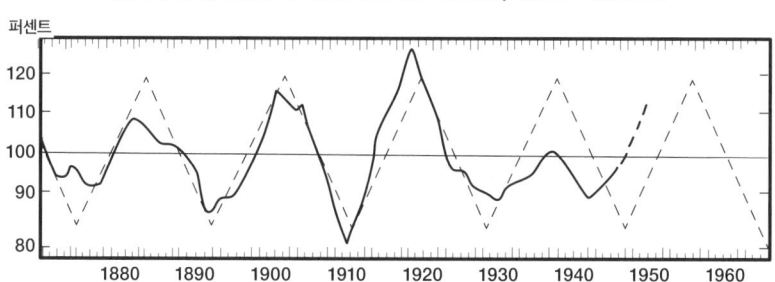

[그림-31] 선철 가격의 17¾년 사이클, 1872-1950년

사이클과 관련한 이상한 사실 두 가지

서로 다른 현상들에서는 왜 서로 다른 사이클이 나타날까? 예를 들어, 옥수수 가격은 3½년 주기로 변동하는데 면화 가격은 왜 17¾년 주기로 변동할까?

대답은 간단하다. 그 이유는 아무도 모른다!

또 딸기는 붉은색 광파에, 자두는 파란색 광파에 그리고 바나나는 노란색 광파에 각각 반응하는 이유가 무엇인지도 아무도 모른다. 이 세 가지 광파 모두 동등하게 존재하지만 딸기와 자두와 바나나는 선택적으로 대응한다. 밀, 면화 그리고 옥수수의 가격뿐 아니라 주기적인 힘에 반응하는 다른 모든 현상도 마찬가지이다. 다음 장에서 살펴보겠지만, 인체의 여러 기관이 제각기 뚜렷하게 다른 리듬을 가지고 있듯이 대부분의 주식 가격도 서로 독립적으로 변동한다. 지금으로서는, 해가 뜨는 것과 해가 지는 것을 당연하게 받아들이는 것과 마찬가지로 여러 사이클에서 드러나는 주기의 차이를 자연스러운 사실로 받아들일 수 있을 뿐이다.

그런데 사이클의 반복과 관련해서 한층 더 당혹스러운 사실이 있다. **거의 모든 현상이 두 개 이상의 사이클을 가진 것처럼 보인다. 그래서 모든 현상은 서로 다른 두 개 이상의 힘에 영향을 받는 것처럼 보이는데, 이때 그 힘은 해당 현상에 동시에 작동해서 영향을 준다.**

앞에서 보았듯이 옥수수 가격은 3.5년 사이클로 움직인다. 그러나 이 옥수수 가격은 또한 오래전에 새뮤얼 베너가 발견했던 5.5년 사이클도 가지고 있다.

또 방금 보았듯 면화 가격은 17.75년 사이클을 가지고 있다. 하지만 그보다 훨씬 더 긴 54년 사이클과 37년 사이클도 가지고 있고, 또 훨씬 더 짧은 12.8년 사이클, 11년 사이클, 8.5년 사이클, 6년 사이클 등도 가지고 있다. 옥수수 가격이나 면화 가격뿐만 아니라 다른 것에서도 얼마든지 이럴 수 있다. 모든 것은 이렇게 복잡한 리듬이나 규칙성을 가지고서 오르내리는데, 바로 이런 복잡성 때문에 심지가 가장 굳은 사람들조차도 사이클의 원인이 무엇인지 탐색하는 노력을 포기하고서는 청춘의 샘이나 잃어버린 아틀란티스대륙처럼 상대적으로 덜 어려운 과제를 좇는다.

그러나 그 발상을 쉽게 이해하는 방법이 있다. 날씨를 여러 개의 사이클을 가진 완벽한 사례로 받아들이듯이, 그렇게 받아들이기만 하면 된다. 예를 들어서 미국 어떤 지역의 강수량을 놓고 보자. 장기간에 걸친 강수량 기록을 분석하면 여러 개의 사이클을 발견할 수 있다. 우선 연간 사이클을 들 수 있다. 1년 가운데서도 어느 달은 비가 많이 오고 어느 달은 비가 적게 온다. 통상적으로 말하는 건기와 우기가 구분된다.

그다음으로는 **연도별**로 강수량이 어떻게 달라지는지 살펴볼 수 있다. 만일 강수량이 많은 해가 한 해 걸러 한 번씩 나타난다면 우리는 이것을 2년 사이클이라고 말할 수 있다.

그리고 또 그 지역에서 평균적으로 10년 동안은 비가 많이 오다가 그다음 10년 동안에는 비가 적게 오는 패턴이 반복된다면, 이것을 20년 사이클이라고 말할 수 있다. 또 100년 단위로 번갈아가면서 비가 많이 오다가 적게 온다면 200년 사이클이라고 말할 수 있다.

우리가 설정한 이 가상의 사례에서 1년 사이클, 2년 사이클, 20년 사이클 그리고 200년 사이클 속에서 비가 적게 오는 기간은 때때로 중첩될 것이다. 평소보다 비가 적게 오는 달과 연도와 10년과 100년이 있을 것이라는 말이다. 비가 많이 오는 경우도 마찬가지다.

습윤 사이클과 건조 사이클이 중첩되면서 다양한 경우가 발생할 수 있다. 어떤 때는 이들이 서로 상쇄되거나, 부분적으로 상쇄되어 하나 혹은 두 개의 사이클이 두드러지게 나타날 수 있다. 이런 상황은 복잡해서 이해하기가 어렵다. 서로 다른 여러 개의 사이클이 동시에 작동해서 서로를 강화하기도 하고 상쇄하기도 하며 뒤섞이기 때문이다. 이 경우에는 모든 것이 겉으로 보기에는 도저히 이해할 수 없을 것 같은 오르내림의 미로 속에 뒤섞인다.

하지만 이런 상황이라고 해서 완전히 헤아릴 수 없는 것은 아니다. 주기가 다른 사이클들을 일단 찾아내서 분리하고 나면, 간단한 산술로 이들을 결합해서 하나의 통합된 패턴을 도출할 수 있다. 즉 서로 다른 모든 변동치의 합을 나타내는 하나의 선을 도출한 다음에 이 선을 미래에 투사하기란 어렵지도 않고 복잡하지도 않다. 〈사이클즈〉 1958년 9월호는 귀리 가격의 사이클을 소개했는데, 이것을 예로 들어서 살펴보자.

1923년 1월부터 1958년 5월까지 '3번 백색 귀리(시카고)'의 가격을 조사한 이전 분석에서 주기가 26.64개월인 사이클이 발견되었다. [그림-32]에서는 이 주기를 가진 이상적으로 완벽한 사이클이 A로 표시된다.

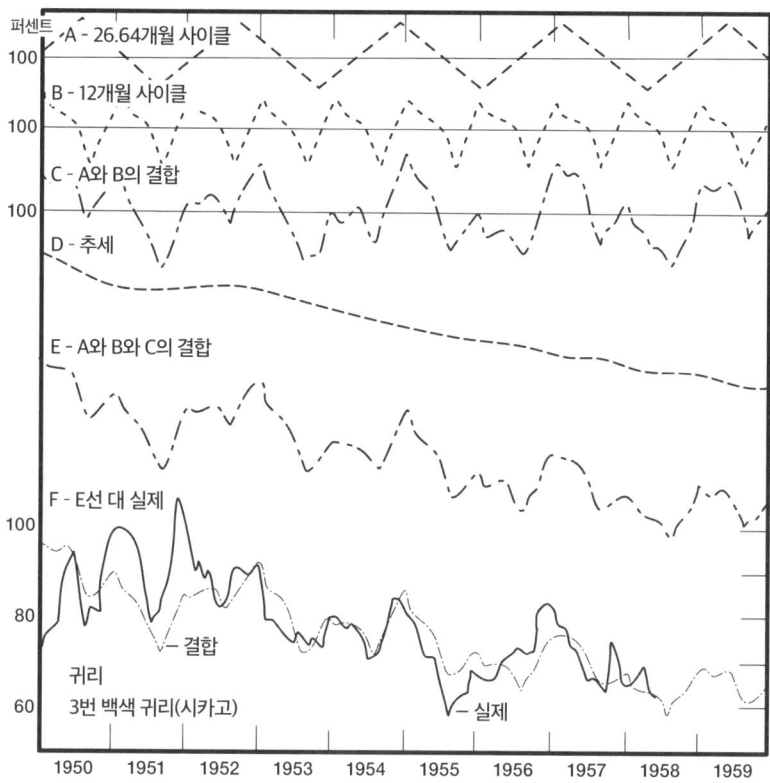

[그림-32] 귀리 가격, 1950-1959년

귀리 가격의 두 사이클이 추세와 어떻게 결합하는지 눈여겨본 다음에, 도표 맨 아랫부분에 표시한 이 결합선(점선)을 실제 가격(실선)과 비교해보라.

그런데 주기 12개월의 계절별 사이클도 있다. 이것의 이상적인 사이클은 B로 표시된다.

A와 B, 이 두 사이클을 결합하면 C와 같은 곡선이 나타난다.

이 기간 귀리 가격의 일반적인 추세는 D에서 볼 수 있듯이 하향 추세였다. 이 하향 추세를 A 및 B와 결합하면 곡선 E가 생긴다. 곡선 E는 맨 아래의 그래프에서 다시 재현되고, 그 위로 1950년부터 1958년 4월까지의 귀리 **실제 가격** 변동선이 그 위에 겹쳐진다. 도표에서 확인할 수 있듯이, 두 사이클과 가격 추세선만으로 실제 결과에 근접할 수 있다. 추세와 실제 결과 간 오차는 미확인된 다른 사이클이나 무작위 요인 때문으로 추정된다.

점선 E는 1959년까지 하나의 예측으로서 확장되는데, 두 사이클이 지속되고 귀리 가격이 계속 하락할 것으로 전망한다. 물론 이 두 조건 가운데 어느 하나라도 바뀔 수 있다. 귀리 가격의 하향 추세가 상향 추세로 바뀔 수도 있고 또 아직 알려지지 않은 다른 주기의 한층 더 강력한 사이클이 우리가 생각하고 있는 두 개의 사이클을 밀어낼 수도 있다. 귀리 가격에는 아직 발견되지 않은 사이클이 많이 있을 수 있다. 또 정부가 개입해서 귀리 가격을 통제할 수도 있다. 전쟁이 일어나서 귀리 가격에 영향을 줄 수도 있다. 그러므로 귀리에 관심이 있는 사람이라면, 새뮤얼 베너가 그 자신이 발표했던 그래프를 해마다 추가 자료를 동원해서 업데이트했던 것처럼 그렇게 업데이트를 해나가야 한다.

[그림-32]의 그래프를 보면 에디슨의 초기 백열등이 생각난다. 지식이 늘어남에 따라서 백열등은 점점 개선되고 또 그만큼 더 정교해진다. 그러나 초기의 백열등도 비록 희미하긴 하지만 어둠 속에서 분명히 빛을 발한다. 이와 마찬가지 이치로, 어떤 정보가 불완전하더라도 이 정보를 절대적인 확실성으로서가 아니라 미래에 대한 어떤 **확률**로 접근한다면 그 정보를 얼마든지 활용할 수 있다.

사람은 누구나 매일 **확률** 개념을 이용한다. 일기 예보관이 소나기가 내릴 확률이 70퍼센트라고 발표할 때 사람들은 우비나 우산을 챙긴다. 미국 대학교 미식축구 경기에서 노트르담대학교가 미시간주립대학교를 이길 확률이 8 대 5로 높으므로 사람들은 내기에서 돈을 따고 싶으면 노트르담대학교에 돈을 건다. 10월부터 추워지기 시작할 확률이 높으므로 사람들은 9월에 미리 난방 장치를 점검한다. 이번 겨울에 작년 겨울보다 추울 확률이 높으면 천연가스 회사 운영자는 가스 시추공을 한두 개 더 뚫는다. 누적 주행거리가 10만 마일(약 16만 킬로미터)이 넘으면 자동차에 문제가 생기기 시작할 확률이 높다는 걸 알기 때문에 사람들은 그 자동차가 당장 문제를 일으키지는 않아도 새 차로 바꾼다.

리듬이나 주기나 사이클과 관련된 지식을 활용하려면 바로 이러한 확률적인 접근법이 필요하다. 그 지식이 비록 아직은 불완전할지라도 사업적 통찰력 그리고 약간의 상식과 결합하면 매우 유용해질 수 있다. 미국의 부통령이었고 시카고의 시티내셔널뱅크앤트러스트컴퍼니 City National Bank and Trust Company의 이사회 의장이었으며 또 죽을 때까지 사이클연구재단의 이사회 구성원이었던 찰스 게이츠 도스Charles Gates Dawes가 언젠가 내게 말하기를, 자신과 자기 형제는 순전히 사이클에 대한 지식으로 100만 달러가 넘는 돈을 벌었다고 했다. 그러면서 그 금액보다 더 많은 돈을 벌었음을 입증하는 거래 내역서를 보여주었다.

그것은 사이클이 투자자와 사업가에게 매우 유용한 도구가 될 수 있다는 명백한 증거였다.

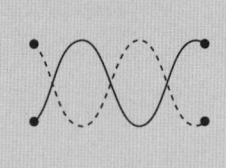

9

월스트리트를 지배하는 사이클

"시장이 지금 몇 시인지 알아야 한다. 시장은 삶의 다른 모든 리듬과 마찬가지로 사이클로 돌아간다."

- 애덤 스미스Adam Smith, 《머니 게임The Money Game》

C Y C L E S

　현재 많은 과학자가 사이클 분야에 관여하고 있는데, 이 숫자는 해마다 늘어나고 있다. 그런데 이 연구자들 대부분은 경제, 지진, 질병, 동물 개체수 등 자기가 속한 특정 분야의 사이클만 연구한다. 사이클연구재단 외부에서 사이클을 연구하는 학자도 더러 있긴 하지만 드물다.
　이런 상황이 빚어진 이유 가운데 하나는, 구체적인 증거를 조사하지 않는 사람들이 주기적인 현상의 의미를 대체로 부정적으로 바라보는 경향이다.
　나는 세계적인 통계학자들에게 우리의 연구 방법과 결과를 인증받으면 이런 회의주의를 누그러뜨리는 데 도움이 될 것이라고 생각했다.
　현재 이런 작업이 진행되고 있으며, 나는 그때 내 판단이 비록 순진한 면이 없지 않았지만 그래도 괜찮은 발상이었다고 여전히 생각한다. 우리가 허위 사실이 아니라 **진짜로 존재하는 사실**을 다룬다는 증거, 즉 그 누구도 반박할 수 없는 통계적 증거를 제시하기만 하면 과학자들이 사이클 연구 분야로 구름처럼 몰려들 것이라고 그때 나는 믿었다.

그러나 내 친구 두 사람은 여러 해 동안 내 생각이 틀렸다고 주장해 왔다. 이들의 주장이 특히 흥미로운 이유는, 직업으로만 보자면 그들이 그러한 주장을 하리라고는 결코 예상할 수 없기 때문이다. 그 둘은 통계학자이다. 그것도 미국 최고의 통계학자이다.

이론적으로 설명할 수 없는 사실, 특히 사물이나 현상의 원리가 너무도 '당연한' 일반적인 개념과 동떨어진 사실은 얼마든지 무시해도 되고 또 가능하다면 완전히 잊어버리는 게 나은 성가신 존재일 뿐이라고 그 두 사람은 주장한다.

그 두 사람은 각자 따로 말했지만 사실상 똑같은 말을 했다. 요약하면 이렇다.

"당신은 이미 이러한 신비로운 행동들이 존재한다는 사실을 합리적인 사람이라면 누구든 설득할 수 있을 만큼 충분한 증거를 발견했다. 물론, 모든 발견을 수학적으로 증명한다면 좋기야 하겠지만, 그 작업을 당신의 주된 관심사로 삼지 마라. 당신은 '이런 것들은 이러저러하다' 라고 말할 수 있는 곳에 이미 와 있다. 이제는 거기서부터 시작해서 그 원인을 찾아라!"

이 말은 그 친구들이 통계적인 증거를 무시하거나 폄하한다는 뜻이 아니었다. 이론적 설명 없이 통계적인 **증거를 들이대는 것만으로는** 사이클 연구에 대한 과학적이고 전면적인 관심을 불러일으키기에 부족하다는 뜻이다. 어떤 단순한 사실 그 자체만 가지고서는, 특히 그 사실이 일반적으로 통용되는 사고방식에 어긋난다면, 과학계에 영향을 미칠 수 없다. 만약 죽은 갈릴레오가 살아서 이 문단을 읽는다면 그조차도 슬프게 고개를 끄덕이며 내 말에 수긍할 것이다.

이 모든 이유로 해서 우리는 미스터리의 **원인**을 탐색하는 방향으로 나아갈 수밖에 없다.

그러나 사실은 앞에서도 보았듯이 사이클 관련 지식을 유용하게 사용하는 데는 굳이 해당 사이클이 발생한 원인까지 알 필요는 없다. 지금 우리는 사이클을 포착하고, 다른 요인과 분리하고, 그것이 갖는 가치를 평가하고 또 이를 통해 미래를 예측하는 쉽고 훌륭한 수단을 이미 가지고 있다.

하지만 사이클이 온전한 해답이 아님을 기억해야 한다. 사이클은 무작위의 우연에 의해서 왜곡된다. 게다가 사이클은 스스로를 왜곡하기도 한다. 예컨대 사이클은 때때로 '의식을 잃거나(블랙아웃)', 정해진 박자를 놓치거나, 세 개가 나와야 할 파동을 두 개밖에 만들지 않거나, 또 정상적인 궤도에서 벗어나서 일탈한다. 하지만 적어도 지금까지의 상황으로만 보자면, 비록 절대적으로 신뢰할 수는 없어도 해당 확률을 파악하는 데 사이클은 확실히 도움이 된다.

이런 점은 주식시장에서 가장 명확하게 드러난다.

아무리 열렬한 '사이클 맹신자'라고 하더라도 주식시장의 모든 변동이 주기적인 힘의 결과라고 주장하지는 않을 것이다. 설령 우리가 주식시장에서 나타나는 모든 주기에 대해 모든 것을 안다고 하더라도, 우리가 할 수 있는 최선이라고 해봐야 주기적인 여러 가지 힘 때문에 발생하는 시장 동향의 일부를 예측하는 것뿐이다.

그러나 우리 사이클 연구자들은 주식시장에서 투자자가 고려해야 할 사실들, 즉 주식과 채권을 소재로 한 수백 권의 훌륭한 책에서는 결코 배울 수 없을 듯한 사실을 일러줄 수 있다. 내 서재에는 증권 매매에 관련된 사람이라면 누구나 '투자의 성서'라고 찬사를 쏟아내는 책이 한 권 있다. 미국의 거의 모든 투자회사 사무실 책장에 이 책이 적어도 한 권씩은 반드시 꽂혀 있을 것이라고 나는 확신하다. 그러나 주식시장의 이론과 실무를 망라하는 이 700쪽 분량의 책 어디에서도 사이클은 단 한 번도 언급되지 않는다. **사이클이라는 말 자체가 없다!** 그러나 사이클이라는 것이 아무리 이상하고 종잡을 수 없고 또 설명할 수 없다고 하더라도, 주식시장에 나타날 미래 행동을 어느 정도 정확하게 예측하려면 사이클이 존재한다는 사실을 결코 무시해서는 안 된다.

앞서 8장에서 간략하게 언급했지만, 찰스 게이츠 도스는 살아생전에 미국 경제의 미래 동향과 관련하여 무엇을 예측해야 하는지를 고객에게 알려주는 서비스를 은행이나 기업인을 상대로 시작해달라고 나에게 요청했다. 그러면서 그 서비스에 정당한 가격을 매겨서 팔라고 했다. 그러면 자기와 자기 은행부터도 그 서비스를 유료로 제공받을 것이라고 했고 또 중서부 지역에 있는 모든 은행에 자기가 직접 편지를 써서 그 서비스를 유료로 제공받으라고 권유하겠다고 했다.

당연한 말이지만 나는 그의 솔깃한 제안을 받고는 흐뭇했다. 하지만 제안은 거절했다. 다른 이유는 없었다. 유료 서비스를 제공할 수 있을 만큼 사이클에 대해서 내가 많이 알고 있지 않다고 생각했기 때문이다.

도스가 그 제안을 한 지 벌써 20년이 넘었다. 만약 그가 지금까지 살아서 그 제안을 다시 옛날처럼 똑같이 한다고 해도 나는 거절할 것이다. 지난 20년 동안 사이클과 관련해서 수많은 단서를 발견했음에도 불구하고, 우리의 무지는 우리가 손에 넣은 지식보다 훨씬 무겁기 때문이다.

우리에게는 우리가 염두에 두고 있는 '모자이크'의 일부임이 분명한 수많은 조각이 있다. 이것들은 실제로 존재하는 진짜이다. 하지만 이 모든 조각을 완성체로 조립한 사람은 아직 아무도 없다. 그 누구도 **아직은** 사이클의 이 위대한 수수께끼를 풀지 못했다.

주식시장에서 대부분의 투자 관련 문건이 사이클이라는 주제를 그토록 조심스럽게 회피하는 이유도 아마 여기에 있을 것이다. 사이클은 과학적으로 증명할 수도 없고, 목록화할 수도 없으며, 범주화할 수도 없고 또 어떤 친숙한 투자 이론을 설명하는 데 도움이 되지도 못한다. 그래서 투자자들은 사이클이 그 어디에서도 제자리를 찾지 못한다면 그냥 내버려두자고 말한다. 괜히 섣부르게 건드리거나 갖다 붙였다가는 그러잖아도 복잡한 문제가 더욱 복잡해질 뿐이라고 말한다. 게다가 그들은 또 계속해서 이렇게 추론한다. 만일 사이클이 실제로 존재한다면, 그 원인에 대한 과학적인 설명이 지금까지 없을 이유가 없다고……. 정말 슬픈 일이다.

사이클의 복잡한 박자

주가도 대부분의 다른 현상들과 마찬가지로 주기적으로 변동한다. 좀 더 정확하게 말하자면, 앞서 8장에서 보았던 복잡한 사이클들과 마찬가지로 주가도 서로 다른 주기적인 힘들로부터 동시에 영향을 받는 것처럼 움직인다. 이런 유형의 움직임을 보이는 사례를 두 가지 더 들어보겠다.

심장 박동수 기록은 분당 약 78회라는 단순한 리듬을 보여준다. 그러나 만약 당신에게 분당 41회 박동하는 또 하나의 심장이 있다면 그 사이클의 도표가 어떤 모습일지 상상해보라. 이번에는 세 개의 심장을 가지고 있다고 상상해보라. 방금 말한 두 개 외에 분당 22회 박동하는 심장이 또 하나 있다. 이 경우에 당신의 심장 박동수가 얼마나 불규칙적일지 상상할 수 있는가? 물론, 만약 당신이 열 개나 스무 개 또는 서른 개 심장을 가지고 있고 이 심장 하나하나가 제각기 다른 속도로 뛴다면, 심장박동수가 보이는 오르내림의 변동 양상은 종잡을 수 없을 것이다. 사이클 분석에 이해가 없다면 더욱 그럴 것이다.

혹은 또 이런 상상을 해보자. 질량이 모두 다른 지구의 위성(즉 달)이 열두어 개나 되고 이것들이 제각기 다른 속도로 지구를 돌고 있다면 어떨까? 밀물과 썰물의 변동이 얼마나 복잡해질지 상상할 수 있겠는가? 물론, 물리 법칙을 알면 원인에서 결과로 이어지는 과정을 알아낼 수 있고 또 관찰을 통해 각 달의 사이클을 파악하고 나면 그것들이 바닷물의 움직임에 미치는 영향을 추적할 수 있다.

그러나 우리가 바라보는 하늘이 금성의 하늘처럼 영원히 흐린 상태이고, 따라서 지구의 위성이 몇 개나 되는지 또 그게 거기에 있는지조차 알지 못한다면 어떨까? 안타까운 일이지만, 겉보기에는 아무렇게나 움직이는 것 같은 이 바닷물의 움직임이 그저 바람 때문만이 아니라는 걸 누군가가 깨닫기까지는 꽤 오랜 시간이 걸릴 것이다. 오랜 세월에 걸친 끈기 있는 작업이 진행되고 나서야 비로소 미스터리의 장막이 걷혀서 그 많은 위성이 존재한다는 가설이 확립되고 또 여러 가지 예측이 정확하게 이루어질 것이다.

주식시장의 주가 움직임과 관련한 조건도 이와 비슷하다. 우리는 여러 개의 사이클이 존재한다는 것을 알지만, 이는 마치 심장이 여러 개인 사람의 심장박동이나 지구에 달이 여러 개 있을 때 복잡해지는 바닷물의 흐름처럼 복잡하기 짝이 없다. 그래서 나는 오랜 세월 해결되지 않은 딜레마에 빠져서 살았다. 한편으로, 나는 주식시장에서 나타나는 **어느 하나**의 사이클에 대해서도 이렇다저렇다 보고하기를 꺼려왔다. 나의 이런 모습은 달이 여러 개 있는 세상에 살면서 해수의 수위 변동에서 나타나는 **어느 하나**의 사이클에 대해서 쉽게 말하지 못하고 망설이는 학생의 모습과 다르지 않았다. 다른 한편으로는, 나는 아직도 사람들에게 그 모든 사이클을 설명할 만큼 충분히 많이 알지 못한다. 심지어 사람들로부터 상당한 관심을 받으며 주식시장의 흐름을 예측하던 1944년에는 아는 게 훨씬 더 적었다.

내가 처음으로 했던 주식시장 예측

1944년 초에 나는 뉴욕시의 한 대형 증권사의 의뢰를 받아 주식시장의 움직임을 예측하는 보고서를 작성했다. 나는 이 예측을 하기 위해서 주식시장에서 나타날 수 있는 중기 사이클과 장기 사이클을 대상으로 개략적인 조사를 했다. 이때 내가 사용한 데이터는 1854-1870년의 클레멘트버지스지수Clement Burgess Index 연평균 평균치에 1871-1943년의 에스앤피지수의 결합지수Combined Index of the Standard and Poor's Corporation Index를 이어붙인 것이었다.

나는 주기가 짧게는 4.89년에서 길게는 21년까지 되는 사이클, 즉 4.5년보다 긴 열 개의 사이클만 예측에 사용했다. 그런데 이 예측은 에디슨이 처음으로 만들었던 백열등만큼이나 조잡했다. 일별 수치나 주간별 수치 혹은 월별 수치를 사용했더라면 한층 더 정확했을 테지만 나는 1년 단위의 수치만 사용했다. 주기가 4.5년보다 짧은 사이클은 하나도 포함되지 않았다. 주기가 그보다 짧으면서도 영향력은 훨씬 강력하거나 혹은 약한 사이클까지 고려했다면 고점 발생 시점이 앞당겨지거나 늦춰질 수도 있었을 것이다. 또한, 데이터가 1854년까지로 제한되어 주기가 10년 이상인 사이클들은 기껏해야 9~10회만 반복되어, 그 사이클의 주기를 정확히 특정하기 어려웠다.

어쨌거나 나는 상식이 있는 사람이라면 하지 않을 짓을 바보처럼 했고, 1944년부터 1954년까지 실제 나타났던 결과는 [그림-33]에서 확인할 수 있다. 그 열 개의 사이클이 결합되어 예측 곡선(점선)이 만들어졌

[그림-33] 주식시장 예측

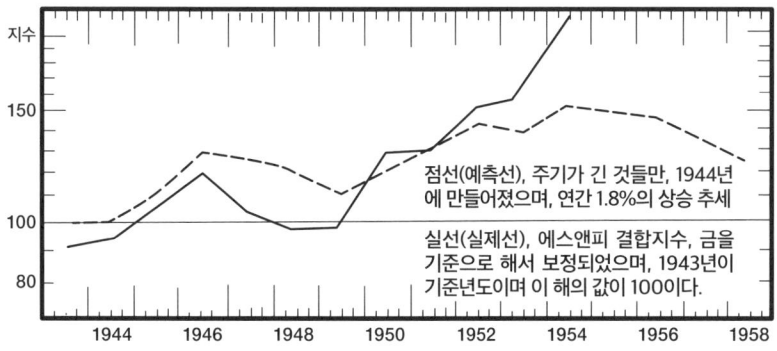

이 예측은 1943년까지의 수치들을 사용해서 1944년 초에 준비되었다. 시장이 예측대로 움직였던 10년 동안 성공 대비 실패의 비율은 185:1이었다.

으며, 실선은 실제로 일어났던 일들을 보여준다.

이 '예측'은 1946년을 강세장의 끝으로 정확하게 예측했고 1949년을 약세장의 끝으로 정확하게 예측했으며 또 1954년을 다음 강세장의 끝으로 예측했다. 그 10년 동안의 성공 대비 실패의 비율은 185 대 1이었다.

나는 이 예측을 내놓으면서 사람들에게, 이것을 예측으로 간주해서는 안 되고 그저 **'만약'**이라는 단어가 전제된 일종의 정찰 결과일 뿐이라고 경고했다. 이 예측을 처음 시작하던 때부터 그랬다. 그러니까 이 사이클의 길이, 형태, 진폭 그리고 타이밍이 정확히 **결정된다면**, 고려되지 않은 다른 장기 파동이 **없다면**, 4.5년 미만 길이의 (사용되지 않은) 단기 파동들이 장기 파동들과 결합하여 왜곡을 일으키지 **않는다면**, 또한 우발적인 요인이 개입하지 **않는다면, 이 사이클은 미래의 가능한** 움직임을 나타내는 모형일 뿐이었다.

이 '예측'은 예측한 시점에서부터 10년이 지난 뒤에는 빗나갔다. 그러나 원시적인 수준의 준비로 이루어지긴 했지만 무려 10년에 걸친 미래를 정확하게 예측했다는 사실은 나에게 여전히 경이로움과 자부심의 원천이다. 어쨌거나 에디슨이 발명한 첫 번째 백열등도 겨우 몇 시간 동안만 불을 밝히지 않았던가.

최초의 백열등 이후로 그 기술이 눈부시게 발전했듯, 사이클 연구 분야에서도 우리는 최초의 그 작은 성공 이후로 많은 진전을 이루었다. 지난 여러 해 동안에 컴퓨터의 힘을 빌려서 사이클연구재단은 커다란 성과를 엄청난 속도로 축적했다. 그러나 성과가 쌓이면 쌓일수록, 우리가 주식시장의 미래를 올바르게 예측할 수 있으려면 우리 앞에 놓인 엄청나게 많은 과제부터 해결해야 한다는 사실이 점점 분명하게 드러났다. 예를 들어, 우리는 1965년 컴퓨터를 활용해서 1837년부터 1965년까지 보통주 종목의 사이클을 분석하며, 예측에 도움이 되는 모든 단서와 암시를 찾아냈다.

이 탐색 작업이 끝나고 컴퓨터가 분석 결과를 내놓았을 때, 우리는 **주식시장의 주가에서 나타날 수 있는 37개의 사이클**에 대한 단서를 발견했다. 이 사이클의 주기는 짧은 것은 2.5년이었고 긴 것은 무려 111년이었다! 이에 비하면 지구의 하늘에 달이 열 개 혹은 스무 개가 떠 있는 상황에서 밀물과 썰물의 시간표를 예측하는 일이나 사람의 심장이 열 개 혹은 스무 개나 되는 상황에서 심장박동의 규칙적인 리듬을 예측하는 일은 오히려 간단해 보일 정도이다. 그 모든 사이클을 정교하게 다듬고 검증하는 데는 앞으로 오랜 세월이 걸릴 것이다. 물론 나중에는 분명 그렇게 되긴 할 것이다. 그렇지만 일단 여기에서는 주식시장 예측 분야에서 지금까지 확인된 몇 가지 사실을 미리 소개하겠다.

사이클을 통한 예측

우선 **추세**trend를 살펴보자. 추세는 일련의 수치들이 향하는 일반적인 방향으로, 상승, 하락, 횡보 등을 말한다. 추세는 방향을 전환할 때도 점진적으로 이루어진다. 추세는 성장을 나타내는 요소이며, 주식시장에서는 **연간** 주가 흐름의 모든 움직임 가운데 주요 부분을 차지한다. 여기에서 사이클이나 우연적인 요소는 그저 미미한 역할만 할 뿐이다.

추세는 그래프에 수치를 표시할 때 드러나는 전반적인 흐름이다. 추세는 급격한 변동이나 지그재그를 제거한 뒤에 나타나는 일반적인 방향으로, 대개 여러 해 동안 측정한 값의 평균치를 연결한 점들로 표현한다. 이는 불규칙한 변동을 평활화smoothing process하여 부드러운 곡선으로 나타낸 것으로, 정치적인 용어로 표현하면 다양한 고점과 저점 사이의 '중도middle of the road'라고 할 수 있다. 이 추세선은 미래로 투사되어서, **만약** 미래에도 과거와 같은 방식으로 성장이 이어진다면 미래의 내재적인 성장 요소가 무엇일지 보여줄 수 있다.

대부분의 경우와 마찬가지로, 성장도 법칙을 따른다. 성장 법칙은 매우 단순하다. 우주에 존재하면서 성장하는 모든 것은 나이가 들수록 점점 더 느린 **속도**로 성장하고, 그러다가 결국에는 성장을 멈추고 안정

상태에 도달하며, 이 상태에서 새로운 요소가 추가되어서 '재탄생'을 만들어내지 않는 한 그것은 결국 죽고 만다.

세상에 잘 알려지지 않은 이 법칙은 특히 기업 운영에도 들어맞는다. 자기가 속한 분야에서 세계 최대 규모인 기업의 리더가 내가 이전에 쓴 책에서 다룬 성장 법칙을 활용해서 자기와 자기 회사가 수백만 달러를 벌었다고 했다. 새로운 아이디어, 새로운 제품, 새로운 유통 방법 그리고 새로운 인력 덕분에 그 회사는 40년 동안 꺾이거나 멈추는 일 없이 여전히 젊은 활력을 유지하면서 지속적으로 성장한다고 했다.

추세 예측은 매우 까다롭고 복잡한 문제이므로 자세한 내용은 여기서 다루지 않겠다. 그러나 분명하게 짚어두고 싶은 점이 하나 있다. 그것은 바로 상향곡선upward sweep은 추세와 사이클, 무작위적인 사건이 결합된 결과라는 점이다. 진정한 추세가 무엇인지 알려면 평활화 과정을 통해서 사이클들과 무작위적인 사건들을 제거해야 한다. 이 평활화 과정을 통해서 무작위적인 사건과 주기가 상대적으로 짧은 사이클들이 제거된다. 주기가 상대적으로 긴 사이클들은 보통 걸러지지 않고 남지만 미래에 대한 현실적인 예측을 얻으려면 사이클을 가능한 한 정확하게 파악하고 고려해야 한다.

예를 들어보자. 어떤 일련의 수치가 정상적인 성장을 나타내며, 1850년과 1900년 그리고 1950년에 각각 고점을 찍으며 50년 사이클을 보인다고 가정해보자. 그렇다면 이 사이클의 곡선은 1875년-1900년, 1925년-1950년에 상승하고 1850년-1875년, 1900년-1925년, 1950년-1975년에는 하락한다는 뜻이다. [그림-34-a]가 이런 추세와 사이클을

[그림-34] 추세와 사이클

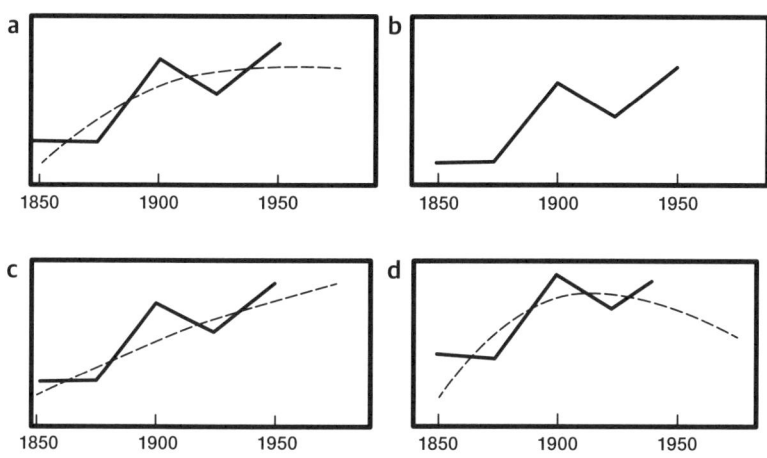

보여준다.

사이클이 상승 국면에 있을 때는 추세를 강화해 더 두드러져 **보이도록** 만든다. 반대로 사이클이 하강 국면에 있을 때는 추세를 상쇄하는 경향이 있어서 약화된 것처럼 **보이도록** 만들 것이다.

그러나 추세선은 남반구와 북반구를 가르는 적도선과 마찬가지로 가상의 선이다. 실제 가격 움직임을 나타내는 그래프에서는 이 추세선을 볼 수 없다. 실제로 눈에 보이는 것을 [그림-34]의 예를 놓고 보자면 [그림-34-b]에 나와 있다. (그러나 실제 현실에서는 이 선이 단순하지 않고 훨씬 더 복잡하게 오르내린다. 다른 여러 사이클 및 무작위적인 사건들 때문에 왜곡되기 때문이다.) 어떤 것의 내재적인 추세를 추론하거나 추정하려면 바로 이 지그재그로 오르내리는 선을 분석해야 한다.

이번에는 이런 가정을 한번 해보자. 우리는 주어진 수치들에서 50년 사이클을 인식하지 못했고, 1950년이라는 시점에서 추세선이 미래로 어떻게 이어질지 예측한다고 가정해보자. [그림-34-c]의 점선처럼 강한 상승을 추정할 수 있다.

그러나 만일 우리가 1940년에 추측을 하고 있는데 50년 주기의 상승 구간이 절반을 조금 넘게 완료된 상황이라고 가정해보자. 이때 50년 주기를 모른다면, 우리의 예측은 [그림-34-d]의 점선처럼 나타날 것이다.

c와 d의 두 예측 모두 빗나간 예측임은 분명하다. 구성상 분명하게 알 수 있는 실제의 추세선은 [그림-34-a]의 점선이며, 50년 주기를 알 때만 비로소 이런 예측을 할 수 있다. 하지만 여기에는 위험한 함정이 놓여 있다. 우리는 50년 사이클이라고 했지만 이 사이클은 겨우 몇 번만 반복되었을 뿐이라서 미래에도 지속될지 어떨지 알 수 없다. 반복되지 않는다면 예측은 빗나갈 수밖에 없다.

그런데 우리가 관찰해서 확인한 50년 사이클이 지속되지 않는다면 그 이유는 무엇일까? 지금은 일단 두 가지 경우만 고려해보자. 첫째, 이 사이클이 단 세 번만 반복되었을 경우이다. 이제는 당신도 충분히 짐작할 수 있겠지만, 그런 일은 그저 우연히 일어났던 일일 뿐이다. 카드를 뒤집을 때 빨간색 카드와 검은색 카드가 번갈아 나오는 사이클이나 캐나다스라소니 개체수 사이클과 비교하면 세 번이라는 횟수는 통계적으로 유의미하지 않다.

그러나 더욱 중요하고 주식시장 상황과 밀접한 관련이 있는 것은 두 번째 경우로, 우리가 예로 들었던 50년 사이클이 서로 밀접하게 관련된 복수의 사이클의 조합일 가능성이다. 이런 종류의 사이클은 우연이 아니다. 완벽하게 실제 현실이며, 통계적으로 유의미하지만 그럼에도 **이 사이클은 결코 지속되지 않을 것이다.** [그림-35]를 잘 살펴보면 그 이유를 알 수 있다.

일단 그림의 맨 아래 있는 지그재그 모양의 D선만 보자. 1854년에서 1896년 사이에 평균 약 5.7년 주기의 사이클이 상당히 규칙적으로 반복된다. 그러다가 약 20년 동안 사라진다!

이 5.7년 사이클은 **자기 자신의 생명과 박자를 갖춘 독립적인 사이클이 아니었다!** 밀접하게 관련된 서로 다른 세 사이클이 합쳐진 것이었다. A의 주기는 4.89년이고, B의 주기는 5.50년이며, C의 주기는 6.07년이다. 이 사이클들이 1884년부터 1896년까지 나란히 반복되는 동안에 이 셋의 조합이 5.7년 사이클을 만들었다. 그러나 1897년이 되

[그림-35] 세 개의 사이클과 이들의 조합

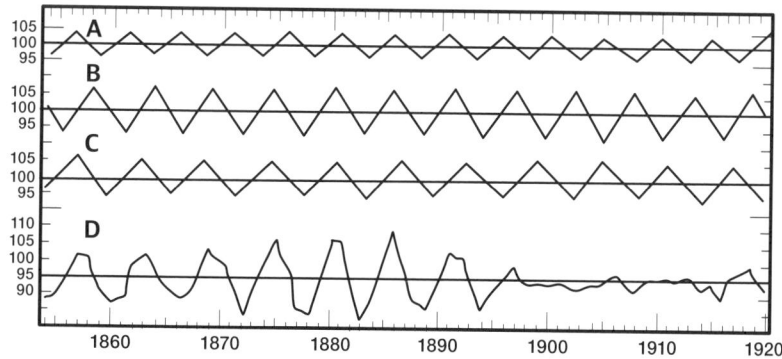

A는 4.89년이고, B는 5.50년이고, C는 6.07년 사이클이다. D는 이 세 개의 사이클이 합쳐졌을 때의 모습이다. 가짜 사이클이 만들어지고 결국에는 사라진다.

면 이들 사이에 더는 동기화가 이루어지지 않았다. 예를 들어 1896년에는 C가 올라갔고 B가 내려왔다. 모든 것이 평평해지면서 5.7년 사이클이 사라졌다. 그러다가 1918년경에 이 사이클이 재등장하는데, 이는 A와 B와 C, 이 세 개의 사이클이 다시 제자리로 돌아오기 시작했기 때문이다. 1896년 시점에 내린 미래 예측을 놓고 보자면, 비록 20년이라는 공백이 있긴 하지만 그나마 작은 위안이 되지 않을까 싶다. 그런데 특이하게도 이 5.7년 사이클이 재등장했을 때 이 사이클은 예전에 예측했던 사이클의 뒤집힌 모습이다. 즉 예전에 예측했던 고점과 저점이 정반대로 저점과 고점으로 나타났다.

주식은 어떻게 움직이는가?

뉴욕증권거래소에서는 1,600개가 넘는 종목의 주식이 거래되며, 주식 말고 채권도 1,200개 종목이 거래된다. 각각의 주식은 완벽히 개별적으로 움직일 뿐만 아니라 특정 산업별로 무리를 지어서 다른 집단과는 다르게 움직이기도 한다. 그리고 이 과정에서 각각의 집단은 마치 자기만의 사이클을 가지고 있는 것처럼 움직인다.

사이클은 다양한 대상에 존재하지만, 서로 다른 조합과 비율로 존재한다. 이런 양상은 스물여섯 글자의 알파벳으로 수십만 개의 단어를 만드는 것과 유사하다.

[그림-36]은 산업별 주가 움직임의 차이를 보여준다. 이 그림은 56개

의 다른 주식 집단에서 3개월 동안 어떤 다양한 움직임이 나타나는지 보여준다. 이 그림 속의 도표들은 각 집단의 주가가 시장 전체 추세 대비 높거나 낮은 비율을 드러낸다. 이는 샌안토니오의 코폭E. S. C. Coppock의 허락을 받아서 그가 고객들에게 정기적으로 제공하는 트렌덱스 TRENDEX 서비스를 재가공한 것이다(이른바 '코폭지수Coppock Index'는 월간

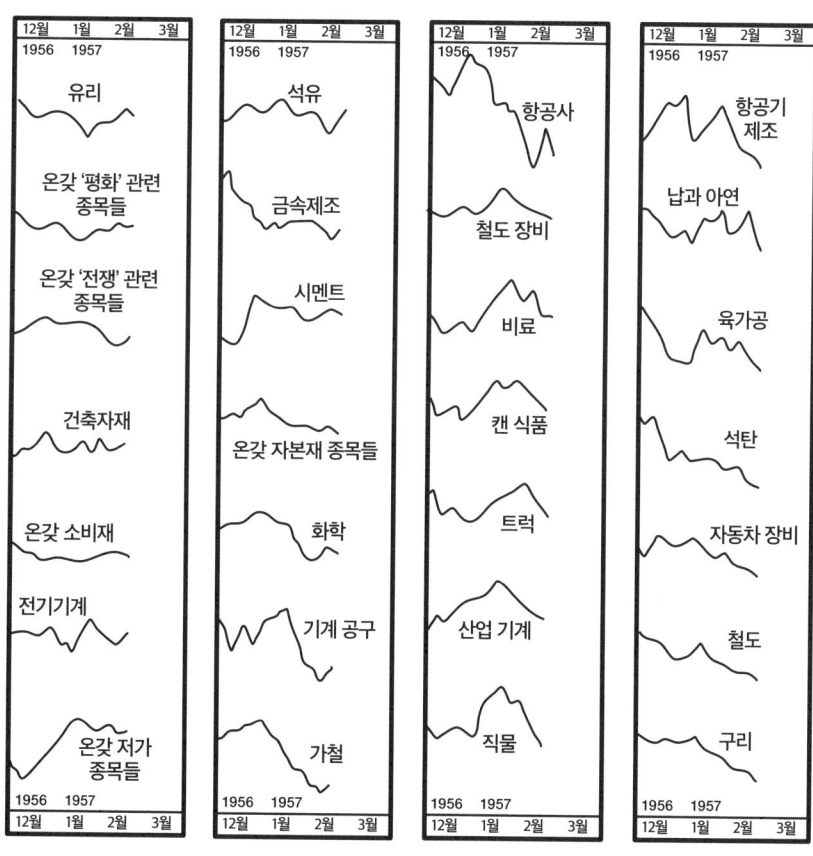

[그림-36] 주식 종목의 개별성

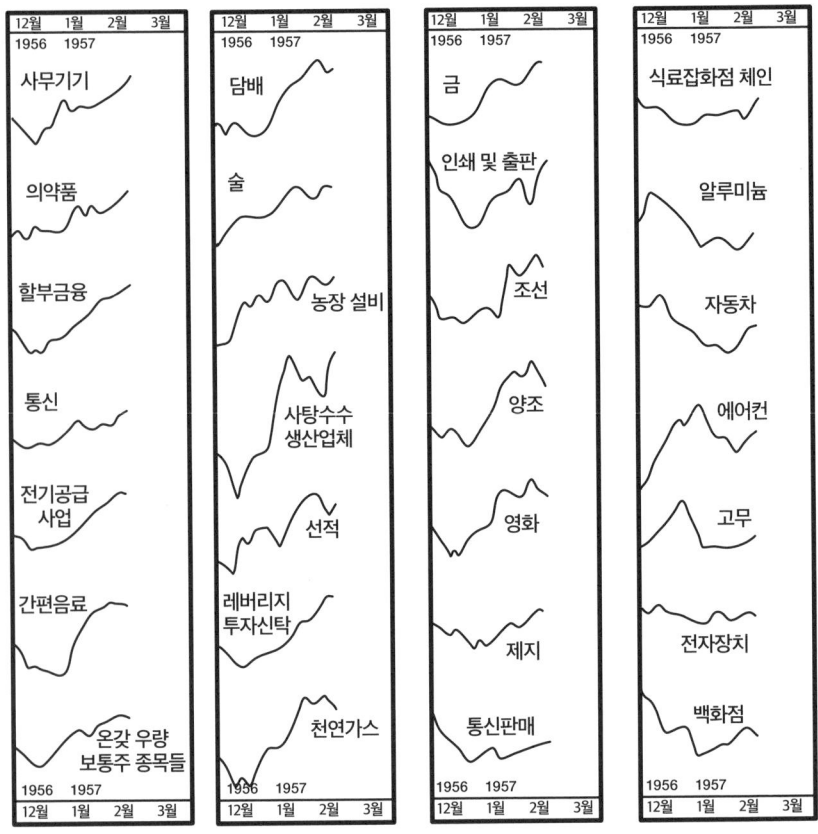

이 도표는 여러 주식 종목군의 다양한 움직임을 강조한다. 그런데 더욱 복잡하게도, 엇비슷한 변화들이 각 집단의 주식 종목 사이에서도 흔히 발견된다(코폭지수에 따르면 그렇다).

지수를 작년 같은 달과 비교해 등락률을 구한 뒤 이 수치를 10개월 가중 평균으로 계산해 지표화한 것이다-옮긴이). 여기에서 보면, 물가나 개별 기업의 매출액 또는 그 밖의 거의 모든 것이 유사한 차이를 보인다.

주가의 9.2년 사이클

주식 가격의 변동은 순전히 무작위적이며, 주식시장에 흘러들어오는 이런저런 팁과 정보로 촉발되는 현상일 뿐이라고 주장하는 사람들이 있다.

이런 사람들은 상승장은 상승 움직임이 어쩌다 보니 하락 움직임보다 우세한 시기이며 하락장은 그 반대의 시기일 뿐이라고 생각한다. 그들에 따르면, 주가는 이른바 '랜덤워크random walk(무작위 행보)' 현상을 보이며 또 주가의 과거 움직임을 아무리 분석해봐야 미래의 움직임을 예측하는 데는 아무 쓸모가 없다.

만일 주식의 움직임이 무작위적이라면 우연 외에 그 어떤 사이클도 존재할 수 없다. 우연히 발생할 확률이 100번 중의 한 번 미만이거나 1,000번 중 한 번 미만인 사이클을 발견했을 때, 랜덤워크 이론 지지자들은 "이게 바로 그 100번째의 경우야" 혹은 "이것이 바로 그 1,000번째 경우야"라고 말한다. 그런데 만약 내가 지금 소개하는 사이클을 그 사람들 앞에 들이밀면 아마도 그들은 "이게 그 5,000번째 경우야"라고 말해야 할 것이다. 왜냐하면 바텔스의 유의성 검정에 따르면 9.2년 사이클이 **우연히 발생할 확률은 5,000번 중 한 번에 불과하기** 때문이다.

알라모전투(미국에서 텍사스 독립전쟁 당시에 텍사스 주민 186명이 알라모 요새에서 멕시코 정규군 약 1,800명에 맞서 싸우다가 전사한 전투-옮긴이)가 일어나기 2년 전이자 새뮤얼 모스Samuel Morse가 최초로 모스 부호로 메시지를 보내기 10년 전이던 1834년부터 지금까지 9.2년 사이클은 열네 번 반복되었다([그림-37] 참조). 어떤 사이클이 중요한 의미를 가지고 있음을 보여주는 한 가지 증거는 성격이 전혀 다른 현상에서도 그 사이클과 주기가 동일한 사이클이 나타나는 것이다. 주기가 9.15년~9.25년인 사이클은 기업 도산, 선철 가격, 자고새 개체수, 미시간호의 수위, 나이테 폭의 두께, 평균 도매물가, 공인된 특허의 수 등의 다양한 현상에서 확인되었다. 이처럼 서로 전혀 관련이 없는 많은 현상이 비슷한 사이클을 보이므로, 9.2년 사이클의 원인은 당연히 주식시장 안이 아니라 주식시장 바깥에서 찾아야 한다.

그런데 이처럼 다양한 현상 및 주가에서 어떤 힘이 9.2년 사이클을 유발하는지는 아직 밝혀지지 않았다.

다른 사이클로 넘어가기 전에 독자에게 당부하고 싶은 게 하나 있다. 그것은 바로 [그림-37]을 한 번 더 자세하게 살펴보라는 것이다. 당신도 쉽게 알아보겠지만 현재 사이클의 이상적인 예상 고점은 1965년(정확히는 1965.4년)이었다. 과거에 나타났던 리듬에 따르면, 이 사이클은 1965.4년 무렵의 어느 시점에서부터 하향 추세로 돌아서야 했다.

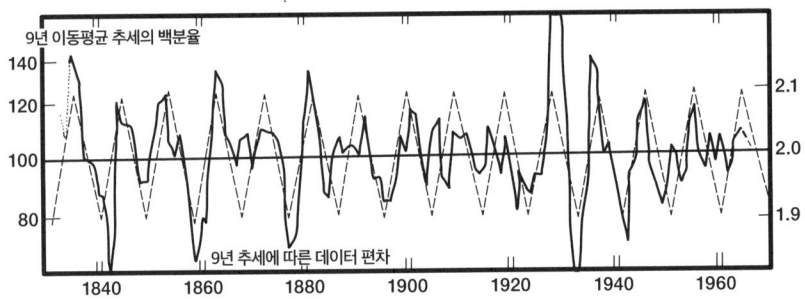

[그림-37] 주가의 9.2년 사이클, 1830-1966년

그런데 여기에서 기억해야 할 점이 있다. 우리는 9년 이동평균을 이용하여 추세선을 계산하고 있으므로 1962년-1970년의 주가 평균을 알기 전까지는 1966년의 추세선을 확정할 수 없다. 또 1963년-1971년의 주가 평균을 알기 전에는 1967년의 추세선이 어디에 있을지 모른다, 등등. 그리고 물론, 추세선이 불확실하면, 그 특정 연도의 주가가 추세선 위에 있을지 혹은 아래에 있을지 알 수 없고, 또한 [그림-37]에 묘사된 것처럼 어떤 특정 연도의 주가가 추세선을 기준으로 해서 위로나 아래로 어느 정도 떨어져 있을지 드러내는 백분율을 계산할 수도 없다.

따라서 내가 이 원고를 쓰는 1969년의 하락기 시점에서는, 9.2년 사이클이 실제로 1965.4년 무렵에 고점을 찍고는 하락세로 돌아섰다고 말하기에는 너무 이르다. 그러나 나는 1970년 주가 평균을 알 수 있을 때까지 기다리지 않고도 1966년의 추세를 추정할 수 있는 몇 가지 예비 작업을 마쳤다. 그 추정을 바탕으로 나는 1965년-1966년의 곡선을 [그림-37]에 점선으로 과감하게 표시했다. 이 도표를 보면 그 사이클은 정확히 1965.4년의 이상적인 전환 시점에 고점을 형성했다.

9.2년 사이클이 1970년에 예상대로 저점을 기록했는지 여부는 몇 년 동안 알 수 없다. (1970년의 이동평균 추세를 알려면 1966년부터 1974년까지의 수치를 알아야 하기 때문이다.) 그러나 신중한 투자자는 주식시장에서 지금까지 발견된 가장 중요한 사이클이 어떻게 움직이는지 놓치지 않는다.

41개월 사이클

사이클 과학자들이 겸손하게 머리를 조아리게 만드는 또 다른 사이클이 있는데, 이 사이클의 평균 주기는 40.68개월이다. 이 사이클은 1871년부터 산업 보통주 가격에 나타났으며, 1912년에 뉴욕의 한 투자자 그룹이 발견했다. 이들은 로스차일드 가문 사람들이 영국 국채를 분석해서 그 가격 변동을 일련의 반복되는 곡선으로 변환한 다음에 이를 주가 예측에 사용했다는 사실을 알게 되었다.

그 사실을 알고 난 다음에 그들은 로스차일드 가문의 비밀 공식을 알아내려고 수학자 한 명을 고용했고, 이 수학자는 다우존스 철도 평균 Dow Jones Railroad Averages이라는 지수를 동원해서 41개월 사이클 및 다른 사이클 세 개를 발견했다. 이 사이클들은 제1차 세계대전 무렵만 하더라도 무척 잘 맞아떨어졌다.

그런데 최초의 이 발견이 있고 10년이 지난 뒤에 하버드대학교의 윌리엄 레너드 크럼William Leonard Crum 교수가 뉴욕의 월간 기업어음 할인율에서 주기가 '39개월이나 40개월 또는 41개월'인 사이클을 확인했다. 그리고 이와 거의 같은 시기에 하버드대학교의 조지프 키친Joseph Kitchin 교수는 1890년-1922년에 미국과 영국의 어음 교환(은행 간 수납 어음을 교환하고 대금을 결제하는 과정-옮긴이), 물가, 금리 등 여섯 개의 경제 시계열에서 40개월 사이클을 발견했다.

내가 아는 한 그 사이클이 주식시장에서 다시 주목받게 된 것은 최초의 발견이 있은 지 23년이 지난 1935년이었다. 우리 사이클연구재단의 오랜 친구이던 채핀 호스킨스(본문 40쪽을 참조해라-옮긴이)는 그때까지 이루어졌던 연구에 대해서 전혀 알지 못한 상태에서 보통주 주가를 포함한 여러 가지 가격 및 생산 관련 수치에서 이 사이클을 발견했다. 1938년 초, 그는 어느 대형 투자신탁업체의 의뢰로 이 사이클을 폭넓게 연구했다.

[그림-38]은 1868년부터 1945년까지 반복되는 41개월 사이클(현재는 40.68개월로 한층 정교해졌다)을 보여준다. 보다시피, 이 사이클의 파동은 점선으로 표시된 이상적이고 완벽한 40.68개월 파동과 똑같지는 않다. 그러나 추정과 실제를 나타내는 두 개의 선은 놀라울 정도로 비슷하게 전개된다. 이 사이클은 전쟁이 일어나도 또 전쟁이 끝나고 평화가 찾아와도 그리고 경기가 좋을 때나 나쁠 때나 일관되게 지속되었다.

그러다가 1946년에 이 사이클에 이상한 일이 일어났다. 마치 어떤 거대한 손이 이 사이클을 잡아채서 흔들기라도 한 것처럼 사이클이 휘청거렸다. 그러다가 마침내 평형을 회복하긴 했지만, 오랜 기간 지속되던 이상적이고 완벽하던 움직임에서 완전히 벗어났다. [그림-39]에서 볼 수 있듯이, 예전과 마찬가지로 대략 41개월 주기라는 박자를 회복했지만, 고점과 저점이 역전되었다.

이런 이상한 움직임을 설명하기 위해 수십 가지 설명과 엄청난 양의 논문과 자료가 동원되었다. 우리는 무작위 행동에 의한 왜곡, 비슷한 길이의 두 개 이상의 다른 사이클, 심지어 이 특정 사이클에 대한 일반 대중의 지식이 그 타이밍에 왜곡 효과를 미쳤을 가능성 등 대부분의 가

[그림-38] 주가의 41개월 리듬, 1868-1945년

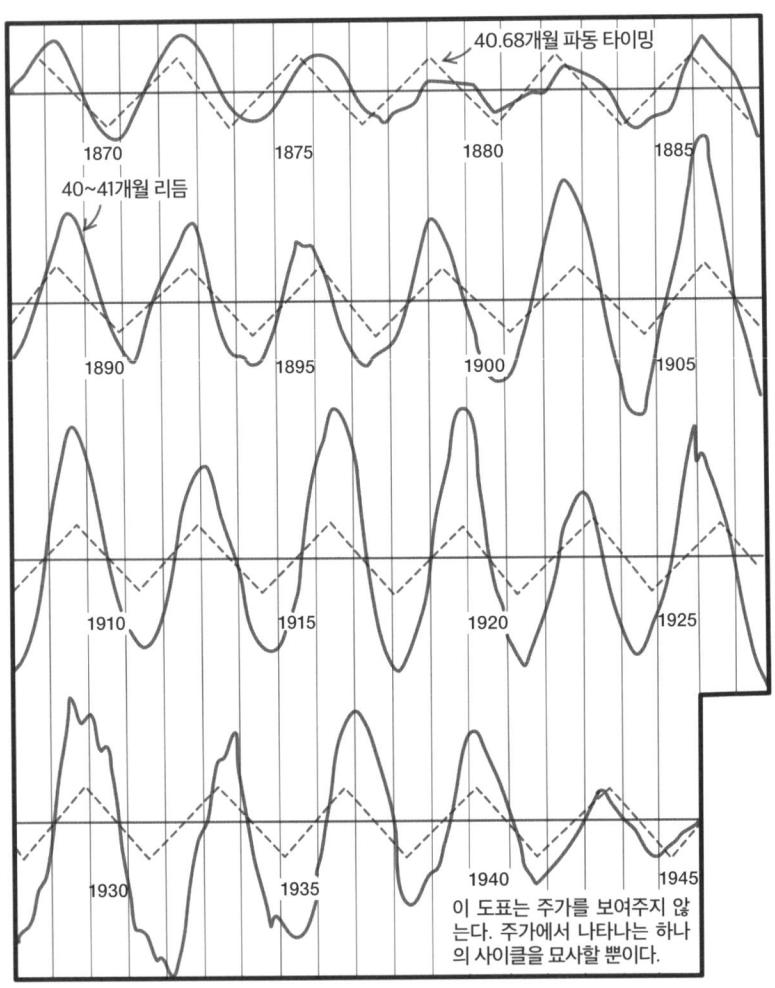

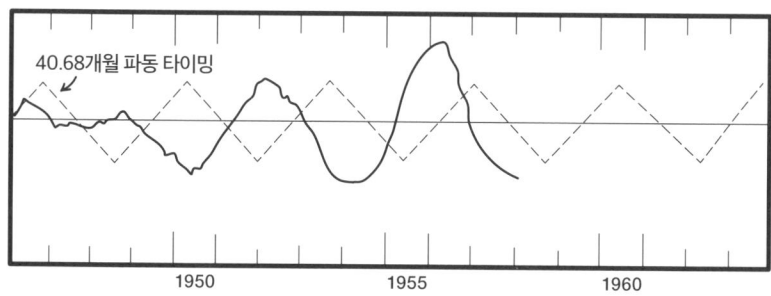

[그림-39] 41개월 리듬, 뒤집힌 모양, 1946-1957년

능성에 대해 잘 알고 있다. 하지만 사실상, 1946년에 일어난 일을 아무도 확실히 설명할 수 없으며, 이는 이전 여러 해 동안 지속되었던 리듬의 규칙성을 설명할 수 없는 것과 마찬가지 이치다.

끝없이 이어지는 행진

〈사이클즈〉의 오래된 과월호를 검토해보면, 주식 가격이라는 분야에만도 사람들이 주장하는 사이클이 200개나 된다는 사실을 확인할 수 있다. 이 책을 주식시장의 여러 가지 사이클을 묘사하는 내용으로 채우며 각 사이클에 중요한 의미를 부여할 수도 있다. 그리고 이 책을 구성하는 장들을 '우연성'으로 도배할 수도 있다. 예를 들어서, 주식시장의 18.2년 사이클은 결혼 생활, 자바섬 나무에 나타나는 나이테의 폭 두께, 나일강의 홍수 횟수, 이민자의 숫자, 부동산 경기, 대출 및 금리 할인, 건설, 공황 등에서 나타나는 사이클과 유사하다는 내용만으로도 이 책을 다 채울 수 있다.

우리는 6.01년 사이클과 17.16주 사이클에 대해서, 또 최근에 우리 컴퓨터가 발견한 서른일곱 개 사이클의 단서에 대해서 말할 수 있다. 앞에서도 언급했듯이, 주식식장에 존재하는 사이클이라고 최종적으로 확인될 수도 있는 이 서른일곱 개의 사이클을 검증하는 데에는 여러 해가 걸릴 것이다. 하지만 이 작업이 마침내 모두 끝나고 또 그래서 확인된 사이클들이 여러 가지 조합으로 합쳐져서 미래로 투사된다고 하더라도, 우리에게 주식시장의 미래 주가 동향에 대한 우리의 예측이 매우 오랜 기간 맞아떨어질 것이라는 확신은 여전히 거의 없다. 그렇다면 사이클이라는 발상을 어디에다 써먹을 수 있을까? 예측이다! 그러나 이 발상이 우리에게 도움이 되려면 지금보다 사이클에 대해 훨씬 더 많이 알아야만 한다.

로저 뱁슨에게 보내는 답장

여러 해 전에 로저 뱁슨Roger Babson이 나에게 편지를 한 통 보냈다. 뱁슨은 투자 분야에서 미국에서 손꼽히는 위대한 천재인데, 그 무렵에는 그도 주식시장에 존재하는 사이클의 수수께끼를 풀려고 애를 쓰고 있었다. 그가 보낸 편지와 내가 쓴 답장을 읽어보면 당신도 주식시장 분야에서 우리가 맞닥뜨리고 있는 미스터리를 어느 정도는 이해하게 될 것이다.

우선 뱁슨의 편지부터 보자.

친애하는 듀이 씨에게

아마 몇 달 뒤에 당신은 사이클의 발생 원인을 다루는 글을 한 편 써서 올리겠지요. 예를 들면 경기순환의 사이클을 발생시키는 원인 같은 것에 대해서 말입니다. 뱁슨대학Babson Organization(매사추세츠 웰즐리의 경영대학원-옮긴이)은 사람들이 물건을 사거나 팔려고 안달하는 조급한 마음이 주식시장 사이클이 발생하는 원인이라고 믿습니다.

사람들의 이러한 심리가 전반적인 경기순환 사이클의 중요한 원인이라고 보십니까? 우리는 지금 400개가 넘는 커뮤니티에서 '감정'과 관련된 자료를 수집하고 있습니다만, 아직은 이런 감정에 가중치를 얼마나 설정해야 할지 결정하지 못했습니다.

현재 설계 및 검증 중인 여러 가지 새로운 발명품이나 제품이나 방식이 경기순환 사이클의 지속 기간에 영향을 미칠 가능성은 어떻게 생각하십니까? 자동차 산업이 세계대전과 거의 맞먹는 영향력을 행사하고 있음은 분명합니다. 만일 원자력 에너지가 평화적인 목적으로 사용된다면, 정상적인 경기순환 사이클의 지속 기간을 늘릴 수 있을까요? 우리가 특허청에서 모든 특허 양도를 온종일 면밀히 조사하는 직원을 세 명이나 두고서 급여를 지불한다는 사실을 알면 선생님도 무척 흥미롭게 여기실 것입니다.

그래서 내가 이렇게 답장을 보냈다.

친애하는 뱁슨 씨에게

우선 마지막 질문에 답변을 드리자면, 새로운 발명품은 개별 기업이나 개별 산업 그리고 제조업 전반의 **성장 추세**에 중요한 역할을 한다고 생각합니다만, 경기순환 사이클의 지속 기간에는 **아무런 영향도 주지 않는다고** 생각합니다.

내가 보기에는 경기순환 사이클은 소비자에 의해서 발생합니다.

경기순환 사이클을 발생시키는 것이 소비자로서 사람이 갖는 **감정**인지 또는 소비자로서의 사람이 갖는 **에너지**인지는 확실하게 단정하지 못하겠습니다. 어쩌면 둘 다일지도 모르겠습니다만, 사람의 감정이 주요 요인일 가능성이 높다고 추측합니다.

다양한 커뮤니티에 존재하는 **감정**을 측정하려는 교수님의 시도는 타당하다고 봅니다.

만약 어떤 커뮤니티의 감정을 측정하는 일이 나에게 주어진다면 나는 은행가나 기업 경영인이나 지식인 등과는 최대한 거리를 두겠습니다. 이들이 느끼는 감정은 바텐더, 이발사, 택시기사, 노동자, 자동차 정비공, 웨이터 등과 같은 평범한 대중의 감정과는 거리가 멉니다. 은행가와 경영인은 **자기**가 **생각하는 것**을 교수님에게 말해주겠지만, 교수님이 알고 싶은 것은 그것이 아니라 대규모 대중이 **느끼는 것**이니까요.

감히 말하지만, 교수님은 커뮤니티의 감정을 파악하려 시도하면서 나와 똑같은 접근을 했을 가능성이 높습니다. 내가 보기에 사람들이 느끼는 조급함은 **감정**의 한 측면인 것 같습니다. 교수님도 틀림없이 그렇게 생각할 겁니다. 나는 이 감정이 매우 중요할 수도 있다고 생각합니다.

한때 나는 주식 가격이 주식을 사는 사람과 파는 사람의 감정에 따라서 결정된다고 믿었습니다. 나는 주식을 매매하는 사람이 낙관적으로 전망할 때 주식을 사고 비관적으로 전망할 때 주식을 판다고 느꼈습니다. 물론 이것이 시장에서 가격을 형성하는 요인일 수도 있지만, 이제 나는 지배적인 요인이라고는 생각하지 않습니다. 지금 내가 짐작하는 것을 설명하자면 다음과 같습니다.

예를 들어서 셔츠 소비자들이 갑자기 미래를 비관적으로 전망하면서 두려움을 느낀다고 칩시다. 그러면 이들은 셔츠 구매를 자제합니다. 그러면 소매상들은 재고가 많이 쌓이는 것을 보고는 추가 구매를 자제합니다. 도매상들도 생산업체에 보내는 주문량을 줄입니다. 그러면 결국 셔츠 생산업체들도 생산을 줄일 수밖에 없습니다. 그리고 셔츠 생산량이 실제로 줄어들거나 앞으로 줄어들 것을 알게 된 똑똑한 주식시장 투자자들은 셔츠 생산업 종목의 주식을 팝니다.

셔츠 생산량은 마치 수학적 주기를 따르는 것처럼 규칙적으로 움직이기 때문에, 우리는 (방금 했던 추정이 맞다면) 어떤 요인이 정기적으로 소비자들을 자극한다고 결론을 내려야 마땅합니다. 그런데 그들은 대체로 함께 행동하기 때문에, 우리로서는 이 **어떤 것**이 환경적인 것이라고, 즉 개별적인 셔츠 소비자의 바깥에 존재하는 외부 요인이라고 결론을 내릴 수 있습니다. 이 환경적인 요인이 무엇인지는 아직 알려지지 않았습니다.

셔츠의 생산량은 어떤 단순한 방식으로 변동하지 않습니다. 이것은 마치 무작위적인 요인들 그리고 때로는 서로를 강화하다가도 때로는 서로를 상쇄하는 온갖 규칙적인 힘으로부터 동시에 영향을 받는 것처럼 움직입니다. 만일 셔츠 생산이 셔츠 소비의 결과라면, 셔츠를 소비하는 사람들도 마찬가지로 다양한 주기적 요인에 영향을 받는다는 결론이 나옵니다. 그리고 소비자는 흔히 같은 방식으로 행동하기 때문에 그 모든 주기적인 힘은 환경적이라고 결론을 내릴 수 있습니다.

지금까지는 논리 전개가 헛갈리지 않고 분명합니다. 우리가 다양한 파장의 여러 가지 빛에 노출되어 그 빛에 우리 눈이 반응하는 것과 마찬가지로, 우리는 감정을 통해 희미하게 인지되는 훨씬 더 큰 파장의 에너지 파동에 지속적으로 노출되고 있습니다. 이 파동들은 우리를 기쁘게 만들었다가 우울하게 만들고 또 우리를 활기차게 만들다가도 또/혹은 느긋하게 이완시킵니다. 이렇게 가정하는 것이야말로 완벽하게 합리적이라고 나는 생각합니다.

그런데 바로 이 지점에서 그 가설이 깨집니다. 아니, 그 모든 것을 설명해 줄 이론이 아직 완성되지 않았다고 말해야겠지요. 우리가 설정한 그 모든 가정이 맞다면, 예를 들어 담배 구매자는 대개 외부 요인의 8년 사이클에 따라서 반응하는데 셔츠 구매자는 어째서 2년 사이클에 더 활발하게 반응할까요? 담배 구매자와 셔츠 구매자가 달리 행동하게 만드는 것의 정체는 무엇일까요? **특히, 담배 구매자와 셔츠 구매자가 동일인일 때** 그 차별성은 어디에서 비롯될까요? 나로서는 이런 일이 도무지 논리적으로 설명되지 않는 것 같습니다. 그러나 셔츠 수요와 셔츠 생산업체가 매우 관련이 있다고 가정하는 것도 똑같이 비논리적이고 비합리적으로 보입니다. 이 사이클의 발생 기원은 **반드시** (대체로) 소비자에게 있어야 합니다.

아마도 미래의 어느 시점에 가면 이 모든 것을 우리가 한층 더 선명하게 이해하게 되겠지요. 하지만 그때가 오기 전까지, 이런 주기적인 힘에 영향을 받는 듯한 그 모든 수치의 움직임을 예측하려면 어떻게 해야 할까요? 그 수치들 자체에 반영된 모든 파장을 학습하면 도움을 받을 수 있으리라고 생각합니다. 비록 주기적으로 작동하는 사이클의 메커니즘을 우리가 아직은 알지 못한다고 하더라도 그렇습니다.

사이클, 과학이라는 지도에 공백으로 남아 있는 주제

주식시장 예측은 직업적으로 온종일 매달려야 하는 일이다. 직업이 아니라 취미로 한다고 해도 그렇다. 이 주제에 합당한 시간을 할애할 의지가 있는 사람이라면 사이클 관련 지식으로 실질적인 도움을 받을 수 있다. 이런 사실을 나는 사이클연구재단 회원들과의 편지 교환이나 만남을 통해서 알게 되었다.

경제학이라는 학문이 과학이 되지 못한 이유는 경제학자들이 인간의 행동을 유도하는 환경 속에 존재하는 자연적이고 규칙적인 힘을 아직 깨닫지 못했기 때문이다. 이런 힘들에서 비롯되는 효과와 전적으로 경제적인 요인을 경제학자들이 구별하는 법을 배우기 전까지 경제학은 결코 과학이 되지 못할 것이다.

경제적인 사건들을 예측하려면 세 가지 개별 요소나 인자를 예측해야 한다. 첫째, 기본적이고 내재적인 성장 추세, 즉 여러 해에 걸쳐 천천히 변화하는 상황을 예측해야 한다.

둘째, 주기적 요인, 즉 규칙적인 오르내림을 예측해야 한다. 이 오르내림은, 만약 당신이 이를 정확하게 판단했고 또 이것이 의미가 있다면, 대개는 반복적으로 지속된다.

마지막으로 셋째, 비주기적인 요인들을 예측해야 한다. 여기에서 명심해야 할 점은, 물가 또는 달러로 측정된 어떤 것을 예측할 때는 인플레이션을 고려해야 한다는 사실이다. 예를 들어서 과거에는 금화 1달러로 살 수 있었던 것을 지금은 종이돈으로 2달러 넘게 줘야 살 수 있다.

주식시장에 존재하는 비주기적인 요인들에 대해서는 나도 일반 독자보다 나을 게 없다. 그만큼 나도 아는 게 별로 없다. 그리고 또 지금까지 나는 내가 모르는 주제에 대해서는 이렇다 저렇다 의견을 내놓지 않는 것을 원칙으로 해왔다. 그런데 우리는 수많은 정보 출처를 통해서 다양한 의견을 들을 수는 있다.

하지만 대부분의 경제 정보 출처가 안고 있는 문제는 그들이 규칙적으로 나타나는 사이클에 대해서 거의 또는 전혀 모르고, 또한 지식 부족으로 어떤 현상의 원인과 결과를 잘못 추론한다는 점이다. 예를 들어, 고약한 전쟁 관련 뉴스가 신문 1면에 실리면 주가가 하락하는데, 이걸 두고 전문가들은 "그렇군! 전쟁 관련 나쁜 뉴스가 나오면 주가가 떨어진다는 뜻이군!"이라고 말한다. 그렇지만 이런 가정을 한번 해보자. 그 주가 하락이 사실은 해당 사이클이 하강 단계로 접어들었기 때문이지, 전쟁 관련 나쁜 뉴스와 아무런 상관이 없을 수도 있지 않을까?

그러나 그들의 '나쁜 전쟁 뉴스 이론' 때문에 많은 사람이 다음에 전쟁 관련 나쁜 뉴스가 나오면 잘못된 예측을 하게 될 것이다. 다음번에 전쟁 관련 나쁜 뉴스가 나오고 전문가들이 하락을 예측했을 때, 주식 가격은 오히려 상승할 수도 있다! 예측가들이 한결같이 위궤양에 걸리는 이유도 여기에 있다.

사이클을 고려하지 않은 채로 경제 관련 예측을 정확하게 하기란 불가능하다. 아닌 게 아니라 사이클을 고려하지 않은 채로 경제 이론을 올바르게 정리하기란 불가능하다. 경제학을 정확하게 정의하자면 사이클의 주기적 **패턴에서 벗어나는 양상**을 다루는 학문이라고 할 수 있다.

9년 사이클이 **경제적** 요인에서 비롯된다고 말한다면, 마치 여름에 아이스크림이 잘 팔리는 것이나 겨울에 난방유가 잘 팔리는 것이 순전히 **경제적** 요인 때문이라고 말하는 것만큼이나 터무니없는 발언이다.

사이클 관련 지식은 기상학자에게 기압계만큼이나 주식시장의 움직임을 예측하는 데 유용할 수 있다. 그러나 기압계는 기상을 예측하는 데 사용되는 여러 가지 도구 가운데 하나일 뿐임을 잊지 말아야 한다.

하지만 그렇다고 하더라도 기압계도 없이 기상을 예측하겠다는 생각을 하는 사람이 과연 어디에 있겠는가? 내가 아는 어떤 주식시장 예측 전문가는 아홉 가지 도구를 사용해서 그 예측을 한다. 당신도 무언가를 예측하는 예측가가 되고자 한다면 이와 같이 해야 한다.

그 예측 전문가는 아홉 개 도구 가운데 어느 하나도 적어도 **10년 동안** 주의 깊고 끈질기게 검증하는 과정을 거치지 않고서는 실제 예측에 사용하지 않는다. 또 그는 사이클과 관련된 어떤 지식을 아직 7년밖에 검증하지 않았다는 이유로 실제 예측에 사용하지 않는다. 얼마 전에 나는 그에게 편지를 써서 사이클 검증이 어떻게 되어가는지 물었다. 내가 기억하기로 그는 결과가 정말 대단하고 놀랍다고 대답했다. 그의 성공이 지금처럼 앞으로도 계속 이어진다면, 머지않은 미래에 그는 또 하나의 사이클 관련 지식을 시장의 미래 움직임 예측에 활용하는 열 번째 도구로 삼을 것이라고 확신한다.

최근 여러 해 동안 나는 똑같은 질문을 셀 수도 없이 많이 들었다. 표현은 조금씩 다르지만 대체로 이런 내용이다.

"왜 선생님은 주식시장 사이클에 모든 시간과 노력을 집중하지 않습니까? 그렇게 하는 게 좋을 것 같은데 말입니다."

그런데 이 질문에 내가 대답하면 대개는 눈살을 찌푸린다. 내는 대답은 이렇다.

"왜냐하면, 그 일은 기본적으로 내가 할 일이 아니거든요. 내가 하는 일은 모든 종류의 사이클에 대한 것을 알아내는 것입니다. 그것들이 어떻게 돌아가는지, 무엇이 그것들이 나타나도록 만들었는지, 의미 있는 사이클과 무작위적인 사이클을 구분하는 방법은 무엇인지 등등……."

사이클과 관련된 어떤 것 하나를 배우기 위해서 옥수수 가격을 연구해야 할 수도 있고, 다른 어떤 것을 배우기 위해서 전쟁을 연구해야 할 수도 있으며, 또 다른 어떤 것을 배우기 위해서 지진을 연구해야 할 수도 있다. 사이클이라는 주제는 넓고도 넓은 이 세상만큼이나 방대하다. 만약 내가 나의 연구 대상을 그 전체 세상 가운데 작은 한 부분으로 제한한다면, 나는 한 발자국도 진전을 이루지 못할 것이다.

그렇기에 나의 선택은 단순하다. 주식시장 전문가가 되어야 할까,

아니면 사이클에 대해 배우려고 노력해야 할까? 나는 이 두 가지를 모두 할 수 없고 또 먹고살 일을 걱정하지 않아도 되기에(사실 이보다 더 중요한 게 또 있을까?) 다행히도 나는 이 둘을 놓고 선택을 할 수 있다.

과학이라는 지도에 여전히 공백으로 남아 있는 사이클에 대해서 나는 내가 배울 수 있는 모든 것을 배우려고 노력하는 중이다.

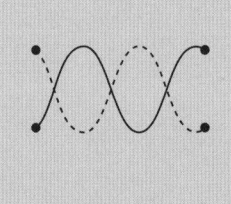

10

왜
1월 23일에는
비가 올까?

" '낮은 나라들Low Countries'(유럽 북서 연안 지역 국가인 벨기에와 네덜란드 그리고 룩셈부르크를 가리키는 표현-옮긴이)에서는 (이 나라들이 어디에 붙어 있는지는 나도 모른다) 35년마다 똑같은 날씨가 찾아온다고들 말한다. (…) 이것을 그들은 '프라임Prime'이라고 부른다 (…) 그래서 내가 거꾸로 계산을 해봤더니 신기하게도 어느 정도는 맞아떨어졌다."

- 프랜시스 베이컨Francis Bacon

CYCLES

교육을 많이 받은 사람일수록 새로운 발상에 저항한다고 한다. 이는 교육받은 사람을 경멸할 목적으로 나온 말이 아니다. 교육받은 사람은 많은 것을 알고 있기에 새로운 발상이 통하지 않는 이유를 안다. 이 사람들은 "그 발상을 왜 직접 시도해보지 않을까?" 또는 "왜 이런 식으로 하지 않을까?"라고 말하지 않는다. 이런 질문은 보통 아는 게 적은 사람들이 한다.

하지만 가끔은 교육을 많이 받은 사람들은 지나칠 정도로 많이 알아서 탈이기도 하다. 제1차 세계대전 때의 이야기다. 독일의 비행선들은 런던 상공으로 날아와 폭격 임무를 수행했고, 그 바람에 런던 시민은 공포에 떨었다. 영국군이 쏜 총알은 그 비행선을 파괴하지 못하고 그저 비행선 가죽을 관통하기만 했다. 영국군에게 필요한 것은 비행선에 닿으면 불이 붙는 총알이었다. 그래서 영국의 과학자들은 원하는 결과물을 얻기 위해 총알에 다양한 폭발물을 결합했다. 하지만 그 모든 시도는 실패로 끝났다.

그러던 어느 날 노인 한 명이 지휘본부로 찾아와서 해결책이 있다고 말했다. 그는 잇단 실패로 지칠 대로 지친 전문가들에게 총알에 다이너마이트를 묻혀보라고 말했다. 이 다이너마이트가 비행선의 실크 소재 겉감에 불을 붙이지 않겠느냐는 것이었다.

그러나 아무도 이 아이디어에 관심을 기울이지 않았다. 다이너마이트의 폭발력이 상대적으로 낮다는 사실은 누구나 알고 있었기 때문이다. 그 사람이 말하는 대로 비행선 겉감에 불이 붙고 이어서 비행선이 폭발할 것이라고는 아무도 생각하지 않았다. 하지만 그 노인은 자기 말이 맞다면서 끈질기게 주장했고, 마침내 전문가들 가운데 한 사람이 그 귀찮은 노인을 떼어낼 마음으로 뒷마당에서 그 노인이 주장하는 대로 실험을 했다. 그런데 다이너마이트를 묻힌 총알이 실크 직물을 관통하는 순간 그 직물에 불이 붙었다.

해결책은 간단했다. 다이너마이트는 니트로글리세린과 충전제로 구성되는데, 충전제는 총알이 발사될 때 뒤로 떨어져서 탄두에 순수한 니트로글리세린 몇 방울이 묻게 만들어서, 이것이 팽팽하게 펼쳐진 상태의 실크를 맞힐 때 폭발해서 불이 붙었던 것이다.

이렇게 해서 독일 비행선 문제가 해결되었다. 전쟁을 지휘하는 본부에는 교육을 많이 받은 사람들이 수두룩했지만 문제를 해결한 사람은 오히려 교육을 덜 받은 사람이었다. 교육을 많이 받은 사람들은 지나치게 많은 것을 알고 있었서 오히려 방해를 받았기 때문이다.

이와 비슷한 일이 사이클 관련 지식을 기상 예측에 활용할 때도 일어나고 있는지도 모른다. 비록 많은 사람이 대체로 무시했지만, 기상 분야에 사이클이 존재할 가능성은 몇몇 저명한 기상학자의 관심을 끌었고, 이들은 사이클을 이해하고 적용해야만 비로소 장기 기상 예측이 가능하다고 믿었다.

브로드웨이와 기압계

우리가 사는 지구에는 대기 혹은 공기라고 부르는 약 5,000조 톤 규모의 물질이 붙어 있다. 우리는 지구의 표면에 살고 있는데, 해수면에서의 기압은 1평방인치당 14.7파운드(약 6.7킬로그램), 즉 1평방피트당 1톤이다.

기압은 기압계로 측정되고 수은의 인치 단위로 기록된다. 즉 1평방인치당 14.7파운드는 수은 29.91인치(약 76센티미터)가 된다(수은이 담긴 큰 용기에 긴 유리관을 거꾸로 세울 때, 대기압이 그 용기를 눌러서 그 유리관 안으로 수은을 29.91인치 높이만큼 밀어올린다는 말이다-옮긴이). 일반적으로 기압이 낮아지면 폭풍우가 다가온다는 뜻이고, 반대로 기압이 높아지면 날씨가 좋아진다는 뜻이다.

1873년 이후로 뉴욕시의 기압은 평균 7.6년 주기로 규칙적인 사이클을 그려왔다. 이 이상한 사이클이 얼마나 정확하게 반복되었는지는 [그림-40]에서 확인할 수 있다. 이 도시에서 측정된 실제 기압은 실선

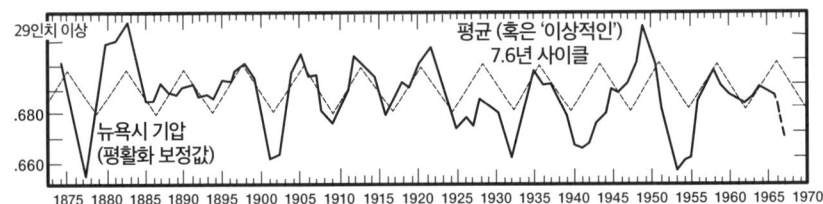

[그림-40] 뉴욕 대기압의 7.6년 사이클, 1874-1967년

으로 표시되었는데, 이는 3년 이동평균을 사용해서 평활화된 것이다.

중요한 것은 도표에 나타난 스물네 개의 전환점 가운데서 이상적인 예측 시점과의 오차가 0.5년 이내인 것이 열두 개였고, 그 오차가 2년 이상인 것은 단 하나뿐이었다. 이 사이클의 움직임을 보다 정확하게 평가하기 위해서 바텔스가 개발한 유의성 검정(본문 167쪽을 참조해라-옮긴이)을 실시했다. 이 검정 결과, 그런 기록이 우연히 나타날 확률은 마흔여덟 번 중 겨우 한 번에 불과하다고 나왔다. 1953년에 처음 발견된 뒤로 완벽하게 이상적인 규칙성을 보이면서 반복되었다는 사실은 이 사이클에 대한 신뢰성에 더욱 힘을 실어준다. 사실 이 사이클의 움직임은 1968년까지 실제 기압과 놀라울 정도로 정확하게 맞아떨어졌다.

이 모든 것은 무엇을 의미할까? 우리는 왜 뉴욕시의 기압이 반복적인 움직임을 보이는 것을 연구해야 할까? 이런 것들은 모두 논리적인 질문이다. 첫째, 가장 명확한 답이 있다. 우리가 그것을 연구하는 이유는 그것이 존재하기 때문이다. 둘째, 이런 연구는 먼 미래를 예측하는 데 매우 유용할 수 있다. 셋째, 자연에서 발견되는 이 사이클이 겉으로 보기에는 전혀 관련이 없을 것 같은 영역에 존재하는 다른 것에 경향적으로 영향을 미칠 수 있기 때문이다.

예를 들어, 이와 주기가 같은 사이클이 다른 여러 자연과학 영역에서 꾸준하게 발견되고 있다. 더글러스(본문 95쪽 참조-옮긴이)와 애벗(본문 76쪽 참조-옮긴이)은 모두 이 파장의 사이클이 나이테에서 나타난다고 보고했다. 알터Alter와 레인Lane은 태양흑점의 숫자가 바뀌는 움직임 속에서 주기가 비슷한 사이클을 발견했다. 또 애벗은 태양복사에서 7.58년 사이클을 발견했고 베를린의 평균 기온에서 7.66년 사이클을 발견했다. 헨리 클레이튼Henry H. Clayton도 기압을 연구했는데, 그는 전 세계에 걸쳐서 서로 멀리 떨어진 지점에 있는 다섯 개의 기상 관측소에서 7.54년 사이클을 발견했다.

이뿐만이 아니다. 이와 주기가 비슷한 사이클은 선철 가격, 철강 가격, 주식 가격, 공기업의 매출액 그리고 화물 운송량 등에서도 보고되었다.

대기 압력의 변화가 인간에게 영향을 미치고 또 인간이 이 영향을 여러 가지 다른 방식으로 반영하는 것일까? 기압이 낮아질 때 동물과 인간 모두에게 나타나는 반응의 사례는 수도 없이 많다. 그 가운데 몇 가지만 들자면 불안, 짜증, 교통사고와 산업재해의 증가, 건망증, 불면증 등이 있다.

펜실베이니아 보건부 소속의 생물통계학자인 디곤Digon과 복Bock이 수행했던 연구에 따르면 기압이 (수은주 기준) 0.35인치 이상 변할 때마다 자살률이 극적으로 증가하는 경향이 있으며 또 기압이 올라갈 때보다 내려갈 때 더 위험하다는 몇몇 징후도 있다. 이 두 과학자는 기압의 변화가 사람들 사이에서 자해 및 폭력 행위를 유발할 수 있다는 명백한 사실에 대해서는 별도의 설명을 제시하지 않았다.

기압 사이클과 심리적·경제적 행동 사이에 인과관계가 존재하는지 여부는 위도가 다른 다양한 지역에서 장기간에 걸쳐서 폭넓은 관찰을 해야 밝혀질 수 있다. 그렇지만 이것은 정말 흥미로운 연구 주제가 아닌가! 뉴욕시가 아닌 다른 지역에서도 기압 변화에 7.6년 사이클이 나타날까? 기압의 이런 변화 양상은 세계적으로 동일할까? 지구를 덮고 있는 공기의 양이 고정되어 있으므로, 지구상의 어느 한 지역의 기압이 7.6년 사이클을 보인다면 지구의 다른 어떤 지역에서는 이 사이클을 상쇄하는 사이클이 나타날 것이라고 가정할 수 있다. 그런데 정말 그렇다면, 그 지역은 어디일까? 또한 지구의 다른 지역에서도 경제와 관련된 일이 7.6년 사이클이 뒤집힌 모습으로 나타날까? 이런 질문에 대한 대답을 아는 사람은 없다. 그러나 우리 인간이 피할 수 없이 영향을 받는 규칙적인 힘들을 온전하게 이해하려면 그 대답을 찾아내는 일은 엄청나게 중요하다.

빗줄기의 리듬

일기 예보관과 이들의 대중적 이미지는 미군통신대^{U.S. Signal Corps}가 전국적인 기상 예보 서비스를 시작했던 1870년 이후 크게 개선되었다. 저녁마다 사람들은 자기가 가장 좋아하는 일기 예보관이 앞으로 5일

동안 비가 올 확률을 알려주는 모습을 텔레비전으로 지켜본다. 그러면서도 지금은 고인이 되고 없는 헨리 월리스Henry Wallace가 농무부 장관이던 시절(1933-1940년) 이전에는 24시간 이상의 기상예보가 정부 차원에서 전혀 이루어지지 않았다는 사실을 깨닫기는 쉽지 않다.

날씨가 농작물에 영향을 주는 게 확실하다고 생각했던 월리스는 기상청에 48시간 미래 예측을 시도해보라고 제안했다. 지금은 첨단 컴퓨터와 레이더 그리고 티로스 위성 시리즈가 구름 하나하나가 형성되고 사라지는 움직임을 관찰하기 때문에 거의 2주 뒤의 미래까지 상당히 정확한 수준으로 전반적인 기상 예측을 할 수 있다. 더 나아가, 만일 기상학자들이 "신은 우주를 놓고 주사위 놀음을 하지 않는다"라고 했던 아인슈타인의 그 유명한 전제를 받아들여서 기후의 변화에는 규칙적인 행동 패턴이 있음을 인식한다면, 이 사람들은 여러 해 뒤의 날씨까지 예측할 수 있을지 모른다!

그러나 이들 가운데 다수는 여전히 모래 속에 (또는 구름 속에) 머리를 처박은 상태로 현실의 중요한 사실들을 외면한다. 그들에게 [그림-41]의 그래프를 보여주면 그들은 분명 1820년 이후 필라델피아 강

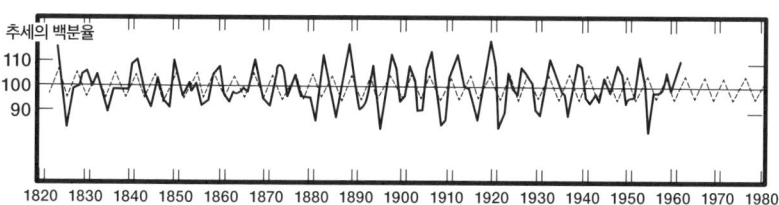

[그림-41] 필라델피아 강수량의 4.33년 사이클, 1820-1960년

수량 변화에서 뚜렷하게 나타나는 4.33년 사이클조차도 우연일 뿐이라고 말할 것이다.

이 사이클이 실제로 존재한다고 하더라도 이것은 정체 강수량에서 아주 작은 변수일 뿐이라서 아마도 1년 동안 기껏해야 1인치 미만의 변화밖에 유발하지 못할 것이다. 그러나 만약 이 사이클이 중요하고 또 전체 강수량 변화의 원인 중 하나라면, 이것은 우리의 퍼즐을 풀어내는 데 또 다른 중요한 단서가 된다.

우리는 필라델피아 강수량 수치를 더 정밀하게 확인하기 위해서 인근의 뉴욕시와 볼티모어의 강수량 수치도 살펴보았다. 그랬더니 이 두 도시의 강수량에서도 동일하게 4.33년 주기의 사이클이 나타났다. [그림-42]에서 알 수 있듯이 세 도시 가운데서도 특히 볼티모어의 사이클이 선명하다. 그런데 이 사이클이 우연히 나타날 확률은 400번에 한 번밖에 되지 않는다.

[그림-42] 볼티모어 강수량의 4.33년 사이클, 1820-1960년

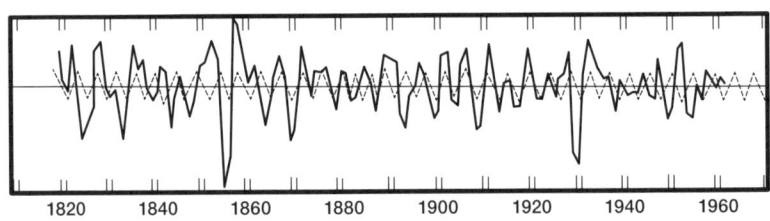

왜 1월 23일에는 비가 올까?

대개 1월 23일에는 호주 브리즈번에 폭우가 쏟아진다. 호주의 연방 과학산업연구기구CSIRO의 방사선 물리학과 책임자인 에므리스 보웬 Emrys G. Bowen 박사는 1월 23일과 같은 특정한 날에 브리즈번에 비가 내리는 일이 워낙 자주 일어나므로 이 일이 우연이 아닐 가능성이 높다고 보고했다.

이후 미국의 기상청은 1월 23일의 강수량 변동 패턴에 관한 보웬 박사의 연구 결과를 확인하고 지지했다. 보웬 박사는 특정 유성우가 특정 날짜에 반복적으로 나타나는 것은 지구 대기에 유성 먼지가 유입된 것이 원인일 수 있다고 제안했지만, 매년 그 날짜에 비가 내리는 현상의 정확한 원인에 관한 증거는 아직 없다.

100년 사이클

지금은 고인이 되고 없는 레이먼드 휠러Raymond H. Wheeler 교수는 캔자스대학교에 재직할 당시에 모든 기록된 역사를 체계적으로 정리하는 대규모 프로젝트에 착수했다. 휠러가 이후 그토록 많은 기발한 가설을 도출하게 되는 2,500년의 기록을 편찬하는 데는 20년이라는 세월이 걸렸고, 한때는 이 프로젝트에 무려 200명이 매달리기도 했다. 뒤에서 전쟁 사이클을 살피다 보면 휠러를 다시 만나게 될 것이다.

휠러는 작업을 진행하면서 인간 사건의 역사적 기록과 그 사건이 발생하던 시점의 날씨 사이에 뚜렷한 연관성이 있음을 알아차렸다. 휠러가 주로 관심을 가졌던 주제는 인간과 환경 사이의 관계와 반응이었는데, 당연히 날씨와 기후는 우리 인간을 둘러싼 환경의 주요 요소이다.

휠러 교수는 연구 과정에서 많은 사이클을 발견했지만, 그 가운데서도 약 100년 주기의 기후 사이클이 가장 중요하다고 보았다. 그는 이 100년 기후 변화 사이클에 인간사의 기록을 연동시켜서 살핀 끝에, 날씨와 인간 사건이라는 두 개의 요소가 서로 밀접하게 관련되어 있다고 결론을 내렸다.

휠러의 100년 사이클은 네 개의 단계로 구분된다([그림-43] 참조).

이 사이클의 평균 주기는 100년이지만, 짧게는 70년이 될 수도 있고 길게는 120년이 될 수도 있다. 또한, 그 네 단계는 지속 시간이 정확하게 동일하지도 않다. 대체로 말해서 이 사이클에는 온난기와 한랭기가 있고, 각각은 습윤한 기간과 건조한 기간을 포함한다. 이러한 표현은 특정 시간대나 지역의 기상 조건이 아니라 세계 전반의 상황을 설명하기 위한 것이다.

휠러는 수년에 걸친 기후의 일반적 특성이 다양한 역사적 사이클에

[그림-43] 휠러가 구분하는 기후의 4단계

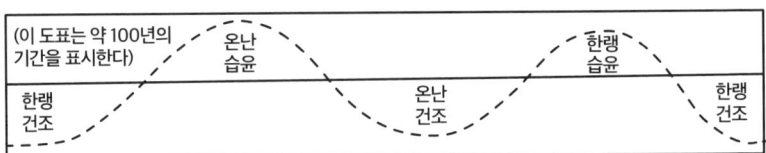

서도 나타난다는 점에 주목했다. 날씨의 여러 특성에 분명히 사람들이 영향을 받기 때문에, 100년 기후 사이클과 동일한 단계에서 역사적으로 유사한 사건들이 발생해왔다.

한랭-건조기

휠러에 따르면 한랭-건조기는 전반적으로 개인주의의 시대이다. 이 시기의 특징으로는 허약한 정부와 대규모 이주 그리고 인종 폭동과 같은 군중행동을 들 수 있다. 궁정의 음모에서부터 혁명에 이르기까지 온갖 계급 투쟁 및 내전이 바로 이 한랭-건조기의 전반적인 무정부 상태에서 일어난다. 사람들은 세계주의와 쾌락주의에 젖어들어서 다른 나라와 다른 지역의 문화를 차용하고 또 피상적이고 회의적인 철학을 가지고서 살아간다. (1949년에 휠러는, 우리가 사는 이 세상이 한랭-습윤기를 지나서 이 추악하기 짝이 없는 한랭-건조기로 나아가고 있다고 말했다. 당신은 어떻게 생각하는가?)

이 단계가 끝나고 다음 단계로 넘어갈 때 새로운 리더십이 나타나고 사회는 안정된다. 또 새로운 정부가 나타나서 사회가 발전하고 민족주의 정신이 되살아난다. 전쟁은 제국주의적 확장이라는 모습으로 전개된다.

한랭기에서 온난기로 넘어갈 때는 (1년 가운데 특히 봄에 그렇듯이) 인간적인 에너지가 높은 수준으로 작동한다. 배움이 되살아나고, 천재가 나타나며, 산업혁명이 일어나고, 농작물 수확이 풍성하며, 시대가 번성한다.

온난-습윤기

이 시기에는 이전 시기에서 시작된 추세가 고점에 다다르는데, 성취가 조직화되고 개인적인 차원의 성취보다는 각 개인의 견해와 노력의 협력 및 통합이 강조된다. 개인보다는 국가에 대한 관심이 커지고 정부는 점점 더 경직되며 권력은 중앙집중화된다.

온난-건조기

온난-습윤기에서 온난-건조기로 바뀌면서 이전 시기의 경직된 정부가 독재정치를 하기 시작하고, 경찰국가가 등장하며, 개인의 자유가 제한된다. 행동 패턴은 내향적으로 바뀐다. 예술에서는 초현실주의와 인상주의가 발달하고, 사업에서는 적극성과 자신감이 떨어져 불황이 이어지고 경제시스템이 무너진다.

휠러에 따르면, 이 단계에서 다음 단계인 한랭기로 넘어갈 때 전쟁은 이전 시기의 타락이 최고조에 다다른 것을 반영해서, 모든 사람이 학살되고 노예로 전락하는 가장 잔인한 투쟁 유형으로 바뀐다. (바로 이 시기에 제2차 세계대전이 시작되었다.) 그러나 기온이 떨어지고 강수량이 증가하면서 활동성이 늘어나고 작물 수확은 다시 풍성해지며 전체적으로 새로운 시작이 펼쳐진다.

한랭-습윤기

이 시기에는 개인주의 철학이 다시 등장하고, 정부와 기업에서는 탈중앙화가 일어난다. 이 시기는 해방의 시기이자 자연스러운 행동의 시기이다. 예술은 솔직하고 단순하며, 학문은 기계적인 노선을 따른다. 이런 경향은 다음에 이어지는 한랭-건조기에 전반적인 무정부 상태가 형성될 때까지 계속 이어진다.

만약 우리가 지금 한랭-건조기에 접어들었다면, 다음에 다가올 온난-습윤기의 황금시대를 간절한 마음으로 기다려야 한다. 그날이 오는 시점은 빠르면 빠를수록 좋다!

지진

옐로스톤공원에서 서쪽으로 12마일(약 20킬로미터) 떨어진 헤브겐호수는 물새를 비롯한 다양한 새들의 서식지이자 휴식처이다.

그런데 1959년 8월 16일 정오에 모든 새가 그곳을 떠나기 시작했다. 해 질 녘에는 거기에 새가 한 마리도 남아 있지 않았다. 이 일은 매우 이례적이어서 지역 차원에서뿐만 아니라 국가적인 차원에서도 높은 과학적 관심을 받았다. 그리고 그날 자정에 옐로스톤의 무시무시한 지진의 첫 번째 충격이 바로 그 공원의 서쪽에서 일어났다.

도대체 어떤 불가사의한 힘이 그 지역에서 첫 번째 지진이 일어나기 열두 시간 전에 새들로 하여금 그곳을 떠나게 했을까? 내무부 소속의 존 알드리치John Aldrich 박사는 이 주제와 관련이 있는 문헌을 힘이 닿는 한 최대한으로 찾아봤지만, 과거에 이와 비슷한 일이 일어났다는 어떤 기록도 찾지 못했다. 비록 새가 기압 변화에 매우 민감하다는 사실은 알려져 있지만, 재앙이 임박했다는 경고는 도대체 어디에서 비롯되었을까? 안전하던 헤브겐호수가 곧 위험한 장소가 되리라는 것을 새들은 도대체 어떻게 알았을까?

지진은 전 세계에서 해마다 100만 건 넘게 일어나는데, 진동에 민감한 지진계는 이 지진을 1부터 10까지의 등급으로 기록한다. 지진은 지표면 아래로 수 킬로미터나 되는 지점에서 발생하며, '단층'이라고 불리는 파열 면을 따라서 엄청난 크기의 바위를 쪼개놓는다. 지진은 지진대라고 알려진 곳에서 발생하는데, 특히 태평양 연안과 미국의 서부 산악 지역 그리고 캐나다에 속하는 상당한 지역에서 자주 발생한다.

지진이 매번 같은 지역에서 자주 발생한다는 것은 상식이다. 그런데 지진이 규칙적인 패턴 속에서 발생한다는 증거가 점점 늘어나고 있으며, 이 지진 사이클에 대한 연구와 지식이 지금보다 더 늘어난다면 수많은 생명을 구하고 수십억 달러의 재산 피해를 막을 수 있다.

영국의 찰스 데이비슨Charles Davison 박사는 북반구에서 1305년부터 1899년까지의 기간에 발생한 지진 기록을 연구했다. 약 600년에 걸친 기간에 지진 발생 횟수의 53개 사이클이 나타났고, 이 파동의 평균 파장(즉 주기)은 10.96년이었다.

그리고 데이비슨은 [그림-44]에서 드러나는 것처럼 지진과 태양흑점 사이에 밀접한 연관이 있음을 발견했다.

그는 지진과 태양흑점이 모두 약 11년 사이클로 변동하며, 지진이 **가장 많이** 발생하는 이상적인 시점은 태양흑점이 **가장 많이** 발생하는 이상적인 시점과 거의 비슷하다는 사실을 지적했다. 또한, 11년 지진

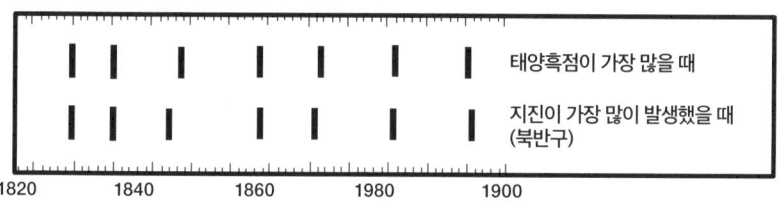

[그림-44] 지진과 태양흑점, 1829-1896년

첫 번째 사이클은 태양흑점에서나 지진에서나 모두 짧고, 두 번째 사이클은 모두 평균적이며, 세 번째 사이클의 주기는 모두 길며, (데이비슨에 따르면) 사이클이 이런 패턴으로 계속 이어진다는 점에 주목해야 한다. 그렇다면 지진과 태양흑점 사이에 어떤 연관성이 있을까? 그리고 그 상관관계를 발견하면 그 사이클의 작동 원리에 대한 중요한 단서를 얻을 수 있을까?

사이클의 불규칙성도 11년 태양흑점 사이클의 불규칙성과 비슷해 보인다. 그렇다면 지진과 태양흑점 사이에 어떤 연관성이 있다고 볼 수 있다. 이 연관성은 무엇일까? 그것을 알아내면, 사이클이 작동하는 방식이 무엇인지 그리고 다른 것들에서 나타나는 사이클의 원인이 무엇인지 밝혀질까?

태양과 태양의 매혹적인 움직임은 여러 가지 점에서 날씨와 밀접한 관련이 있다. 이런 기상학적인 '우연들'에 대해서는 뒤에서 자세하게 살펴볼 것이다.

지진에서는 이것 말고도 많은 사이클이 발견되었다. 일본의 지진학자 오모리 후사키치大森房吉는 하루에 몇 번씩 지진이 일어나는 일본에서 지진 발생 횟수는 2.75년마다 고점을 찍는다는 사실을 발견했다. 스탠퍼드대학교의 총장은 1906년에 발생한 캘리포니아 지진 이후에, 포톨라열곡裂谷, rift에서 발생하는 지진의 횟수는 30~40년 주기를 보이는 것 같다고 결론을 내렸다. 또 기상청에서 일했던 기상학자 케일럽 클러프Caleb C. Clough는 1,700년에 걸친 중국 지진 자료를 분석한 끝에 중국의 지진 발생에는 37년 사이클이 존재한다고 주장했다. 나는 그의 이론을 검증한 끝에 그 사이클의 주기를 35년이라고 한층 더 정확하게 제시했으며, 17.66년 주기의 또 다른 중요한 사이클을 추가로 발견했다.

화산은 거의 경고도 없이 땅과 사람에게 '화염과 유황'을 쏟아붓는다. 역사상 가장 유명한 화산은 아마도 서기 79년에 폭발해서 대도시이던 폼페이를 6미터나 되는 경석輕石(화산에서 분출한 용암이 급속으로 얼어서 생긴 다공질의 암석-옮긴이)과 화산재로 뒤덮었던 베수비오 화산이 아닐까 싶다. 이 산은 지금은 여전히 대략 30초마다 한 번씩 연기를 뿜으며 트림을 한다.

화산은 전 세계에 흩어져 있지만 대부분은 태평양 연안 지역에 몰려 있다. 안타까운 일이지만 이 화산들의 정확한 분출 기록은 20세기에 발생한 것으로 한정되어 있어서, 화산 사이클에 대한 연구는 매우 제한적일 수밖에 없다. 화산학자인 지우세페 임보Giuseppe Imbo는 베수비오 화산의 분출 주기는 약 14년에서 17년이라고 말했지만, 정확한 예측을 하기에는 데이터가 부족하다는 말도 함께 했다.

그러나 화산 활동에 대한 세계적인 권위자이자 하와이에 있는 화산 킬라우에아의 분화구 인근에서 살았던 토머스 재거Thomas A. Jaggar는 정확한 예측을 하는 데 성공했다. 1929년 1월에 그는 킬라우에아 화산이 폭발할 것임을 정확하게 예측했다. 1945년에도 킬라우에아 화산 폭발을 정확하게 예측했다. 재거에 따르면 킬라우에아 화산 폭발 패턴의 두

드러진 특징은 세 개의 사이클을 갖는다는 것이다. 주기가 가장 긴 것은 134년 사이클이고, 그다음이 약 33년 주기의 사이클이며, 마지막으로 주기가 가장 짧은 것은 11년 사이클이다. 그는 이 11년 사이클이 태양 흑점의 수가 가장 적은 시점과 조응하는 경향이 있다고 지적했다.

캘리포니아에 있는 래슨피크Lassen Peak는 미국 본토에서 가장 최근에 활발한 화산 활동을 하는 산봉우리인데, 이 화산의 분화 주기가 65년임을 알 수 있는 증거가 있다. 1914년부터 1917년 사이에 대규모 분화가 일어났고, 지질학자 하크니스H. A. Harkness에 따르면, 그 이전의 분화는 1850년에서 1851년으로 넘어가던 겨울에 일어났다. 다른 지질학자들도 그의 연대 추정을 뒷받침하면서, 그로부터 다시 또 65년 전에 또 다른 분화가 일어났다고 믿을 만한 충분한 이유가 있다고 주장한다.

간략하게 살펴보긴 했지만 이런 증거를 바탕으로 하자면 래슨피크는 1980년경에 또 한 차례 매우 뜨거워질 게 분명하다(1914년부터 1917년에 걸친 대규모 분화 이후로 2024년까지 이렇다 할 화산 폭발은 없었다-옮긴이).

10억 달러의 분지

5대호는 세계에서 가장 큰 담수 내해內海인데, 거대한 '분지'로 대략 29만 5,000평방마일(약 76만 평방킬로미터)의 땅과 물을 아우른다. 이 위대한 자연의 경이로움을 형성하는 다섯 개의 호수는 대부분의 다른 자연 현상에서 볼 수 있는 것과 똑같은 움직임을 보인다. 호수의 수위는 주기적으로 오르내리면서 해운업, 어업, 해변 리조트, 전력 생산 등의 산업에 혼란을 준다.

1964년에 5대호의 수위가 역사상 가장 낮아지자 의회 청문회가 소집되었고, 이때 필립 하트Philip Hart 상원의원이 했던 다음 개회사에는 우리가 품고 있는 질문과 유관한 비유가 담겨 있다.

"5대호 유역은 대륙 중앙부의 심장입니다. (…) 사실, 아메리카 대륙의 심장이지요. 이 유역은 물이 가지고 있는 힘과 용량 그리고 지속적인 가용성에 정비례해서 박동하는 심장입니다."

육군공병대의 핀넬S. W. Pinnell 대령이 그 청문회에 출석해서 증언했다. 그는 호수의 수위는 주로 강수, 유출, 증발 등의 자연 현상에 따라서 결정된다고 설명했다. 그런데 이런 통상적인 과정에 커다란 변화가 생기면 늘어나거나 줄어든 수량에 상응하는 변화가 호수에 나타나고, 그 결과 수위가 비정상적으로 높거나 낮은 기간이 이어진다.

핀넬은 또 저수위가 상업과 전력 생산에 미치는 주요한 경제적 효과도 설명했다. 그는 5대호에서 수행되는 상업 해운 대부분이 미시간호와 휴런호의 낮은 수위에 영향을 받는다고 말했다. 1964년에 이 수위가 약 1피트 정도 낮아졌을 때 미국의 여러 항구로 들어오고 나가는 호수 교통량의 주요 항목들을 분석한 결과 상업용 운송에서 발생한 손실이 무려 약 700만 달러로 추산되었다고 그는 지적했다. 또 호수의 수위가 낮을 때는 호수에서 유출되는 수량이 적기 때문에 이 물을 이용해서 생산하는 전력량도 줄어든다. 1964년 상반기에 나이아가라의 발전소에서 생산된 전력량은 역대 평균에 비해서 약 10억 킬로와트아워나 적었다.

시카고의 해리 무샴Harry A. Musham 대령은 미시간호와 휴런호의 미래 수위를 예측해왔는데, 여러 해 동안 이 예측은 상당한 수준으로 맞아떨어지고 있다. 1941년에 그는 미시간호가 1951년과 1952년에 최고 수위에 도달할 것이라고 예측했는데, 실제로 그랬다. 또 1943년에는 20년 뒤인 1963년에 호수 수위가 낮아질 것으로 예측했는데 이 역시 맞아떨어졌고, 앞에서 언급한 의회 청문회가 열릴 정도의 수준까지 수위가 하락했다.

무샴은 22.75년 주기의 사이클을 추정하고 이를 토대로 미시간호와 휴런호의 수위 데이터를 연구한 끝에 그 예측들을 도출해냈다. 미시간호와 휴런호는 수위가 동일하며, 이 두 호수의 수위 변화는 5대호 전체의 수위 변화를 대변한다. 무샴은 다음과 같이 말함으로써 자신의 예측을 5대호를 넘어 다른 영역으로까지 확장한다.

"미시간호에서 일어나는 일을 보면 전 세계의 담수호 유역에서 어떤 일이 일어나는지 알 수 있다. 내륙에 있는 호수가 모두 그렇듯이 미시간호의 수량은 강수량으로 결정된다. 연구에 따르면, 전 세계적으로 강수량이 많아지면 5대호의 수위도 반드시 최고점을 찍는다."

최근에 사이클연구재단에서 정리한 휴런호와 미시간호의 데이터는 무샴이 했던 연구 및 주장을 뒷받침하는 경향이 있으며, 또 관련 수치들에서는 여러 개의 사이클이 나타난다. 실제로 이 사이클들에 기반한 1964년 이후 호수 수위 상승 예측은 들어맞았다.

5대호의 수위와 관련된 사이클들을 완전히 이해하면 수문학자들이 호수의 미래 수위를 예측하는 능력이 크게 개선될 것이다(수문학은 지구에 존재하는 물을 연구하는 학문이다-옮긴이). 이런 지식을 호수 수위의 안정화, 해안 시설물 피해 최소화, 항구의 수심 관리 그리고 그 밖의 여러 분야에 적용하면 짐작도 할 수 없을 만큼 큰 비용을 절약할 수 있다.

강수량은 호수의 수위와 매우 밀접하게 관련되므로 해당 지식이 늘어나면 장기적인 기상 예측이 한층 더 정확해지고, 그러면 농업 분야의 손실은 그만큼 줄어든다. 미국의 넓은 지역에 대한 기본적인 기후 패턴(즉 습윤한지 건조한지, 온난한지 한랭한지)을 미리 아는 것이 얼마나 중요한지는 굳이 말할 필요도 없다.

그러나 최근 들어서 장비와 기술이 크게 발전했지만 장기 기상 예측이 안고 있는 문제가 해결되기까지는 아직도 까마득하게 멀다는 점, 또한 사이클이라는 발상이 그 해결책의 커다란 부분을 차지할 가능성을 간과해서는 안 된다는 점을 강조하고 싶다.

11

전쟁은 끝없이 되풀이된다

"수억 명이 기울인 노력과 희생에도 불구하고 (…) 지금까지 극복해왔던 것보다 훨씬 더 심각한 위험의 손아귀에 우리가 여전히 놓여 있다는 사실에서 인간의 비극은 절정에 달한다."

- 윈스턴 처칠 Winston Churchill

CYCLES

왜 사람들은 사이클이라는 주제에 그렇게나 흥미를 느낄까?

한 가지 이유는 사이클 관련 지식이 미래에 이런저런 일이 일어날 가능성을 환하게 밝혀주기 때문이다.

하지만 이 주제에 대한 관심은 이보다 더 깊은 곳에 뿌리를 두고 있다. 인간의 본성에는 우주에 존재하는 규칙성과 신뢰성 그리고 패턴을 찾고자 하는 갈망이 있는 것 같다. 이 열망이 그토록 많은 과학 연구의 밑바닥에 깔려 있는 것 같다.

따라서 주식 가격이나 물가, 산업 생산량, 전쟁 그리고 과거에는 특별한 구조가 존재하지 않는다고 여겼던 그 밖의 많은 다른 것들에 법칙, 질서, 구조 그리고 패턴이 있음을 보여준다는 점 때문에 사이클이 중요할 수 있다.

일반적으로 말해서 사이클을 연구한다는 것은 패턴을 연구한다는 것이며, 패턴은 우주를 구성하는 여섯 가지 구성 요소 가운데 하나이다. 그 여섯 개 중 더 중요한 세 가지가 패턴, 공간, 시간이라고 할 수 있다.

시간이 없다면 우주는 지속되지 않을 것이다. 생겨났다가도 순식간에 사라졌을 것이다.

공간이 없다면 우주는 그저 하나의 점에 지나지 않을 것이다.

패턴이 없었다면, 우주는 그 어떤 형태도 갖추지 않을 것이다. 온통 뒤죽박죽으로 그저 하나의 거대한 안개 덩어리일 것이다.

우주의 존재에 또 다른 중요한 요소가 물질과 에너지이다. 아인슈타인이 이론과 원자폭탄을 개발하면서 우리는 물질과 에너지가 같은 것의 다른 형태, 즉 상호 교환 가능한 형태라는 것을 알게 되었다. 그러나 물질과 에너지조차도 시간과 공간에 의해 형성된 패턴에 불과하다고 볼 수 있는 몇 가지 이유가 있다. 모든 것이 결국에는 공간과 시간과 패턴으로 압축되지는 않지만 이 세 가지 요소는 기본 요소이며, 그 가운데서도 가장 중요한 것은 패턴이라고 할 수 있다.

패턴에는 크게 두 가지 종류가 있다. 공간의 패턴과 시간의 패턴이다. 이 둘은 서로 연관되어 있다. 예를 들어서, 어떤 소년이 나무 막대기로 울타리를 긁으면서 그 옆을 지나간다고 치자. 이때 나는 소음은 시간에 존재하는 **패턴**이고, 그 울타리는 공간에 존재하는 **패턴**이다.

패턴은 톰톰(손으로 두드리는 좁고 긴 북-옮긴이)의 박자처럼 단순할 수도 있고, 햇살이 내리쬐는 여름날에 생겨난 지 얼마 되지 않은 숲에 나타나는 빛과 그늘, 형태와 움직임의 변화처럼 복잡할 수도 있다.

서로 다른 많은 것들에서 동일한 패턴이 나타난다. 간단한 예를 들면 눈송이와 벌집이 있다. 또는 황금분할(황금평균)도 있다. 전문적인 용어로 대수 나선logarithmic spiral이라고 불리는 이것은 나뭇잎의 배열, 지구가 거쳐온 지질 시대, 숫양의 뿔이나 소라 껍데기의 곡선, 베토벤이 작곡한 어떤 협주곡 그리고 심지어 물가나 주식 가격과 같은 역사적인 현상에서도 볼 수 있다.

공간의 패턴과 시간의 패턴에 동시에 속하는 한 가지 특별한 종류의 패턴은 반복recurrence이다. 문명은 생성되고 발전해서 성숙하고 안정적으로 유지되다가 언젠가는 소멸한다. 예술 형태는 다양한 문화에서 몇 번이고 반복해서 나타난다. 신화와 상징도 반복된다.

인간이 추구하는 행동 가운데 가장 비열한 행동인 전쟁에는 결코 무시할 수 없는 반복 패턴이 나타난다. 사람들이 규칙적인 간격으로 짐승의 그 어떤 행동보다 나쁜 전쟁을 하게 만드는 것은 무엇일까? 도대체 어떤 힘이 우리를 그렇게 행동하게 만들까? 우리는 그 힘이 내리는 명령을 어떻게 받을까? 우리는 왜 이런 치명적인 패턴을 따를까? 그리고 왜 이 패턴은 주기적으로 나타나면서 사이클을 그릴까?

이 힘들의 정체와 작동 방식을 안다면, 우리는 그 힘들을 우리에게 유리한 쪽으로 활용할 수 있을 것이다. 그 힘들과 관련된 지식을 쌓으면 그것을 피할 수 있을 것이다. 그렇게 할 수 없더라도 적어도 그 힘들에 대비하고 적응할 수는 있을 것이다.

사람들은 흔히 "사이클이라는 것이 도저히 피할 수 없는 것이라면, 사이클과 관련해서 뭔가를 해보려고 시도해봐야 아무 소용없지 않은가?"라고 묻는다.

이 질문에 나는 이렇게 대답한다. "절대로 그렇지 않다! 사이클의 **힘**은 피할 수 없다 하더라도, 많은 경우에 나타나는 사이클의 **결과**는 우리의 의지에 따라서 얼마든지 달라질 수 있다. 적어도 그 힘에 대해 미리 알기만 한다면 말이다." 몇 가지 예를 들어보겠다.

하루에 낮과 밤의 사이클을 만들어내는 **힘**을 우리가 어떻게 할 수는 없다. 그러나 어둠 속에서도 사물을 포착할 수 있는 호랑이처럼 한층 더 예리한 시력을 개발함으로써 그 힘에 **적응**할 수는 있다. 또는 모닥불, 촛불, 램프, 전등 등으로 밤의 어둠을 **막아낼 수**도 있다.

여름과 겨울을 만드는 힘을 우리가 어떻게 할 수는 없지만 체모를 풍성하게 기름으로써 그 힘에 **적응**할 수 있다. 또는 겨울이면 따뜻한 쉼터(이글루, 오두막, 텐트, 집)에서 옷을 껴입고 불을 피움으로써, 또 여름이면 그늘과 선풍기와 에어컨을 동원함으로써 그 힘을 **막아낼 수** 있다.

밀물과 썰물을 일으키는 힘을 우리가 어떻게 할 수는 없지만 우리는 플로팅 도크floating docks(해상에서 배를 제작·진수할 수 있도록 만든 구조물-옮긴이)를 건설해서 그 힘에 **적응**한다. 보스턴과 케임브리지에 살던 사람들이 찰스강의 조수 유역에 댐을 건설해서 12.5시간마다 악취가 진동하던 진흙 갯벌을 아름다운 호수로 바꾸어놓은 것처럼, 우리도 그렇게 그 힘을 막아낼 수 있다.

마찬가지로, **우리가 그 밖의 다른 힘 및 사이클에 대해서 알기만 한다면**, 우리는 거기에서 발생하는 효과를 바꾸어놓을 수 있다.

일곱 번째 감각

당신은 몇 개의 감각을 가지고 있는가? 시각, 청각, 촉각, 미각, 후각…… 다섯 개? 이게 다일까?

이전에 듀크대학교 교수였으며 현재 인간본성연구재단FRNM의 수장인 조지프 뱅크스 라인Joseph Banks Rhine 박사는 인간이 가지고 있을지도 모르는 여섯 번째 감각, 즉 다른 사람의 마음을 비교적 정확하게 읽게 해주거나 무작위로 섞인 카드의 순서처럼 기존의 오감으로는 알 수 없는 것을 알 수 있게 해주는 여섯 번째 감각을 찾으며 생애의 대부분을 보냈다.

나는 내 인생의 대부분을 **일곱 번째 감각**을 발견하려고 노력하는 데 쏟았다. 이 감각은 우리가 살아가는 환경에 존재하는 특정한 힘을 (이 힘은 어쩌면 전자기적인 힘일 수도 있다) 감지하고 그에 반응할 수 있게 해준다.

우리에게 전쟁, 주식시장 붕괴, 불경기, 시민 폭동 그리고 도덕적 무질서 상태로 이어지는 광기 어린 행동을 유발하는 것이 바로 이 감각이다. 적어도 이 감각이 존재한다면 말이다.

이 일곱 번째 감각은 우리에게 해롭기만 한데 왜 우리는 이 감각을 갖고 있을까? 아마도 인간 진화의 초기 단계에서는 이것이 해롭지 않았을 것이다. 선사시대의 짐승들 틈바구니에서 우리가 살아남는 데는 도움이 되었을 것이다.

아마도 초기 인류는 이런 에너지 파동으로 짜릿함과 우울함이 번갈아가면서 반복적으로 유발되는 과정에서 이득을 얻었을 것이다. 그러나 이제 인류는 공룡처럼 멸종되지 않으려면 그런 힘에 대해서 배우고 또 거기에 적응해야 한다.

우리가 수행하는 연구 작업은 인간이 전기 신호나 자기 파동과 같은 것에 반응하도록 직간접적으로 조정되어 있음을 분명히 보여준다. 그러나 사람들은 대개 이런 신호를 '듣지' 않고 있으며, 그 신호들은 사람들에게 영향을 미치고 또 온갖 피해를 안겨준다. 그리고 사람들은 그 피해를 피하지 못한 채 고스란히 당한다.

그중 가장 큰 피해를 주는 것이 전쟁이다.

전쟁, 우리 인간이 살아가는 방식

인간은 세상에서 가장 공격적이며 치명적으로 위험한 동물이다.

다른 동물은 보통 먹이를 구하거나 자기를 방어할 목적으로만 어떤 대상을 죽인다. 하지만 인간은 그렇지 않다. 별다른 도발이나 동기가 없는 상황에서도 전쟁을 일으켜서 단독으로든 집단으로든 살인을 저지른다. 지난 3,400년이라는 긴 세월 동안 이 세상에 절대적인 평화가 깃들었던 기간은 모두 합해서 채 200년도 되지 않는다. 하지만 전쟁이 아무리 습관적으로 발발한대도 이것이 1년 내내 늘 우리와 함께하지는 않는다. 전쟁은 주기적으로 일어났다가 사라진다. 나는 전쟁에서 나타나는 사이클과 관련하여 거둔 성취를 내 인생에서 가장 중요한 업적이라고 생각한다. 하지만 인간이 하는 모든 행동 가운데 가장 중요한 행동인 전쟁에 대해서 우리가 지금까지 해왔던 연구나 발견은 누군가의 기념비적인 노력이 없었다면 결코 결실을 거두지 못했을 것이다. 그 사람은 바로 지금은 고인이 되고 없는 레이먼드 휠러 교수이다.

앞에서도 언급했듯이 캔자스대학교의 심리학 교수이자 캔자스과학아카데미의 회장이었던 휠러 교수는 기록으로 남아 있는 모든 역사를 요약했다. 그가 작성했던 전쟁지수War Index는 그 작업 과정에서 생성된 부수적인 성과이다. 과거의 역사서와 역사학자는 지금까지 늘 전쟁을 중요하게 여기며 관련 자료를 기록해왔기에, 휠러 교수와 그의 동료들은 그 자료를 토대로 국제전쟁지수와 국내전쟁지수를 뽑아낼 수 있었다. 이 지수들은 역사상 가장 자세하고 가장 완전하며 또 가장 정확하게 해당 일자를 지정한 일련의 수치라고 할 수 있다.

휠러는 문서로 기록되어 있는 모든 전투에 수치 등급numerical rating을 부여하는 방법으로 이 지수를 작성했다. 예컨대 가벼운 전투에는 '1', 적당히 심각한 전투에는 '2', 매우 심각한 전투에는 '3'이라는 값을 각각 매겼다. 12개월 동안 발생한 모든 전투의 등급을 더해서 그해의 수치가 나오면, 이 수치를 그래프에 표시했다.

휠러 교수는 지구 기후의 변화와 사람이 전쟁을 일으키게 되는 성향 사이에 상관성이 있음을 입증하려고 이 전쟁지수를 동원했다. 그리고 그는 온난한 시기에는 독재자가 나타나고 국제 전쟁이 일어나는데, 한랭기에는 국내 정치가 불안해지고 민주주의가 꽃을 피운다고 지적했다. 그가 전쟁지수를 산출하는 과정은 사이클이라는 발상과 무관하게 진행되었지만, 그는 가뭄과 내전이 대략 170년 간격으로 반복되며, 이러한 가뭄-내전 시기가 세 번째 일어날 때마다 더욱 두드러져서 결과적으로 510년이라는 더 긴 주기를 만들어낸다는 사실을 확인했다. 그는 또한 더 짧은 리듬들, 특히 대략 23년 주기의 사이클도 관찰했다.

전쟁도 사이클을 따라서 주기적으로 일어날까?

1950년 6월 25일, 북한군 보병과 전차가 북위 38도선을 넘어 남쪽으로 대한민국을 침공했다. 그 직후에 사이클연구재단 관계자들인 우리에게는 "전쟁도 사이클을 따라서 주기적으로 일어나는가?"라는 질문이 하루에도 몇 번씩이나 날아들었다. 사이클연구재단의 대표이던 나로서는 어떤 인터뷰를 하든 또는 연설을 하든 간에 이 질문에 대답부터 해야 했다. 전쟁은 과거에도 늘 그렇게 일어났었다고 대답하긴 했지만 그런 대답만으로는 충분하지 않았다. 그 대답에 만족하는 사람은 아무도 없었다. 만족하지 못하기는 나도 마찬가지였다.

그러던 차에 우리는 휠러 교수와 그의 국제전쟁지수를 발견했고, 1950년 말에 시작되었던 전쟁 사이클 연구가 지금까지도 계속 이어지고 있다. 다행히 지금은 컴퓨터 덕분에 이 연구가 매우 빠른 속도로 진행되고 있다.

그 초창기에 나의 서재 한쪽 벽에는 좁고 긴 액자 하나가 걸려 있었다. 그 액자는 길이가 무려 5미터 가까이 되었는데, 기원전 600년부터 서기 1952년까지 역사에 기록된 모든 전투가 담겨 있었다. 휠러 교수가 정리했던 도표를 내 나름대로 확장한 것이었다. 매년 세계의 어느 곳에서 일어난 전투든 간에 작은 전투는 작은 블록에, 중간 규모의 전투는 중간 규모의 블록에, 또 크고 중요한 전투는 큰 블록 각각 담아서 표시했다. 그런데 이 블록들이 서로 겹쳐서 특정 년도에는 수직의 긴 막대를 형성했는데, 이 막대는 그해에 사람들의 호전적 행동이 얼마나 심각했던지를 시각적으로 보여주었다. 해 질 녘에 바라보는 대도시의 스카이라인을 떠올리면 이 액자의 모습을 쉽게 연상할 수 있을 것이다.

1952년까지 나는 국제전쟁지수에 네 개의 사이클이 존재한다는 것을 확인하고 이를 추출했다.

142년 전쟁 사이클

이 놀라운 [그림-45]에서 볼 수 있듯이, 서기 1100년부터 지금까지 국제전쟁은 평균 142년 주기의 규칙적인 사이클을 그려왔다. (무슨 이유인지는 알 수 없지만 기원전 600년부터 서기 900년까지 전쟁에서의 주요 사이클 주기는 평균 약 163.5년이었다. 내가 아는 다른 어떤 경우에서도 이런 식으로 주기가 바뀌는 사이클은 없었다. 솔직히 매우 당혹스럽다.)

이 142년 패턴은 1914년부터 1985년까지 71년 동안에는 전투가 평균 이상으로 빈번하게 발생할 것을 예측하고, 1985년부터 2056년까지

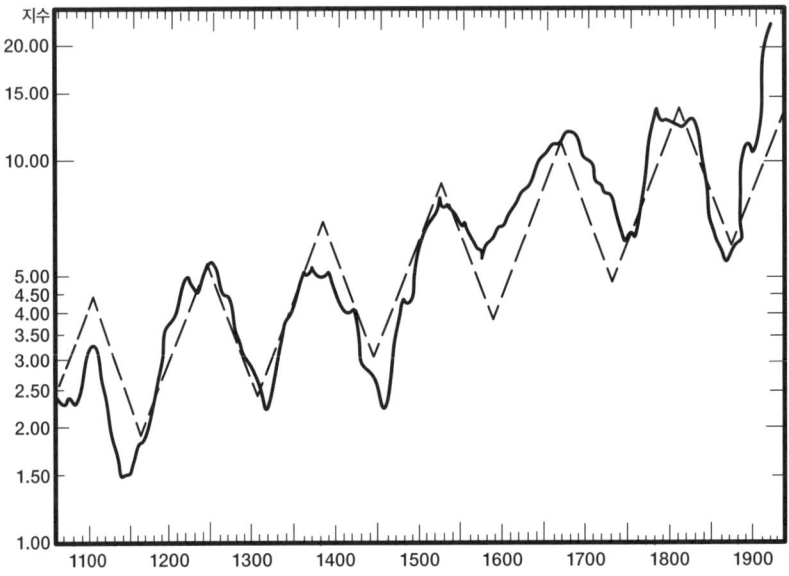

[그림-45] 국제적인 전투의 142년 사이클, 1050-1915년

71년 동안에는 전투가 평균 이하로 드물게 발생할 것을 예측한다.

만일 휠러 교수 및 그 밖의 다른 사람들이 믿는 것처럼 기후와 인간의 호전성 사이에 어떤 상관성이 존재한다면, 지구의 기후가 반영되는 여러 가지 물리적 현상에는 약 142년 주기의 사이클이 있을 수 있다. 그 현상으로는 나이테의 폭이 커졌다가 작아졌다가 하는 변화, 퇴적암의 퇴적층 두께가 두꺼워졌다가 얇아졌다가 하는 변화, 나일강과 같은 거대한 강의 홍수 수위 변화 등이 포함되는데, 이런 것들과 관련한 기록은 수백 년 전까지 확인할 수 있다.

57년 전쟁 사이클

1951년 1월에 나는 57년 전쟁 사이클을 보고했다([그림-46] 참조). 비록 그때 내가 가진 데이터로는 이 사이클을 세 번만 역추적할 수 있었지만, 그 파동이 워낙 분명하기 때문에 신중한 사람이라면 향후 25~30년 동안 국제전쟁의 빈도가 증가할 가능성을 간과해서는 안 된다고 나는 지적했다.

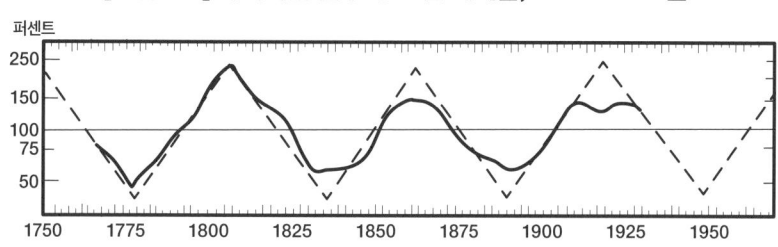

[그림-46] 국제적인 전투의 57년 사이클, 1765-1930년

22.2년 전쟁 사이클

1951년 2월에 나는 22.2년 전쟁 사이클을 보고했다. 처음에는 1400년까지 거슬러 올라가면서 그 사이클이 스물다섯 번이나 반복된 것을 확인했다([그림-47] 참조).

그리고 1956년에는 기원전 600년까지 거슬러 올라가 이 사이클을 추적했고, 내가 발견했던 것들 가운데서도 가장 오래 반복된 사이클을

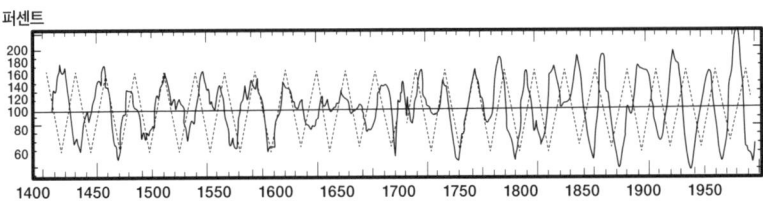

[그림-47] 국제적인 전투의 22.2년 사이클, 1415-1930년

확인했다. 이 사이클은 **2,500년 동안 무려 116번이나 반복되었다!** 이 사이클이 순수하게 우연히 일어날 확률은 1만분의 8밖에 되지 않는다. 이 주기의 사이클이 2,500년 동안 연속적으로 존재했다는 사실은 전쟁의 공포를 모르는 새로운 세대가 성장해서 성인이 될 때 비로소 전쟁이 일어난다는 발상을 뒤엎는다. 정말 그렇게 해서 전쟁이 일어났다면 전쟁이 그렇게 규칙적으로 일어날 **가능성**은 희박하다. 방금 말한 이 수치들은 전 세계를 대상으로 한 수치임을 명심해라. 길지 않은 지난 몇 년 사이에도 우리는 세계적인 전쟁을 두 차례나 겪었다. 예를 들어서, 오랜 세월 그리스에서 축적된 전쟁 피로감으로 중국의 전쟁 피로감을 설명할 수는 없다. 더욱이 한 나라의 전쟁 피로감이 다른 시기와 나라, 지역의 전쟁 피로감과 일치하는 일정한 주기의 사이클을 우연히 한 번만이 아니라 연속적으로 유지할 수 없다. 우발적 요인들이 전쟁을 예측보다 일찍 또는 늦게 발생시킬 것이고, 그 결과 전쟁 피로감의 주기도 새롭게 조정될 것이다.

이 특정한 사이클의 주기는 발견 이후 지금에 이르는 과정에서 21.98년으로 새롭게 조정되었다.

11.2년 전쟁 사이클

11.2년 사이클은 기원전 600년까지 거슬러 올라간다([그림-48] 참조). 이 사이클이 우연일 가능성은 1만분의 18에 불과하다. 이 사이클의 평균 주기는 최근 11.241년으로 조정되었다.

[그림-48] 국제적인 전투의 11.2년 사이클, 1760-1947년

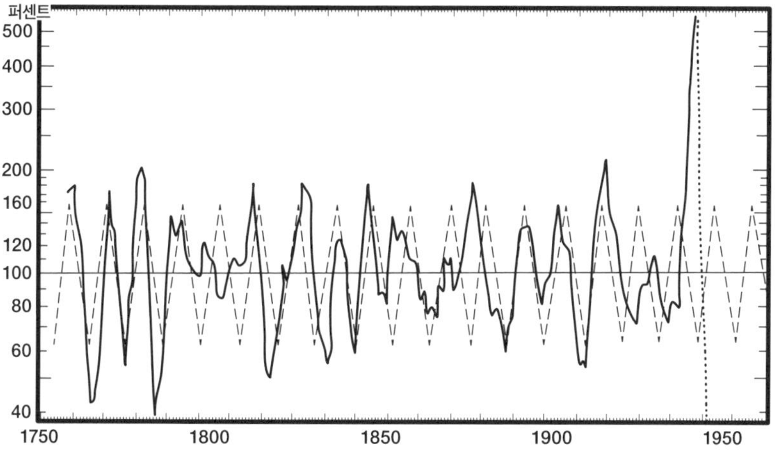

전쟁 예측

1952년 6월에 나는 142년 사이클, 57년 사이클, 22.2년 사이클, 11.2년 사이클을 하나로 결합했다([그림-49] 참조).

이 도표에서 맨 아래에 있는 굵은 실선은 그 모든 사이클을 하나로

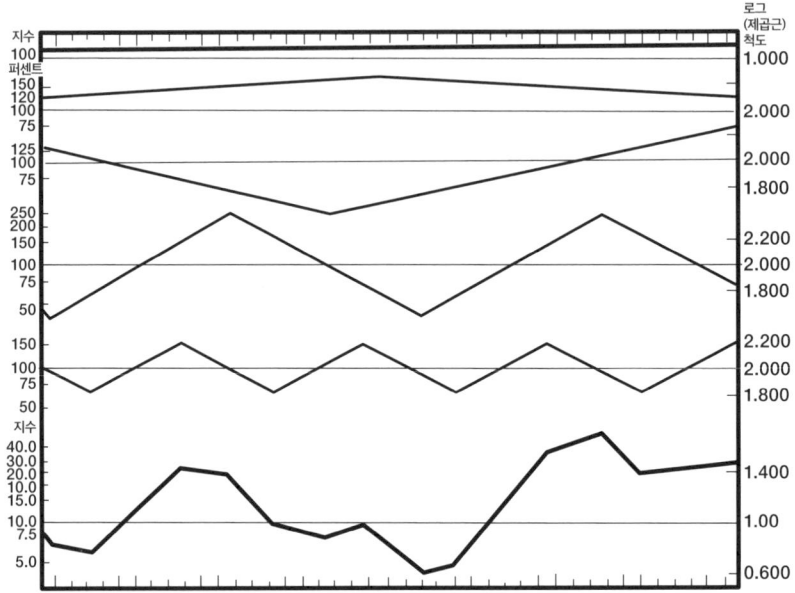

[그림-49] 전쟁 사이클을 결합했을 때, 1930-1970년

이 도표는 (위에서부터 아래로) 전쟁의 추세를 142년 사이클, 57년 사이클, 22.2년 사이클 그리고 11.2년 사이클로 각각 보여준다. 맨 아래의 굵은 실선은 이 모든 사이클을 하나로 합쳤을 때의 변동 양상이다.

합친 것으로 미래를 예측한 결과로 나타났다.

 이 예측은 지난 17년 동안 국제 전쟁의 주요 패턴을 정확히 예측해 왔다! 그리고 또 다른 도표가 [그림-50]에 있는데, 이는 1975년까지 예측한 합성 지수(점선)와 가장 최근인 1958년까지의 실제 지수를 비교한 것이다.

 물론, 이 예측은 매우 조잡했다. 사용한 사이클의 숫자는 매우 적다. 이 예측은 주기가 11년 미만인 사이클은 사용하지 않았는데, 이는 코

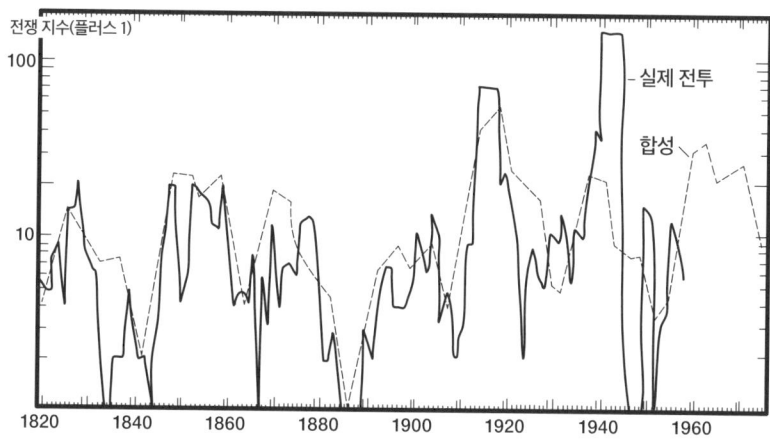

[그림-50] 국제적인 전투의 지수, 1820-1958년

여기에서 실선은 실제 국제 전쟁 전투지수에 1을 더한 값을 나타낸다. 점선은 [그림-49]의 맨 아래 굵은 실선을 1820년까지 90년을 더 뒤로 물려서 확장한 것으로 네 개의 전쟁 사이클을 합친 것이다. 여기에서 주목해야 할 점은, 단지 네 개의 사이클만 합쳤는데도 국제 전쟁의 전투 횟수 변동을 상당히 정확하게 묘사한다는 사실이다.

끼리의 발을 붓 대신 사용해서 초상화를 그리려는 것과 마찬가지다. 이 예측이 실제로 말한 것이라곤, 1960년대가 전 세계적으로 격동의 시기로, 초반에 첫 번째 고점이 나타나고 후반에 또 한 차례의 고점이 나타날 가능성이 있다는 것뿐이었다. 그런 다음에 1970년대 중반은 매우 평화로울 것이라고 예측했다.

실제로 1960년대가 전개되면서 전반에 약간의 고점이 형성되었다(예컨대 인도-중국, 네덜란드-인도네시아, 시리아-이집트, 티베트-중국 등에서 갈등이 빚어졌다). 그러나 1960년대 후반에 베트남 전쟁이 일어나자 그런 사소한 교전들은 완전히 가려졌다.

1952년에 진행되었던 연구 이후로 지금까지 네 개의 전쟁 사이클이 추가로 발견되었다. 그 가운데서 평균 주기가 각각 17.71년, 17.31년, 5.98년인 세 개의 사이클은 기원전 600년까지 거슬러 올라간다. 그리고 네 번째 사이클은 그 패턴이 가장 특이하다. 이 사이클은 86.4년 동안 9.6년 사이클(캐나다스라소니의 개체수 사이클 주기가 9.6년이라고 앞에서 언급했던 사실을 기억하는가?)과 12.35년 사이클을 번갈아 오갔는데, 이 두 사이클 각각은 서기 562년 이후로 전쟁지수에서 연속적인 파동으로 뚜렷하게 관찰된다. 이 사이클들 그리고 우리가 짐작만 하는 다른 사이클들은 1952년에 했던 원래의 예측을 업데이트해서 수정하는데, 이는 의심할 여지가 없다.

전쟁 사이클의 움직임

전쟁 사이클에는 내가 특히 흥미롭게 여기는 측면이 하나 있다. 국제전쟁 사이클에 대응하는 사이클이 생물학 분야와 경제 분야 두 군데에 모두 있다. 여기서 내가 말하는 '생물학 분야' 사이클이란 어떤 동물의 개체수처럼 생물학 분야의 현상에서 나타나는 사이클을 뜻한다. 마찬가지로 '경제 분야' 사이클도 가격이나 생산량처럼 경제 분야의 현상에서 나타나는 사이클을 뜻한다. 하나의 현상이 두 종류의 사이클을 모두 보이기란 매우 드물지만, 전쟁 사이클은 그렇다. 예를 들어, 전쟁에서 나타나는 9.6년 사이클은 42개의 다른 생물학적 현상에서도 나타난다. 반면에 전쟁에서 나타나는 17.7년 사이클은 주로 경제 분야의 사이클이다.

국제전쟁은 동물이 반응하는 주기적 힘과 경제적인 능력을 가진 인간이 반응하는 주기적 힘에 모두 민감하므로, 우리는 이것을 경제적인 **동시에** 생물학적인 현상이라고 생각할 수 있다. 이런 사실은 매우 흥미롭고 특이하다.

만약 우리가 주기적 힘에 반응하는 동물 및 인간의 특정 측면 그리고 서로 다른 주기적 힘에 반응하는 생산자이자 투자자로서의 인간의 측면을 알기만 한다면, 전쟁 주기의 원인과 본질에 대한 단서를 추가로 얻을 수 있을 것이다.

그렇다면 이런 전쟁 사이클들을 어떻게 해석해야 할까? 개인적인 생각이긴 하지만, 나는 우리가 살아가는 공간에는 모든 사람을 자극하기도 하고 또 차분하게 가라앉히기도 하는, 다시 말해서 사람들을 낙관적으로 만들기도 하고 비관적으로 두려움에 떨게 만들기도 하는 온갖 힘이 가득 차 있다고 생각한다. 이 힘은 우리를 **통제**하는 것이 아니라 그저 우리에게 **영향**을 미칠 뿐이다. 이 힘은 전쟁이 쉽게 일어날 **분위기**를 만들기도 하고 전쟁을 억제하는 **분위기**를 만들기도 한다. 물론 이런 힘이 자극하지 않아도 전쟁은 일어나고 또 반대로 그런 힘이 아무리 자극해도 전쟁을 피할 수 있지만, **평균적으로 보자면** 전쟁 확률은 그 '분위기'가 맞아떨어질 때 높아진다.

이미 나와 있는 증거는 전쟁의 중요한 원인 가운데 하나가 (설령 중요한 원인이 아니더라도) 규칙적인 주기로 발생하는 집단 히스테리나 호전성일 수 있음을 시사한다.

　이 핵전쟁의 시대에 어떤 신비로운 힘이 전쟁 사이클을 유발하는지, 이 사이클이 어떻게 작동하는지, 이를 어떻게 통제할 수 있는지 등을 이해하는 것은 인류가 거둔 가장 중요한 발견일지도 모른다.

12

우주에도 사이클이 존재한다

"인간은 자기를 땅과 하늘에 연결하는 메커니즘을 제대로 이해할 때만 비로소 오늘날 우주에서 자기가 차지하는 물리적·정신적 위치를 알 수 있을 것이다. 현실에 존재하는 있는 그대로의 우주라는 맥락 속에서 비로소 인간은 자기에게 부여된 자연스러운 역할이 무엇인지 찾아낼 것이다."

- 지오르조 피카르디 Giorgio Piccardi

CYCLES

 사이클이 어쩌다가 우연히 발생한 게 아니고 지구 바깥에 존재하는 어떤 힘 때문에 발생했다고 가정한다면, 그 힘의 원천으로는 태양과 행성 그리고 우주 공간에서 날아온 에너지를 꼽을 수 있다. 내가 생각하기에는 이 셋 가운데서 어느 것이 상대적으로 더 유력하다고 말할 수 없다. 즉 이 세 가지를 똑같이 중요하게 살펴봐야 한다.
 언젠가 나는 행성들이야말로 지구에 나타나는 몇 가지 사이클의 원인일 수 있다고 말한 적이 있다. 그러자 친구 하나가 고개를 절레절레 흔들면서 이렇게 말했다.
 "그건 점성술이지. 자네가 그렇게 말하면 사람들은 널 점성술사라고 생각할 거야. 그러면 안 되잖아, 학자가 과학적인 기반을 잃어버리는 꼴이 되니까 말이야. 그러면 사이클연구재단의 신용도 떨어지겠지. 점성술이라는 건 결코 전적으로 신뢰할 수 없다는 걸 모르겠어? 이런 맥락에서 지구에서 일어나는 사이클과 행성들은 아무런 관련이 없는데, 자네는 이걸 모른단 말이야?"

물론 나는 점성술이 완전히 불신받고 있다는 것을 안다. **개개인**의 탄생 시점을 토대로 행성이 그의 인생에 일어나는 온갖 일에 어떤 영향을 줄 수 있다는 발상은 현실과 너무도 동떨어져서 과학자들은 그 발상이 맞는지 어떤지 굳이 따로 조사해보지도 않은 채 엉터리로 치부해왔다. 만일 어떤 과학자가 그 발상을 자세하게 살펴봐야 한다고 주장했다면 그의 학자 경력은 실패로 끝나고 말 것이다. 확신하건대, 심지어 그가 연구한 결과가 아무리 긍정적이라고 해도 그 어떤 과학잡지도 그 결과를 실으려 들지 않을 것이다.

점성술은 종교와 비슷한 것으로, 고대로부터 전해 내려오는 하나의 믿음 또는 일련의 믿음이다. 사람들은 1600년대 후반까지도 점성술을 인정했다. 심지어 지동설을 주장했던 천문학자 케플러Johannes Kepler조차도 점성술을 당연한 것으로 받아들였다. 그러나 지금은 다르다. 과학은 점성술을 과학의 영역이 아닌 민속의 영역으로 밀어 넣었다. 이렇게 된 이유는 기본적으로 점성술사들이 자신들의 주장을 증명하는 데 과학의 방법을 사용하지 않았기 때문이고, 또 어느 하나의 행성이 개인의 삶에 어떤 방식으로든 영향을 주는 일이 과연 가능한지 또 그런 일이 어떻게 일어나는지를 만족스럽게 설명하지 못했기 때문이다.

점성술은 중세 화학의 선구자 격인 연금술과 여러 가지 점에서 비슷하다. 연금술 역시 여러 가지 믿음의 집합체였으며, 특히 어떤 물질을 구성하는 원소를 충분히 알기만 하면 하나의 원소를 다른 원소로 바꿀 수 있다는 믿음이었다(원소는 더는 분해할 수 없는 최소 단위의 화학적 요소이다-옮긴이). 이런 연금술의 가장 중요한 목표는 납으로 금을 만드는 것이었다.

물론, 본질적인 의미에서 보자면 **이 일은 지금 이루어졌다.** 원소들은 변환되고 있다. 그러나 그러려면 엄청나게 큰 비용을 들여야 한다. 그런데 여기에서 이런 가정을 한번 해보자. 과학자들이 하나의 원소를 다른 원소로 바꾸는 프로젝트를 연구하기 시작했을 때, 누군가가 "집어치워! 옛날에 연금술사들이나 그런 것을 믿었지. 하나의 원소를 다른 원소로 바꿀 수 있다는 믿음이 연금술이잖아. 그 연금술을 믿는단 말이야?"라고 고함을 질렀다고 치자.

누군가가 현대 핵물리학자들에게 그런 말을 했다면, 그는 다음과 같은 대답을 들었을 것이다,

"그럼, 잘 알지! 그것이 하나의 **믿음**일 때는 미신에 지나지 않지만, 입증되고 증명된 사실일 때 그건 과학이 되거든. 이때 기준이 되는 것은 해당 **주제**가 아니라 연구와 평가의 **방법**이야. 누군가가 어떤 것에 대해서 어떤 믿음을 가지고 있다는 사실만으로 그 주제를 금기시해서는 안 돼."

나에게 시간적인 여유가 있어서 행성의 사이클과 지구에서 일어나는 일의 사이클 사이에 있을 수 있는 상관성을 따져보는 연구를 한다고 가정해보자. 이때 내가 하는 연구는 점성술적인 믿음과는 아무런 관련이 없다. 내가 하는 연구는 생년월일이나 수리수리 마수리 따위와도 아무런 관련이 없다. 이 연구는 **집단 상태**의 인간을 포함한 다양한 인간

사와 날씨에 영향을 미칠 수 있는 힘, 즉 우주의 전자기적 힘 및 이러한 것과 유사한 힘을 대상으로 한다. 이어서 우주로 눈을 돌려서 더 많은 사이클을 살펴보겠지만, 그 전에 잠시 추측하는 시간을 가져보자.

파장이 긴 파동들

감마선, 자외선, 엑스선, 적외선, 가시광선, 전파 그리고 2차 우주선은 모두 '전자기복사electromagnetic radiation'로 분류된다. 감마선과 엑스선은 인체를 통과할 수 있으며 인체조직을 대량으로 파괴할 수 있다. 가시광선은 사람이 눈으로 볼 수 있는 광선이다. 적외선은 인체를 태울 수 있지만, 전파는 인체에 이렇다 할 해를 끼치지 않는다. 하지만 전체 스펙트럼에 존재하는 이 모든 파동에는 공통점이 하나 있다. 송신자에서 수신자까지 빛의 속도인 초속 약 30킬로미터로 이동한다는 사실이다! 이 모든 파동의 파장과 주파수를 동일한 스펙트럼에 놓으면 [그림-51]처럼 되는데, 이것은 콤프턴Arthur Holly Compton과 콜드웰Orestes H. Caldwell이 수집해서 〈라디오 투데이Radio Today〉에 발표한 내용이다.

자세히 보면 적외선 대역과 자외선 대역 사이의 좁은 대역에 '가시

[그림-51] 전자파 스펙트럼

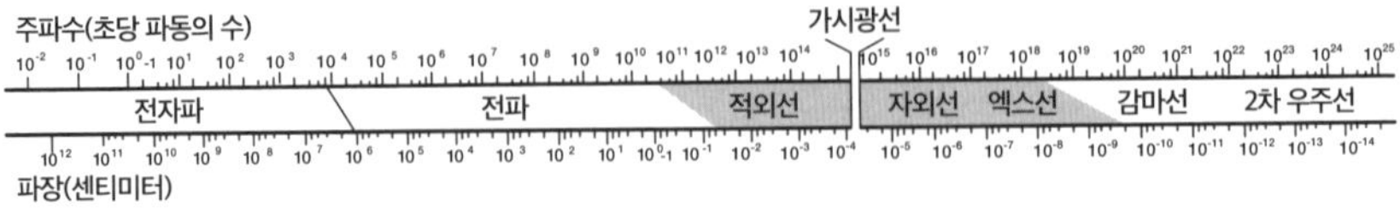

주파수(초당 파동의 수)　　　　　　　　　　　　　가시광선
$10^{-2}\ 10^{-1}\ 1\ 10\ 10^{2}\ 10^{3}\ 10^{4}\ 10^{5}\ 10^{6}\ 10^{7}\ 10^{8}\ 10^{9}\ 10^{10}\ 10^{11}\ 10^{12}\ 10^{13}\ 10^{14}\ 10^{15}\ 10^{16}\ 10^{17}\ 10^{18}\ 10^{19}\ 10^{20}\ 10^{21}\ 10^{22}\ 10^{23}\ 10^{24}\ 10^{25}$

| 전자파 | 전파 | 적외선 | 자외선 | 엑스선 | 감마선 | 2차 우주선 |

$10^{12}\ 10^{11}\ 10^{10}\ 10^{9}\ 10^{8}\ 10^{7}\ 10^{6}\ 10^{5}\ 10^{4}\ 10^{3}\ 10^{2}\ 10^{1}\ 1\ 10^{-1}\ 10^{-2}\ 10^{-3}\ 10^{-4}\ 10^{-5}\ 10^{-6}\ 10^{-7}\ 10^{-8}\ 10^{-9}\ 10^{-10}\ 10^{-11}\ 10^{-12}\ 10^{-13}\ 10^{-14}$
파장(센티미터)

광선'이 있는데, **이 좁은 대역의 가시광선을 제외한 나머지는 육안으로 보이지 않는다.**

모든 종류의 전자기복사가 동일한 속도로 이동하지만, 이 다양한 파동들이 규칙적으로 진동하는 초당 사이클 수는, 앞의 그림에서 제시한 스펙트럼을 놓고 볼 때 왼쪽에서는 초당 1~2개인 반면에 오른쪽의 감마선이나 2차 우주선의 경우에는 초당 1,000억 개 이상까지 다양하다.

그런데 (이건 순전히 추측일 뿐이지만) 만약 파장이 각각 1조분의 1초, 10억분의 1초, 100만분의 1초 그리고 1,000만분의 1초인 전자기파들이 이 세상에 존재한다면, 이보다도 파장이 긴 전자기파들이 존재할 것이라는 가설을 배제할 수 없지 않을까? 예를 들어서 파장이 1,000초라든가 100만 초라든가, 10억 초라든가 하는 전자기파들 말이다. 1,000초는 약 16분이고, 100만 초는 약 11.5일이며, 10억 초는 약 31.5일이다.

만약 우리 우주 전체에 이렇게 매우 긴 파장으로 진동하는 전자파가 있다면, 그것들이 **지구에 미치는 영향을 관찰하는 방법** 외에는 그것들이 존재한다는 사실을 알아낼 방법은 없다. 한 차례의 고점에서 다음 차례의 고점이 오기까지 여러 해가 걸리는 파동의 사이클이라면 실험실의 그 어떤 도구로도 포착할 수 없다. 그러나 이런 파동들도 지구상의 식물이나 동물이나 인간에게 직간접적으로 영향을 줄 수 있다. 간접적인 영향은 날씨를 통해서나 태양에 영향을 주는 방식을 통해서 발생할 수 있다. 그러면 이 영향은 자외선 또는 그 밖의 광선이 바뀌는 것으로 나타나고, 이 변화가 식물이나 동물이나 인간에게 영향을 준다.

그렇다면 파장이 긴 이 파동들은 어디에서 처음 비롯되었을까? 그렇다. 다시 반복하자면, 그것들은 오로지 태양이나 행성들이나 우주 공간에서만 올 수 있다. 오로지 '저 먼 바깥의 어딘가'에서만 올 수 있다.

1,000년 뒤의 미래까지 정확하게 예측한다

헤라클레스자리와 거문고자리라는 두 개의 별자리 사이에 있는 어두운 공백을 향해서 무시무시한 속도로 우주를 질주하는 노랗고 작은 별 하나가 태양이고, 이 별은 우리 지구를 포로로 붙잡아두고 있다.

태양은 미국 영토의 가로 폭보다 더 두꺼운 강철 케이블을 뚝 끊어 버릴 정도로 강력한 중력의 힘으로 지구를 붙잡아두고 있다. 태양과 지구 사이의 거리가 9,300만 마일(약 1억 5,000만 킬로미터)이나 됨에도 그렇다. 만약 내일 당장 태양이 사라져버린다면, 지구의 모든 생명체는 한순간에 사라질 것이다.

이 글을 읽고 있는 지금, 당신은 그 불타는 가스 덩어리와의 관계를 유지하기 위해 너무 빠른 속도로 이동하고 있어서, 이런 사실 자체를 온전하게 이해하지 못할 수도 있다.

우선, 당신이 발을 디디고 있는 지구는 23시간 56분 4.09초 주기로 자전한다. 지구는 날마다 한 번씩 360도 자전하기 위해서 시속 1,000마일(약 1,609킬로미터)의 속도로 회전한다.

또 지구는 365.242일 주기로 태양 주위를 돈다. 지구는 이렇게 한 해에 한 번씩 공전하기 위해서 시속 6만 6,000마일(약 10만 6,216킬로미터)의 속도로 우주를 날아간다!

태양은 지구를 포함해서 아홉 개의 행성(현재는 명왕성이 왜행성으로 재분류되어 여덟 개의 행성이다-옮긴이) 및 이들에 딸린 위성들을 이끌고 2억 3,000만 년 주기로 우리의 은하계인 은하수를 돈다. 태양을 중심으로 한 태양계는 이 사이클을 지켜나가기 위해서 시속 48만 1,000마일(약 77만 4,094킬로미터)의 속도로 움직인다.

마지막으로 우리 은하계인 은하수는 수천 개의 은하계로 이루어진 초은하단 주위를 시속 135만 마일(약 217만 2,614킬로미터)의 속도로 돌고 있다. 그래서 지금 당신은 초은하단 주위를 시속 135만 마일의 속도로 도는 은하수 주위를 시속 48만 1,000마일의 속도로 도는 태양 주위를 시속 6만 6,000마일의 속도로 날아가는 지구 위에서 시속 1,000마일의 속도로 뱅글뱅글 돌고 있는 셈이다. 그것도 머리카락 한 올도 흐트러지지 않은 채로 말이다. 그리고 이 모든 것은 너무도 정확한 사이클의 패턴 속에서 이루어지기 때문에 지금부터 정확하게 1,000년 뒤에 우리가 우주의 어느 위치에 있을지까지 정확하게 예측할 수 있다.

수수께끼의 태양흑점 사이클

기원전 300년에 에피쿠로스가 태양은 직경이 2피트(약 60센티미터)밖에 안 되는 불덩이라는 심오하지만 정확하지 않은 주장을 발표한 뒤로 과학은 태양과 관련된 지식을 많이 축적해왔다. 이제 우리는 태양의 직경이 86만 5,000마일(약 139만 2,000킬로미터) 이상으로 지구 직경의 109배나 된다는 것을 알며, 또 태양의 질량을 2×10^{27}톤으로 추정한다. 우리가 속한 태양계에 있는 모든 물질의 약 99퍼센트가 태양의 일부이며, 이 물질은 1초에 400만 톤씩 연소되면서 엄청난 양의 에너지를 우주 멀리 뿜어낸다.

태양의 밀도는 물의 1.5배 정도이고, 표면 온도는 약 섭씨 6,000도이다. 또 태양의 중심부 밀도는 강철의 몇 배 수준이고 온도는 섭씨 수백만 도나 된다. 태양에서의 중력은 매우 커서 만일 당신이 태양 표면에서 타지 않고 설 수만 있다면 약 2톤의 무게를 감당해야 한다.

태양과 달은 모두 약 27일 주기로 자전하는데, 이때 태양이 자전하는 양상은 고체가 자전하는 양상과 다르다. 즉 자전 주기가 적도에서는 25일이지만 위도 75도 지점에서는 31일로, 적도 부분과 극 부분의 자전 주기가 다르다. 태양의 중간 부분이 극 부분보다 **빠르게** 회전하는 이유는 아직 과학이 밝혀내지 못한 수수께끼이다.

그러나 태양과 관련된 가장 큰 수수께끼는 태양흑점 및 이것이 발생하는 수에서 나타나는 사이클이다.

태양흑점이 무엇인지에 대해서는 천체물리학자들 사이에서 아직 완전한 동의가 이루어지지 않았다. 또 이 학자들은 태양흑점이 생기는 이유나 이것의 숫자가 (역사 기록이 남아 있어서 확인할 수 있는 시점인 기원전 300년 이후 지금까지) 평균적으로 11년이 조금 넘는 주기로 사이클을 그리면서 변동하는 이유도 알지 못한다.

그러나 일단 여기에서는 태양흑점을 태양 표면에서 상대적으로 차

갑고 어두운 가스의 소용돌이 부분이라는 정의대로 받아들이자(오늘날에는 일반적으로 '자기장으로 인해 대류가 방해받아 평균적인 태양 표면의 온도보다 낮아지면서 검게 보이는 부분'으로 정의된다-옮긴이). 태양흑점은 단독으로 나타날 수도 있고 여러 개가 무리를 지어 나타날 수도 있지만, 보통은 짝을 지어서 나타난다. 크기는 엄청나게 클 수 있다. 1946년에 나타났던 어떤 태양흑점 집단의 면적은 지구를 100개나 넘게 덮을 정도로 넓었다.

흑점이 나타날 때는 때때로 플레어flare(항성의 표면에서 발생하는 격렬한 폭발-옮긴이) 현상이 나타나기도 하는데, 이때는 강력한 양의 자외선과 전하 입자 그리고 엑스선을 수천 마일 바깥의 우주로 뿜어낸다. 그런데 플레어를 만족스럽게 설명할 수 있는 이론은 아직 과학계에 마련되어 있지 않다.

태양흑점은 보통 며칠 안에 나타났다가 사라지지만 종종 몇 달 동안 지속되기도 한다. 태양이 자전함에 따라 태양흑점은 우리 시야에서 사라졌다가 약 2주 뒤에 다시 나타난다.

태양흑점은 자성을 띠는데, 이것이 드러내는 신비로운 특징 가운데 하나는 이것이 쌍으로 또는 소집단으로 태양 표면에 나타날 때는 마치 태양에 박혀 있는 거대한 말굽자석의 양극과 음극처럼 작용한다는 것이다. 즉 하나의 사이클 속에서 각각의 쌍이나 집단 가운데서 북반구에 있는 선도적인 흑점은 양의 극성을 가지는 반면에 남반구에 있는 선도적인 흑점은 음의 극성을 가진다. 그랬다가 다음 사이클에서는 이 상황이 뒤집혀서 북반구에 있는 선도적인 흑점이 음의 극성을 가지고 남반구에 있는 선도적인 흑점이 양의 극성을 가진다.

고대 중국인도 태양흑점에 대해 알고 있었으며 갈릴레오도 지금부터 300년도 더 전에 태양흑점을 관찰했다. 1825년 독일의 아마추어 천문학자 하인리히 슈바베Heinrich Schwabe는 수성의 궤도 안에 있는 어떤 행성을 찾기 위해 크기가 2인치(약 5센티미터)인 작은 망원경으로 태양을 관찰하기 시작했다. 그런데 곧 그는 태양의 표면에서 어두운 점들이 나타났다가 사라지며 끊임없이 변화하는 모습에 매료되었고, 그래서 애초의 목표를 내팽개치고는 태양흑점의 수를 기록하기 시작했다. 그리고 20년쯤 지난 뒤인 1843년에 그는 태양흑점의 수가 대략 10년 주기로 일정한 사이클을 그리면서 변동한다고 발표했다.

하지만 슈바베의 이 발표는 천문학계에서 거의 아무런 파문도 일으키지 못했다. 그러다가 2년 뒤인 1845년에 알렉산더 폰 훔볼트Alexander von Humboldt가 출간한 기념비적인 저작인 《코스모스The Cosmos》에서 문제의 이 사이클을 기술하면서 상황이 바뀌었다. 마침내 영국의 왕립천문학회가 슈바베가 오랜 세월 조용히 관찰하며 연구했던 성과를 인정하면서 그에게 황금 메달을 수여했다. 그리고 1940년부터 사이클연구재단은 태양흑점 사이클이라는 주제에 상당히 많은 연구 노력을 기울였고, 그 결과 마침내 우리는 슈바베의 초기 발견을 개선해서 1527년 이후의 평균적인 태양흑점 사이클의 주기를 11.11년으로 확정했다([그림-52] 참조).

지난 세기 동안에 지구에 나타났던 거의 모든 움직임을 이 신비롭기 짝이 없는 태양흑점 폭발과 연결하려는 시도가 쉬지 않고 이루어졌다.

[그림-52] 연도별 평균 태양흑점 수, 1700-1968년

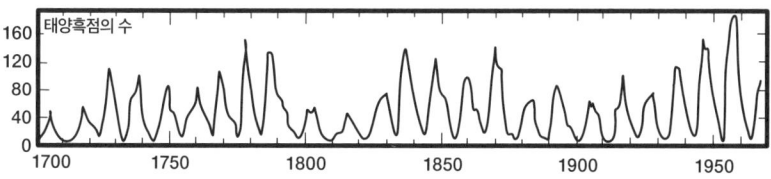

과연 태양흑점이 지구에서 나타나는 이런저런 사이클을 유발할까? 나는 이 질문을 많이 받는데, 그때마다 태양흑점으로 유발되는 사이클이 제법 있는 것 같다고 대답한다. 예를 들어서 [그림-53]을 보자. 이 도표에서 아래쪽 곡선은 1835년-1930년에 해마다 나타났던 흑점의 수를 보여주고, 위쪽 곡선은 같은 기간에 지구에 나타났던 자기력 활성도를 나타낸다. 눈으로도 확인할 수 있듯이 이 두 곡선은 밀접한 상관성을 가진다. 이것은 일반적으로 태양흑점이 지구상의 자기력 상태에 영향을 미친다는 증거로 통용된다.

[그림-53] 태양흑점과 지구 자기, 1835-1930년

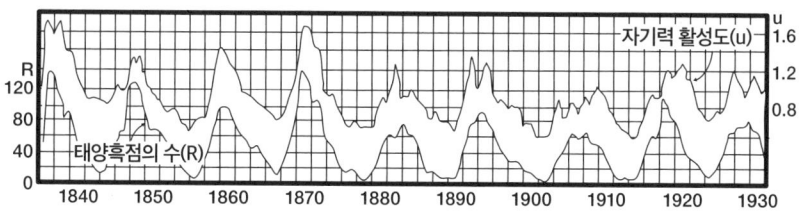

위의 곡선은 자기력의 활성도를 보여주고, 아래의 곡선은 같은 기간의 태양흑점의 수를 보여준다. 이 두 곡선 사이에 밀접한 상관성이 있음을 눈여겨보아야 한다.

태양흑점과 경제 사이클

1878년에 영국의 경제학자 윌리엄 스탠리 제번스William Stanley Jevons는 태양흑점이 '상업의 위기'를 일으킨다는 가설을 발전시켰다. 제번스는 태양흑점의 수가 바뀔 때 농작물의 수확량이 바뀌며, 또 **이 경로를 통해서** 경제 사이클이 나타난다고 믿었다. 제번스의 연구는 부분적으로, 투기와 기근에서 나타나는 11년 사이클을 설명했던 하이드 클라크Hyde Clarke 박사의 초기 저술을 토대로 했다.

1934년에 하버드대학교의 연구원인 카를로스 가르시아-마타Carlos Garcia-Mata와 펠릭스 샤프너Felix Shaffner는 제번스가 틀렸음을 입증하는 작업에 착수했다. 연구 보조금이라는 지원을 받은 두 사람은 경제, 주가, 농작물 그리고 태양흑점 사이에 아무런 관계가 없음을 입증하고자 했다. 실제로 태양흑점과 농작물 사이에는 아무런 관계가 없음을 확인했다. 그렇지만 놀랍게도 태양흑점과 제조업 및 생산량 사이에는 매우 밀접한 관계가 있음을 발견했다. 이 관계는 1875년부터 1931년 사이의 기간에 걸쳐서 매우 뚜렷하게 나타났다. 그러나 태양흑점 사이클의 고점과 저점은 제조업 및 총생산량이 고점과 저점 **이후에** 나타났다. 이런 패턴을 [그림-54]에서 볼 수 있다.

물론 가상으로 설정한 원인(흑점 수 그 자체)이 결과(경기 상승)를 따를 수는 없다. 그래서 가르시아-마타와 샤프너는 흑점 수의 변화율이 원인일 수 있다고 추론했다. 아닌 게 아니라 그 **변화율**([그림 54]의 B)을 경제지수([그림 54]의 C)와 비교하면 두 곡선이 딱 맞아떨어진다.

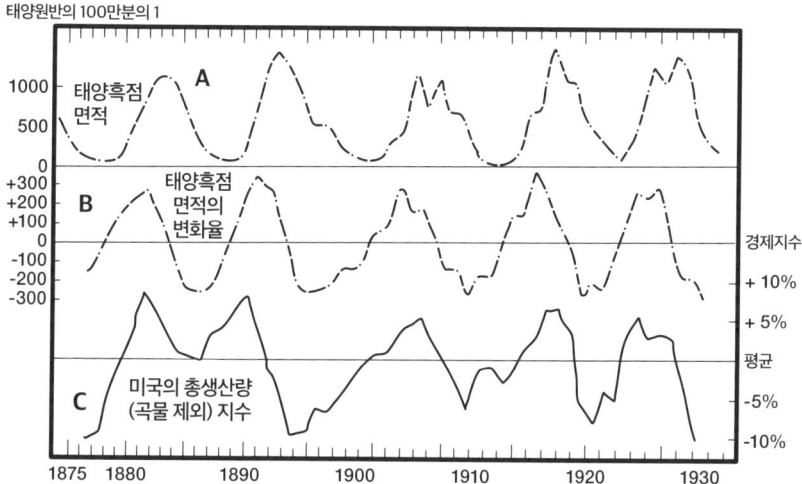

[그림-54] 태양흑점과 제조업, 1875-1931년

태양흑점 면적 그리고 태양흑점 면적을 미국의 제조업 생산량과 비교했을 때의 변화율 차이. 모든 수치는 4년 이동평균으로 평활화한 것이다. B와 C 사이의 상관성이 매우 높다는 사실에 주목해라.

1881년에 영국의 천문학자 노먼 포그슨Norman Ro. Pogson도 태양흑점의 숫자와 인도의 곡물 가격 사이의 밀접한 상관성을 추적했다.

1919년에 엘스워스 헌팅턴은 태양복사의 변화가 인간에게 영향을 미치고, 또 따라서 더 나아가 경제 상황에 영향을 미친다는 발상을 다듬어나갔다. 그가 세운 가설은 일반적인 믿음, 즉 경제가 먼저 영향을 받고 그다음에 이런 경제적 조건이 사람들에게 영향을 미친다는 믿음과 반대되는 것이었다.

1936년에 하버드대학교의 천문학자 로링 앤드루스Loring B. Andrews는 지난 200년 동안에 태양흑점의 활동과 전쟁, 국제 위기 그리고 불경기 사이에 상관관계가 명백하게 존재했다는 사실에 주의를 기울였다. 그리고는 이런 일들 및 그 밖의 태양-지구 사이의 상관성이 나타난 것은 태양복사의 강도가 강해졌거나 자외선이 많이 방출되었기 때문일 수 있다고 추정했다. 그리고 이 두 가지 태양 현상 모두 태양흑점 활동과 관련이 있으므로 자외선의 변화가 경제적인 상관성과 사회학적인 상관성 두 가지를 모두 설명할 수 있는 한층 더 합리적인 원인이라고 느꼈다.

1965년에는 투자 상담가 찰스 콜린스Charles J. Collins가 '태양흑점의 활동이 주식시장에 미치는 영향에 대한 조사An Inquiry into the Effect of Sunspot Activity on the Stock Market'라는 글을 발표했다. 이 글에서 그는 1871년 이후로 주식시장에서 여러 차례 나타났던 큰 폭의 주가 하락은 통계적으로 보면 태양흑점의 수가 평균적으로 50개에 도달하거나 그 기준을 초과한 해 또는 그다음 해에 나타났다고 지적했다.

지체된 시간

지구와 태양 사이의 이 중요한 연결고리에 관한 의문에 대해서는 아직 결정적인 판단이 내려지지 않았다. 당혹스러운 한 가지 사실 때문에 아무런 결론도 내릴 수 없다. 예를 들어서 살펴보자.

앞서 6장에서 우리는 러시아의 뛰어난 과학자 알렉산더 치체프스키가 했던 발견을 살펴보았다. 지구상에서는 집단 흥분성이 한 세기에 아홉 개의 파동으로 꾸준히 변동한다는 발견이었다. 치체프스키가 수행한 연구는 72개국의 역사와 통계를 아우르는 것이었다.

치체프스키는 자신이 산출한 집단 홍분성 지수가 11.11년 사이클이라는 특징적인 형태로 나타날 뿐만 아니라 이 사이클이 그리는 파동들의 고점이 태양흑점 활동의 고점과 일치하는 경향이 있음을 발견했다.

1960년에 나는 40년 전 치체프스키가 사용할 수 없었던 태양흑점 데이터를 동원해서 그의 연구를 철저하게 조사했다. 그리고 이 작업 끝에 나는 태양흑점 활동이 최대로 나타나는 해를 치체프스키의 집단 홍분성 지수와 비교했을 때, 태양흑점 사이클의 고점이 그의 지수 사이클 고점보다 평균 약 1년 **뒤에** 나타난다는 사실을 발견했다.

이렇게 지체되는 시간, 즉 시차는 지구에서 나타나는 여러 현상의 사이클을 태양흑점과 비교할 때 종종 나타난다. 일반적으로 말해서 태양흑점 사이클은 기간과 관계없이, 그 사이클이 유발하는 지구에서의 사이클이 나타난 **뒤에** 나타난다. 이럴 수가, 결과가 먼저 나타나고 그 뒤에 원인이 나타나다니!

어떤 요인이 태양에서의 사이클과 지구에서의 사이클을 동시에 유발하지만, 태양에서의 사이클이 반응하는 시간이 지구에서의 사이클이 반응하는 시간보다 더 긴 게 아닐까?

그렇다면, 지구에서 일어나는 일을 유발하는 것은 태양흑점의 수 그 자체가 아니라 그 수의 변화율이라고 했던 가르시아-마타와 샤프너의 주장이 옳을까?

지구상에서 주기가 같은 사이클이라고 하더라도 적도에 가까울수록 고점 위치가 점점 더 늦어지는 경향이 있고 또 태양흑점은 보통 태양의 저위도에서 발생하기 때문에 지구에서의 사이클과 태양에서의 사이클을 연관지을 때 이런 점을 고려해야 하지 않을까?

태양 활동과 지구에서 나타나는 현상 사이에 어떤 연관성이 있다는 증거는 자극적이기는 하지만 아직은 확정적이지 않다. 그러나 새롭게 밝혀지는 사실들 덕분에 우리는 지금 태양흑점의 수수께끼를 푸는 단서에 점점 더 가깝게 다가서고 있다. 이 새로운 단서들 가운데 하나를 벨전화연구소Bell Telephone Laboratories의 앤더슨C. N. Anderson이 밝혀냈는데, 그가 전개한 논리적 추론은 다음과 같다.

태양흑점의 주기는 7년에서 17년 사이에서 늘어나기도 하고 줄어들기도 하지만 평균적으로는 11.11년이다. 태양흑점은 보통 쌍으로 발생한다. 태양흑점은 자성을 지닌다. 태양흑점 주기의 한 사이클에서 양극의 흑점은 북반구에 나타나고 음극의 흑점은 남반구에 나타난다(일반적으로 흑점은 태양의 적도 부근에서 발생한 다음에 극쪽으로 이동하면서 사라진다-옮긴이).

그런데 다음 사이클에서는 이 상황이 역전되어 북반구의 흑점이 음극을 띠고 남반구의 흑점이 양극을 띤다. 그러므로 모든 것이 처음 상태에서 다시 시작하기까지는 두 개의 태양흑점 사이클이 필요해진다. 그래서 태양흑점 이중 사이클의 주기는 22.22년이 된다([그림-55] 참조).

대안적인 맞보기 사이클을 가진 태양흑점 수의 특정한 평균적인 사이클들의 주기는 여러 행성이 태양을 기준으로 일렬로 늘어설 때의 (이런 현상을 '태양 중심 행성 결합heliocentric planetary conjunction'이라고

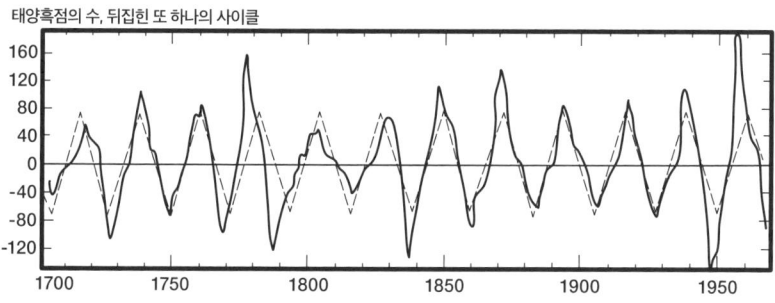

태양흑점의 수와 반전된 11.11년 사이클

부른다)('행성 결합'은 천문학에서 두 개 이상의 행성이나 천체가 하늘에서 매우 가까이 보이는 현상을 말한다-옮긴이) 평균적인 주기와 긴밀하게 연관된다. 만약 추가 연구를 통해 이런 연관성이 실제로 존재한다는 사실이 입증되면, 모든 종류의 태양 폭발에서 비롯되는 임박한 위험을 안고 우주여행 시대로 접어들 때 태양계 역학에 대한 우리의 지식이 중요하게 늘어날 것이고, 또 태양흑점의 통상적인 수를 예측하는 우리의 능력도 크게 강화될 것이다.

태양 상수

스미스소니언협회의 찰스 애벗 박사는 기상학자들과 과학자들을 상대하며 '태양 상수solar constant'(태양 상수는 지구 대기권 상부에서 단위 면적당 수신되는 태양 에너지를 나타내는 값-옮긴이)는 말 그대로 일정한 상수가 아니라 주기적으로 변동하는 값임을 설득하는 일에 일생의 대부분을 바쳤다.

'태양 상수'는 지구에서 평방센티미터당 수신되는 태양 에너지이다. '상수'라는 이름에서도 알 수 있듯이 이것은 거의 변화 없이 일정한 고정값을 가진다. 그러나 여러 해 동안 이 '상수' 값을 측정하는 작업을 한 끝에 마침내 그 측정치에 일정한 변동이 있음을 확인하고는 거기에다 '움푹 팬 곳dent-like depressions'이라는 이름을 붙였다.

이 미세한 증감의 기복은 273개월 주기, 즉 23년에 가까운 주기로 변동하는 것으로 보였다. 그러나 전체 값의 1~2퍼센트밖에 안 되는 이 미세한 오르내림이 기상학자들에게는 심각한 장애물이었다. 왜냐하면 그들은 애벗이 주장한 것과는 달리, 그 미세한 오르내림이 날씨를 바꾸어놓을 수 있을 만큼 충분히 크다고 믿지 않았기 때문이다.

애벗은 태양 상수의 사이클을 과거로 되짚어보는 작업을 한 끝에 이 사이클이 과거에 나타났던 여러 가지 기상 조건과 일치한다는 사실을 발견했다([그림-56] 참조). 그 후 그는 자신의 273개월 사이클을 토대로 계산한 강수량이나 기온의 추이를 도표로 작성하기 시작했고([그림-57] 참조), 또 이 작업을 54개 기상 관측소에 대한 장기 계산으로 이어갔다. 그는 50년이 넘는 연구 기간에 수많은 논문을 발표했는데, 그가 자신의 주장을 뒷받침하기 위해 정리한 증거의 양은 어마어마하다.

아르헨티나 기상청의 수석 예보관이었던 헨리 클레이턴William H. Clayton은 애벗이 태양 상수 변화 관련 연구를 알게 된 후 태양복사와 기압의 변화 사이에도 그와 비슷한 상관성이 있음을 발견했다([그림-58]

참조). 그는 자신의 연구 결과를 광범위한 장기 기상 예측에 적용했다.

아르헨티나를 제외하고는 그 어떤 나라도 정부 산하의 일기예보 서비스에서 이처럼 태양의 변화를 고려하지 않았다. 그러나 애벗이 했던 연구가 나중에 언젠가는 각광을 받으리라고 생각한다.

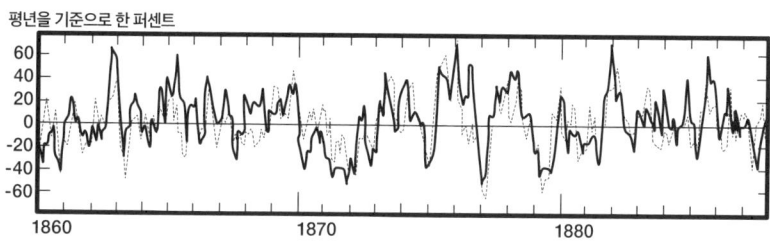

[그림-56] 애벗이 작성한 세인트루이스 강수량 사이클, 1860-1887년

실선은 세인트루이스 강수량이 통상적인 수준에서 얼마나 벗어났는지를 나타낸다. 점선은 같은 기간에 나타났던 여러 개의 사이클을 애벗이 조합한 것이다.

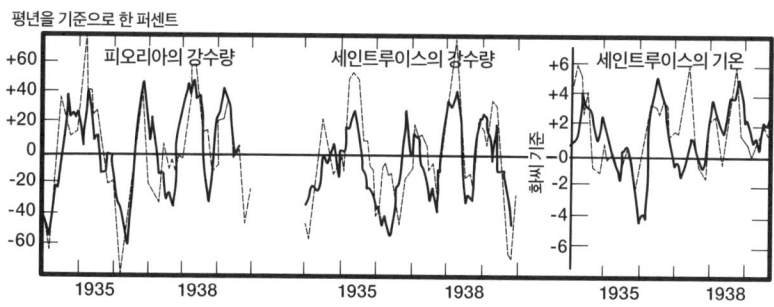

[그림-57] 그 밖의 여러 가지 기상 사이클, 1934-1939년

실선은 피오리아와 세인트루이스 강수량 및 세인트루이스의 기온이 통상적인 수준에서 얼마나 벗어났는지 나타낸다. 점선은 같은 기간에 나타났던 여러 개의 사이클을 애벗이 조합한 것이다.

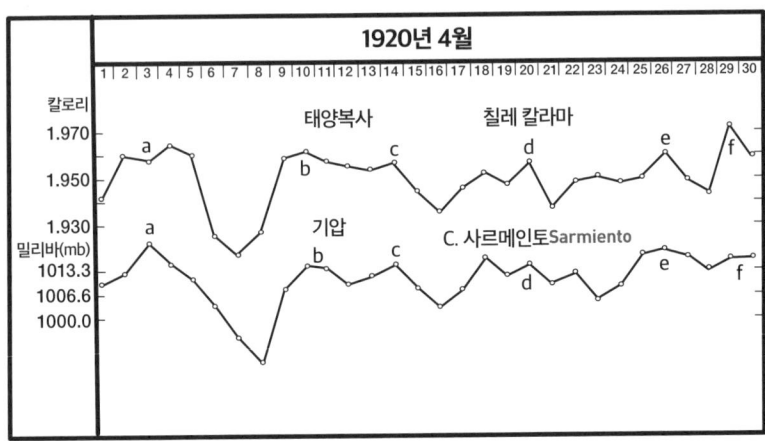

[그림-58] 칠레 칼라마에서의 태양복사, 1920년 4월

동일한 기간의 태양복사와 대기압 사이에는 밀접한 상관성이 있다는 사실에 주목해라(이는 클레이턴의 주장을 따른 것이다).

달에서 나타나는 사이클들

닐 암스트롱Neil Armstrong과 에드윈 올드린Edwin Aldrin이 인류 최초로 달에 발을 디디기 전에도 이미 우리 '지구인들'은 달을 '일곱 번째 대륙'이라고 불렀다. 그러나 지구의 표면을 잔잔하게 떠다니는 여섯 개의 대륙 가운데 그 어느 것도 달이나 달에서 나타나는 사이클이 우리 지구인의 삶에 미치는 영향을 흉내 낼 수 없다.

질량으로만 따지면 태양이 달의 2,600만 배나 되지만 태양은 달보다 지구에서 389배나 멀리 떨어져 있기 때문에 달은 태양의 2.5배나 되는 큰 힘을 지구와 지구인에게 미친다. 이 힘이 얼마나 엄청나게 센지는 조수의 변화에서 가장 잘 드러난다. 달이 24시간 50.5분 주기로 우리 지구를 돌면서 지구의 대부분 지역에서 만조와 간조가 12시간 25.25분마다 교차한다. 달이 끌어당기는 힘이 얼마나 센지는 브런즈윅의 펀디만Bay of Fundy에서 볼 수 있는데 수백만 갤런이나 되는 바닷물을 들어 올려서 수위가 15미터씩이나 높아진다. 인체의 많은 양도 물이다. 그렇다면 달의 사이클이 당신이나 나를 '들어 올릴지' 모른다고 추정하는 것이 얼토당토않은 추론이라고 할 수 있을까?

달과 관련된 주요 사이클은 방금 언급한 일日 단위 사이클을 제외하고도 세 가지가 있다. 첫 번째는 지구 주위를 공전하는 월月 단위 사이클이다. 이 사이클의 주기는 태양을 기준으로 해서 29.53039일이다.

달은 타원형 궤도를 그리면서 지구 주위를 도는데, 이때 지구의 위치는 이 타원의 중심부에 가깝다. 이 타원은 서툴게 던져진 럭비공처럼 흔들거리는 모양인데, 지구가 이 타원을 처음 시작한 지점으로 되돌아가기까지는 31년 하고도 (윤년 여부에 따라) 이틀 또는 사흘이 걸린다. 이 궤도의 축은 흔들리기도 하지만 또 궤도 자체가 조금씩 시계 반대 방향으로 돌다가 3,232.6일, 즉 8.85년 지나면 제자리로 돌아온다.

우리 우주비행사들을 보거나 그들이 쓴 글을 읽으면 알겠지만, 달이 지구 주위를 도는 공전 궤도는 지구가 태양 주위를 도는 공전 궤도와 정확히 같은 평면에 있지 않다(약 5도 차이가 난다고 한다-옮긴이). 달과 태양을 옆에서 바라보면, 음력을 기준으로 해서 보름 동안에는 달이 지구-태양 평면보다 조금 위에 있고, 나머지 보름 동안에는 그 평면보다 조금 아래에 있다. 두 개의 공전 궤도가 만들어내는 두 개의 평면이 만나는 선을 교점선line of nodes이라고 하는데, 이 교점선은 18.6년에 한 번씩 원래 자리로 돌아간다.

인간은 달에 대한 지식을 조수의 변화 및 바닷물 수위 예측에 활용하는 데서 시작해서 지금까지 커다란 발전을 이루어왔다. 그러나 이 수준은 지구와 달 사이에 존재할 수 있는 또 다른 여러 관계를 탐색하는 과정의 초입일 뿐이다. 지금까지 바닷물에서뿐만 아니라 대기에서도 달의 힘에 영향을 받는 주기적인 변화가 존재하는 것으로 알려져 있다. 지자기geomagnetism나 전파장radio-field 강도는 달의 사이클에 따라 변화하는 것으로 보이며, 또 지각의 움직임도 달의 위치와 관련이 있는 것으로 보인다. 모스크바는 도시 전체가 달이 잡아당기는 힘에 반응해서 하루에 두 차례씩 거의 50센티미터 가깝게 오르내리는 것으로 추정된다.

아직 비록 완전하고 확실한 답을 내지는 못했지만, 달이 우리 인류가 놓인 물리적 환경에 미치는 영향을 과학자들이 집중적으로 연구하고 있다. 심지어 달과 관련된 민간전승까지도 탐구하기 시작했다. 미국 농무부는 달이 어떤 특정 단계에 있을 때 작물을 심으면 이 작물의 성장과 수확량이 어떤 영향을 받는지 연구하고 있다. 이 연구 결과에 따르면 지금까지는 그 둘 사이에 아무런 관련이 없다지만, 민간전승에서는 관련이 분명히 있다고 말한다. 열대 지방의 목재는 반드시 달이 올바른 단계에 있을 때 벌목해야 한다고 사람들은 말한다. 예컨대 달이 점점 차는 시기에 벌목하면 수액이 많이 흘러서 벌레들이 꼬이고 그래서 목재가 상한다는 것이다. 그래서 남아메리카와 남양제도에서 체결

되는 벌목 계약에는 흔히 달이 점점 이울어지는 시기에만 벌목 작업을 해야 한다고 명시한다.

이런 현상은 나무에서 나타나는 전압 변화를 연구했던 색스턴 버의 연구를 떠올린다면 놀라운 일이 아니다(본문 73쪽 참조-옮긴이). 버는 나무의 줄기에 수십 센티미터 간격으로 작은 구멍을 여러 개 뚫은 다음 그 구멍들을 전선으로 연결했다. 전류가 그 전선을 따라 흘렀고, 버는 이 전류 흐름을 분 단위로 기록하는 작업을 여러 해 동안 진행했다. 그런데 이 전류의 흐름이 때로는 평균보다 높고 때로는 평균보다 낮았다. 전류와 전압 모두 일정하지 않았지만, 수 킬로미터나 멀리 떨어져 있는 나무들 사이에서는 같은 세기의 전류가 같은 시간대에 같은 방향으로 흘렀다!

전압의 변화는 규칙적인 사이클로 진행되며, 관찰된 사이클들 가운데 하나는 달의 변화 단계와 관련이 있는 것으로 보인다. 물론 달이 지구의 여러 현상에 미치는 영향은 직접적일 수도 있고 간접적이거나 이차적일 수도 있다.

프랭크 브라운 교수가 새싹이 막 돋아나기 시작하는 감자 조각들을 어둠과 압력이 일정하게 유지되는 조건에서 밀봉한 채로 두고 관찰했던 실험을 기억하는가(본문 87쪽 참조-옮긴이)? 이 실험을 통해 무엇보다도 감자가 산소를 소비하는 리듬의 변화가 달의 변화와 관련이 있다는 증거가 확인되었다. 산소 소비 비율은 초승달 무렵에 가장 낮았고 달 사이클 주기의 3/4 시점에서 고점을 찍었다.

이는 식물도 달이 변화하는 단계에 어느 정도 대응한다는 사실을 보여주는 확실한 증거이다. 비록 지구-달 시스템에 대한 연구가 아직 초기 단계에 있지만, 식물에 달 사이클이 존재하는 것만큼은 분명하다. 달이 지구에 미치는 영향을 연구하는 작업은 맨 먼저 조수에서 시작해서(이에 대한 사실관계는 이미 분명하게 규명되었다) 그 밖의 다른 물리적 측면(예를 들면 공기, 지자기 등)으로 이동했고, 그다음에 식물과 동물로 이동하고, 마지막으로 인간에게 초점을 맞추는 것이 논리적이다. 왜냐하면 인간은 자기가 환경의 힘에 영향을 받는다는 사실을 쉽게 인정하지 못하고 망설이기 때문이다!

바다와 해변에서 여러 가지 달 사이클이 나타난다는 것은 명백한 사실이다. 그 가운데서도 가장 고전적인 사례로 꼽히는 것이 남태평양의 팔롤로벌레(갯지렁이과이며 성체는 길이가 약 40센티미터로, 전체적으로 지렁이보다 가늘고 길다-옮긴이)이다. 미식가들이 사랑하는 이 벌레의 꼬리 부분에 있는 길쭉한 자루에는 생식세포가 가득 들어 있는데, 번식기에 이 부분이 산호의 구멍에 박혀 있던 벌레의 몸으로부터 분리된다. 이렇게 분리된 꼬리 부분이 바다 표면으로 떼를 지어 떠오른다. 그런데 10월과 11월의 마지막 4분의 1 기간 중 이틀 동안 이른 아침에만 이런 일이 일어난다. 팔롤로는 그때가 달의 사이클이 마지막 4분의 1 시점을 지나고 있을 때라는 사실을 어떻게 알까? 그것도 음력 13개월 가운데 단 두 달 동안에만 말이다('음력 13개월'은 윤달을 포함한 계산이다-옮긴이).

캘리포니아 해변에서는 해마다 4월과 5월에 작은 식용 물고기인 색줄멸(그루니언)이 백사장을 뒤덮는다. 그런데 이 물고기들은 달과 태양이 협력해서 2주 간격으로 가장 높은 만조를 만든 뒤에만 이렇게 한다.

암컷 색줄멸은 해변의 젖은 모래에 구덩이를 얕게 파고 그곳에 알을 낳는다. 그런데 이 알은 다음 차례의 만조가 되어도 조수에 쓸려가지 않고 계속 남는다. 그러다가 대략 15일이 지나서 다음 차례의 가장 높은 만조가 올 때쯤에 맞춰서 알이 부화하고 치어는 그 만조를 타고 바다로 돌아간다.

도대체 어떤 힘이 수위가 가장 높은 만조 때 해변의 백사장에 알을 낳도록 색줄멸을 유도할까? 그 물고기들은 어떤 밀물이 가장 높은 곳까지 올라가는지 어떻게 정확하게 알까? 수위가 가장 높은 만조가 아닐 때 백사장에 알을 낳았다면 다음 차례나 다다음 차례의 밀물에 알이 쓸려버려서 종족 보존에 실패할 텐데, 이런 일을 어떻게 그 물고기들이 예상했을까?

달이 인간에게 미치는 영향은 인간종의 의식 깊은 곳에 묻혀 있다. 예를 들어보자. **광기**lunacy라는 단어가 사용된 것은, 달 사이클 가운데 특정한 시점에 발생하는 특정한 형태의 광기를 달이 유발한다는 믿음이 널리 퍼져 있었기 때문이다('Luna'는 달의 여신이고, 'lunar'은 달의 형용사형이다-옮긴이).

사람들은 흔히 몽유병이 보름달의 영향으로 발생한다고 믿는다. 또 달이 사람들에게 미치는 낭만적인 영향이 작곡가들에게 수입의 원천이 되었음은 분명하다. 이런 전통적인 여러 믿음 외에도 달이 인간 활동에 미치는 영향을 입증하는 과학적인 증거는 많다. 1950년에 나는 달이 차는 기간과 달이 이우는 기간에 태어난 출생아의 숫자를 각각 요약해서 발표했다. 관련 기록은 1939년부터 1944년까지의 기간에 작성되었으며, 이 기록을 제공한 사람은 서던캘리포니아감리교병원의 관리자였던 커티스 잭슨Curtis Jackson이었다. 그 기간에 그 병원에서 태어난 아기들 가운데 달이 차는 기간에 태어난 아기가 달이 이우는 기간에 태어난 아기보다 17퍼센트 더 많았다. 몇몇 해에는 이 비율 차이가 무려 25퍼센트까지 늘어났다.

이렇게 되는 이유는 무엇일까? 이것이 달과 성욕 또는 생식 사이의 어떤 인과관계가 있음을 암시하는 데 그칠까? 아니면, 성욕 또는 생식에 달이 차고 이우는 현상에 조응하는 어떤 규칙적인 리듬이 있다는 뜻일까? 이 질문에 대한 대답은 의학 분야에, 즉 사이클 연구 분야 바깥에 있다. 우리로서는 이런 질문 외에는 할 수 있는 게 없다. 물리학과 실험이 그 질문에 대답해야 한다.

윌리엄 피터슨William F. Petersen 박사는 내가 평생 알고 지낸 사람들 가운데서 진정으로 위대한 인물이었다. 그는 기본적으로는 의학자였다. 하지만 그는 세균학과 면역학에 대한 지식을 더 많이 습득해야 한다고 생각했을 뿐만 아니라 어떤 사람을 온전하게 이해하려면 그 사람을 그 사람이 속한 환경과 연결지어서 파악하는 작업을 최대한 해야 한다고 느꼈다. 그는 우주가 사람에게 미치는 여러 영향이 아무리 미미하더라도 그런 것들을 반드시 중요하게 고려해야 한다고 생각했다.

피터슨은 달이 사람에게 미치는 영향을 연구하면서 다양하고 중요한 통계를 달 사이클의 여러 단계와 비교해서 상관성을 확인했다. 그가 살펴본 통계로는 사망 대비 임신의 비율, 성홍열 발생, 간질 발작, 결핵으로 인한 사망 등이 있다.

결핵으로 인한 사망은 확실히 달 사이클과 관련이 있어 보였다. 이 사망자들은 보름달 이후 증가했다. 하지만 이것은 단 하나의 요인일 뿐이다. 사실 어떤 사망 사례에서도 달이 전체 사이클 가운데서 어떤 단계에 있느냐 하는 것보다는 해당 지역의 기상 조건이나 환자의 상태, 그 밖의 다른 요인들이 훨씬 더 중요하다는 사실은 분명하다. 그럼에도 불구하고, 결핵 사망자 기록을 놓고 보면 달 사이클을 3일 이동평균으로 평활화하면 보름달 7일 후에 고점이 나타나고 보름달 11일 전에 저점이 나타난다.

달이 물리적 환경 및 동식물 모두에 걸쳐서 지구에 영향을 미치는 경향이 있음을 입증하는 증거를 연구자들은 지금도 끊임없이 축적하고 있다. 이 책에서 다루는 다른 거의 모든 주제와 마찬가지로, 내가 지금까지 제시하고 설명한 내용은 해당 주제를 간략하게 요약한 것이라서 온전하게 다루려면 한 권의 두꺼운 책에 담아야 한다.

변광성, 밝기가 변하는 별

우리가 속한 우주는 규칙적인 사이클 움직임으로 가득 차 있다. 행성들은 주기적으로 자전한다. 목성의 자전 주기는 아홉 시간 50분이고, 명왕성의 자전 주기는 6일 아홉 시간 21분이다. 모든 행성은 태양 주위를 도는 공전을 하는데, 이 움직임에서도 규칙적인 사이클이 나타난다. 수성의 공전 주기는 2.89개월밖에 되지 않지만, 거대한 타원 궤도를 그리며 태양 주위를 도는 명왕성의 공전 주기는 무려 2,981개월이나 된다. 자전과 공전에 이어 행성 사이클의 세 번째 유형으로 꼽을 수 있는 것은 두 개의 행성이 태양과 일직선을 이루는 사이클이다. 지구가 수성, 태양과 일직선을 이루는 사이클의 주기가 116일이지만, 지구가 화성 및 태양과 일직선을 이루는 사이클의 주기는 780일이다. 이런 일이 일어날 때 지구에 존재하는 것들이 어떤 영향을 받는지 알아내는 작업은 매우 훌륭한 연구 분야이지만, 지금까지 과학은 이 분야를 소홀히 하여 점성술사에게만 맡겼다. 정말 이래도 될까 싶다. 지구와 태양 그리고 다른 행성이 일직선에 놓이는 사이클의 주기에는 어떤 의미가 담겨 있을 수 있다는 암시가 이미 충분히 확인되었기 때문이다.

또 수천 개의 별도 사이클을 가지고 있다. 이 별들은 밝기가 변한다는 뜻으로 변광성變光星이라고 불리는데, 이들은 짧게는 몇 시간, 길게는 몇 년이나 되는 주기로 밝기가 변동한다. 또 이들 가운데 몇몇 별의 광도곡선(변광성의 밝기 변화를 나타내는 곡선-옮긴이)은 전형적인 지그재그 패턴으로 변동하는데, 이 패턴은 태양 및 지구에서 나타나는 여러 사이클의 특징이기도 하다.

예를 들어서 [그림-59]를 보자. 윌리엄 스킬링William T. Skilling과 로버트 리처드슨Robert S. Richardson이 출간했으며 헨리홀트출판사Henry Holt and Company가 저작권을 가진 《천문학Astronomy》에서 인용한 것이다. 도표에 나타나는 곡선은, 저자들이 언급한 별들이 마치 어떤 위대한 힘에 의해 규칙적인 시간 간격으로 밝기가 조작되는 것처럼, 규칙적인 패턴에 따라 점점 밝아지거나 점점 희미해지는 모습을 보여준다.

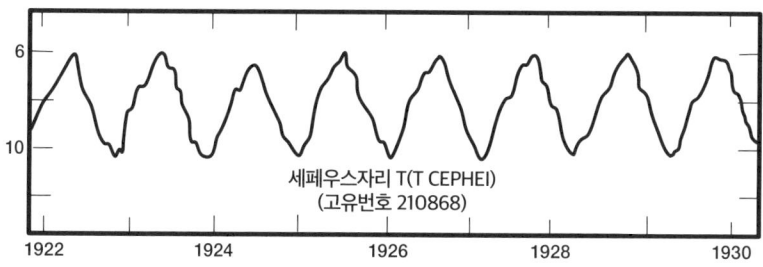

[그림-59] 어떤 변광성에서 나타나는 사이클, 1922-1930년

세페우스자리 T에서 나는 빛의 광도곡선. 이 사이클의 주기는 387일이다.

변광성은 다양한 주기로 변동한다. 가장 일반적인 주기는 0.5, 7일, 그리고 250일이다.

무엇이 변광성의 밝기가 변동하게 만들까? 지금으로서는 아무도 그 해답을 알지 못한다.

혜성의 사이클

1704년에 영국 천문학자 에드먼드 핼리Edmund Halley는 1682년에 나타났던 혜성이 1759년에 **다시 나타날 것**이라고 예측하는 논문을 발표했다. 이 예측은 적중했고, 이 혜성의 재등장 덕분에 비록 극도로 편심된 궤도를 따라서 이동하지만, 혜성들은 태양 주위를 공전하는 사이클을 가지고 있다는 사실이 확립되었다. 핼리혜성의 사이클에 따르면, 이 혜성은 1985년에 다시 나타날 예정이다(실제로 1985년에 나타났으며, 다음 차례 다시 지구에 근접하는 해는 2061년이다-옮긴이).

이름이 덜 알려진 수백 개의 다른 혜성들은 2, 3년 정도로 짧고 규칙적인 주기로 태양 주위를 돈다. 혜성이 어떻게 생겨났는지는 아무도 모르지만, 천문학자들은 지금까지 발견된 모든 혜성의 궤도 사이클을 알고 있다.

퀘이사, 펄서 그리고 사이클

1962년 이후로 두 가지 새로운 현상이 세계 천문학자들을 매료시켜 왔다.

퀘이사(우주에서 가장 밝고 강력한 전파를 방출하는 천체-옮긴이)는 은하보다는 규모가 작지만, 수백만 개의 별이 빽빽하게 들어찬 집단으로 보인다. 이것들은 전파망원경(지구 밖의 전파원電波源에서 방출되는 전파복사를 검출하기 위해 사용되는 전파수신기와 지향성指向性 안테나 장치로 구성된 기기-옮긴이)으로 처음 발견되었다. 퀘이사는 워낙 멀리 떨어져 있어서, 빛의 속도(초속 18만 6,000마일)로 이동하더라도, 그 가운데 일부의 에너지와 빛이 지구에 도달하기까지 60억 년이 걸렸다. 1966년 6월 7일 영국 조드렐뱅크천문대의 전파망원경에 기록된 신호는 지구가 존재하기 전부터 10억 년 이상 동안 우주를 여행했다.

상당히 규칙적인 파동이나 사이클을 굳이 말할 필요까지는 없을 것 같다. 퀘이사는 밝기가 변동하는 것으로 알려져 있어서 우리에게 또 다

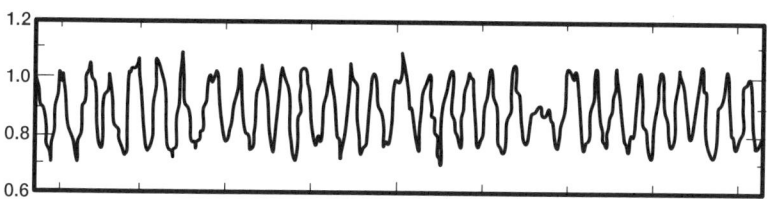

[그림-60] 어떤 퀘이사에서 나타나는 사이클

1966년 6월 7일 기록된 CTA 102 퀘이사로부터 수신한 전파 신호. CTA 102 퀘이사는 지구로부터 적어도 60억 광년 떨어져 있는 것으로 추정된다. 만일 이것이 사실이라면, 이 도표에서 변동을 유발하는 전파는 100만 년도 넘는 시간 동안, 즉 지구가 존재하기도 전부터 우주를 통과하는 여행을 했다는 뜻이다(버나드 러벌Bernard Lovell의 주장을 따른 것이다).

른 수수께끼를 제시한다. 3c 273 퀘이사가 이 신비한 측면을 보여준다. 이 퀘이사의 지름은 약 7광년인데, 이것은 전자기파가 퀘이사 전체를 가로지르기까지 7년이 걸린다는 뜻이다. 그렇다면, 하나의 퀘이사에 속한 서로 다른 별들의 밝기가 어떻게 모두 **함께** 변동할 수 있을까? 서로 수십억 마일씩 떨어져 있는 수많은 별이 언제 밝아져야 하고 또 언제 어두워져야 할지 어떻게 **알고서** 마치 크리스마스트리에 걸린 지네 전구처럼 동시에 깜박이도록 동기화될 수 있을까?

펄서pulsars는 별이 폭발한 뒤에 우주에 남은 작은 잔해로 추정되는데, 그 지름은 불과 몇 마일에 불과하다. 중성자로 구성된 입자들이 빽빽하게 들어찬 이 미니 행성들에는 매우 강력한 전파 신호를(이 신호는 흔히 광파light wave의 형태를 띤다) 우주로 쏘는 강력한 자기장이 있는 작은 영역들이 있다. 펄서가 회전할 때 이 광파가 지구 표면에 주기적으로 방출된다. 이 주기가 어떤 펄서에서는 30분의 1초로 짧고 또 어떤 펄서에서는 3.7초로 길다.

전파 상태의 품질 사이클

존 넬슨John H. Nelson은 20년 넘게 RCA커뮤니케이션즈RCA Communi-cations Systems에서 전파분석가로 활동하다가 최근에 은퇴했다. 그가 수행했던 직무는 단파 라디오 송신이 '나쁜 전파 상태poor radio weather' 때문에 중단되지 않도록, 매일 전파 상태를 예측하는 일이었다.

전파는 지구 주위를 온전하게 한 바퀴 돌지 못한다. 높이 200마일(약 320킬로미터) 상공의 지구를 둘러싸고 있는 희박기체층인 전리층에 막혀 반사되기 때문이다. 이 전리층 '천장'은 태양복사(그중에서도 특히 자외선)에 의해 생성된다. 전파 통신에 영향을 미치는 것이 전리층에도 영향을 미치는 것 같다.

우리는 아직 이 '무엇'의 정체를 모른다. 그러나 넬슨은 이것이 태양에서 바라볼 때 행성들 사이의 각도와 관련이 있음을 발견했다. 이런 상상을 해보자. 여러 개의 행성이 태양을 중심으로 제각기 다른 거리에서 공전하고 있는데, 당신이 우주에서 이 모습을 위에서 내려다본다고 치자. 그다음에는 태양에서 각 행성으로 가상의 선을 그려보자. 그러면 이 선들 사이에는 모두 서로 다른 각도가 형성될 것이다. 어느 순간, 세 개 이상의 행성과 태양을 연결하는 선들 사이의 각도가 15도 또는 15도의 배수일 때([그림-61] 참조), 그 각도들 가운데 하나가 60도,

[그림-61] 행성들 사이의 각도 관계

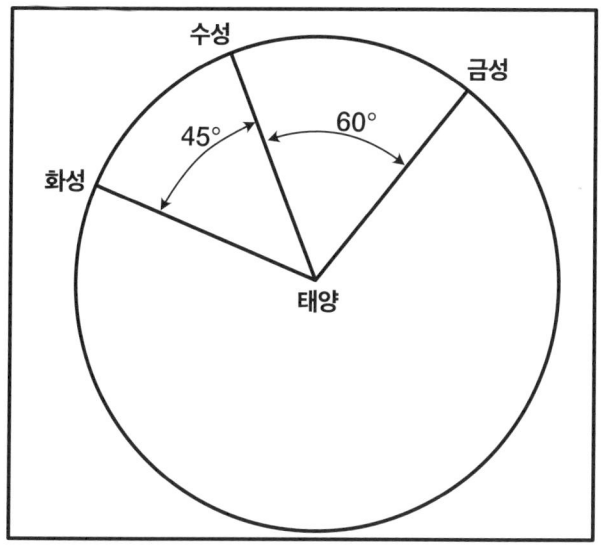

이 도표는 태양을 중심으로 할 때 수성은 금성에서 60°(15°의 네 배), 화성은 수성에서 45°(15°의 세 배) 그리고 금성에서 105°(15°의 일곱 배) 떨어져 있음을 보여준다. 이 구성은 전파 전달의 품질에 영향을 준다.

90도, 120도, 혹은 180도라면 전파 전달의 품질에 영향을 준다.

　이런 교란이 의미가 있을 만큼 크려면 세 개의 행성 가운데 적어도 둘은 빠르게 움직여야 하고 나머지 하나는 상대적으로 느리게 움직여야 한다. 중요한 교란을 위해서는 적어도 두 개의 빠르게 움직이는 행성과 한 개 이상의 느리게 움직이는 행성이 반드시 존재해야 한다. 수성, 금성, 지구 그리고 화성이 빠르게 움직이는 행성이고, 목성, 토성, 천왕성, 해왕성 그리고 명왕성이 느리게 움직이는 행성이다(명왕성은 1930년에 발견되었지만, 2006년에 행성의 기준이 수정되면서 태양계의 행성 지위에서 퇴출되었다-옮긴이). 가장 빠르게 움직이는 행성이 '방아쇠' 행성으로 일컬어진다. 아주 간단하다. 하지만 모든 것은 여전히 매우 신비롭고, 존 넬슨John Nelson도 행성들의 특정 각도 관계가 왜 기상 교란과 연관되는지 자신도 모른다고 솔직히 인정한다. 하지만 그런 연관성이 있다는 사실만큼은 분명하다.

  넬슨의 연구는 사이클 지식을 바탕으로 한 예측의 또 하나의 성공적인 응용 사례였다. 내가 마지막으로 받은 보고서에 따르면, 그는 1967년 한 해 동안에 사이클 지식을 바탕으로 해서 1,460개의 예측을 했다. 그런데 이 예측의 정확도는 무려 93.2 퍼센트였다! 그는 단파 전파의 교란 사이클과 행성들의 사이클 사이에 타이밍과 기간 면에서 상관성이 있음을 발견했다. 이 발견은 사이클 관련 지식이 없다면 전혀 예상하지 못했을 (어떤 현상에 대한) 원인이나 그 가능성을 보여주는 사례다. 우리는 그가 밝혀낸 이런 행성 사이클들과 지구에서 일어나는 다른 현상들 사이에 상관성이 존재하는지 여부를 알아야 한다. 예를 들어서 날씨에 또는 식물이나 동물이나 사람에 그런 사이클이 있는지 알아야 한다.

  이제 당신은 우리가 안고 있는 수수께끼의 범위가 얼마나 넓은지 짐작할 수 있을 것이다. 이 수수께끼의 단서는 이 세상 또 이 우주 어디에나 있다. 지구에 널려 있는 온갖 물웅덩이와 호수와 바다에 널려 있는 단세포 생물에서부터 60억 광년이나 떨어진 곳에서 빛과 에너지를 규칙적인 사이클로 뿜어내는 저 먼 우주의 퀘이사에 이르기까지 어디에나 있다.

이 세상에 그리고 '저 먼 바깥에' 있는 이 모든 규칙적인 움직임이 그저 우연의 일치일 뿐일까? 이 '단서'들 가운데 일부를 한데 모아서, 우리가 확보한 것들이 도대체 무엇인지 알아보자.

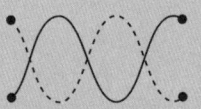

13

궁극적인
단서를
발견하다

"지금까지 일어난 일에 대한 지식이 많으면 많을수록, 앞으로 무엇을 해야 할지 아는 능력에서 발휘되는 힘은 그만큼 더 커진다."

- 벤저민 디즈레일리Benjamin Disraeli

CYCLES

지난 30년 동안 우리 사이클연구재단이 수집하고 보존한 사이클 관련 모든 증거는 이 재단의 도서관에 정리되어 있다. 내가 아는 한 사이클과 관련해서 다양한 자료가 세상에서 가장 많은 곳이 바로 이 도서관이다. 이 도서관에서 자료는 크게 세 가지 범주로 분류되어 있다.

우선 데이터 및 연구조사 범주에는 수천 개의 '시계열time series' 수치가 정리되어 있다. **계열**series은 수치들이 일정한 순서대로 배열된 것이고, **시계열**은 수치들이 시간 순서대로 배열된 것이다. 예를 들어서 '1864년 이후 미국의 연평균 밀 가격'이 바로 이런 시계열이다. '1967년 1월 1일 이후 보스턴의 일평균 기온'도 마찬가지다. 여기에 기온 대신 지진, 나이테 폭의 두께, 지질학적 퇴적물, 강수량, 온도, 기압, 오로라, 태양흑점, 행성의 위치, 전쟁 횟수, 동물의 개체수, 질병, 물가, 생산량, 작물 수확량, 교통량, 무역량 등을 넣을 수 있다.

지금까지 남아 있는 기록 가운데는 수백 년 전으로 거슬러 올라가는 게 많다. 어떤 기록은 천 년 전까지 거슬러 올라간다. 전쟁, 태양흑점의 수, 지질학적 퇴적물, 특정한 나무의 나이테 폭, 오로라, 지진 등의 기록은 기원전으로 거슬러 올라간다. 이 범주에는 또 우리가 이 일련의 수치를 대상으로 해서 오랜 시간에 걸쳐 수작업으로나 컴퓨터를 동원해서 했던 모든 연구조사 작업에서 비롯된 논문들도 포함되어 있다.

두 번째 범주는 다른 사람들이 했던 사이클 관련 연구를 기록하고 모아둔 것이다. 여기에는 규칙적인 사이클 움직임이 관찰된 수백 가지 현상에서 다양한 주기의 사이클을 포착하고 보고한 수천 건의 기사와 스크랩 그리고 책이나 과학잡지에 실린 논문이 포함된다.

만약 누군가가 검보라는 음식의 가격 변동에서 6년 주기가 나타난다고 썼다면(또는 그런 게 **없다고** 누군가가 썼다면), 우리 도서관에서 그 글의 유무를 확인할 수 있다. 이 범주로 분류된 각 항목은 과학 분야별로 교차 목록화되어 있다. 그러므로 어떤 논문이 날씨, 지진, 태양흑점 그리고 물가에서 특정한 주기의 사이클이 존재한다고 주장한다면, 이 내용은 기후학, 지질학, 천체물리학 그리고 경제학에서 모두 따로 언급되고 또 각각의 분야에서 상호참조하도록 표시되어 있다. 거꾸로, 만일 어떤 사람이 지질학적 사이클에 관심이 있다면, 이 사람은 상호참조 부분의 지질학 부문을 찾아, 도서관이 소장한 자료 가운데서 지질학적 사이클과 관련된 모든 논문명을 검색할 수 있다.

마지막으로, 우리 도서관의 세 번째 범주가 가장 흥미롭지 않을까 싶은데, 여기에서는 기본적으로 상호관련성, 특히 주기의 원인을 드러낼 수 있는 상호관련성을 다룬다.

어떤 사람이 뱀은 자외선에 노출될 때 활동성이 높아진다는 사실을 발견했다면, 이 논문은 이 세 번째 범주에 보관된다. 지구에 도달하는 자외선이 특정한 주기의 사이클을 가지고 있고, 어떤 생물학적 현상이 그에 상응하는 사이클을 갖는다는 사실이 발견된다면, 그와 관련된 **어떤 메커니즘**을 어렴풋하게나마 파악할 수 있을지 모른다.

만약 전파 상태의 품질이 행성의 운행 및 각도 관계에 따라서 변동한다면, 아마도 다른 어떤 움직임들도 그 방식에 따라 변동할 수 있다. 우리는 독립적으로 존재하는 이 두 개의 현상이 어떤 메커니즘으로 서로 이어져 있는지는 알 수 없어도, 어떤 메커니즘이 분명 존재한다는 사실만큼은 알 수 있다. 또 행성들이 서로 특정 각도 관계를 가질 때 발생하는 모든 일의 결과가 지구에 나타나도록 전달하는 메커니즘은, 멀리 떨어진 주기적인 에너지의 힘들을 지구로 전달하는 메커니즘일 수도 있다. 여기에 대해서는 더 알아볼 가치가 있다.

나는 우리 도서관의 세 번째 범주에 분류된 그 모든 이상한 상관성에 대해서도 많은 이야기를 할 수 있다. 예를 들어, 전파 송신탑 근처에서 비둘기를 풀어놓으면, 동서남북의 방향을 아무리 잘 파악하는 비둘기라고 하더라도 방향감각을 잃어버린다는 사실, 내가 어떤 사람과 가까운 곳에 서 있으면 그 사람의 손에서 머리로 향하는 전류의 흐름이 방해를 받는다는 사실, 또 다우징 막대가 인공적인 전자장에 반응해서 움직인다는 사실 등이 그런 것들이다. 이런 주장들 가운데는 추가 검증이 필요한 것도 있지만, 그렇다고 하더라도 그 모든 주장은 흥미롭다.

또, 이런 주장들은 아무리 사소한 전자기력이라고 하더라도 생리적으로나 심리적으로 사람들에게 매우 중요한 영향을 미칠 수 있음을 시사한다.

동물학 연구에 동물 목록이 중요한 것과 마찬가지로 사이클 연구에서는 사이클의 온전한 목록이 중요하다. 그래서 우리 도서관에는 특정 사이클의 세부적인 사항을 상세하게 일러주는 수천 장의 색인 카드가 마련되어 있다. 이 색인 카드가 점점 더 많아짐에 따라서 우리는 끝없이 계속되는 비교 사이클 연구comparative cycle study 프로그램을 시작할 수 있었다.

우리가 하는 연구 작업에 관한 한 비교 사이클 연구는 **가장 중요한** 부분이다. 우리는 모든 현상에서 나타나는 사이클들을 **비교해서** 그것들 사이에서 어떤 유사점이 있는지 또 어떤 관계가 가능할지 탐색한다. 예를 들어서, 메뚜기 개체수가 17년 주기의 사이클로 변동한다는 사실 자체는 우리에게 흥미롭지 않다. 그러나 이런 사실에 덧붙여서, 사과 수확량도 역시 17년 주기의 사이클로 변동한다면 어떨까? 당연히 우리는 흥미를 느낀다. 이 일치는 그저 우연일 뿐일까? 아니면 메뚜기와 사과나무 모두에게 영향을 미치는 무엇인가가 대기 중에 존재할까? 만일 그런 게 존재한다면 그것의 정체는 무엇일까? 또 그것은 어떻게 작동할까?

만약 어느 하나의 사이클이 독특해서 다른 어떤 사이클과도 주기가 같지 않다면, 우리가 이 사이클에 관심을 가질 일은 별로 없다. 사람의 머리카락을 예로 들어보자. 머리카락이 자라나는 모공의 형태가 주기적으로 바뀔 때 곱슬머리가 만들어진다. 그러나 여러 사람을 대상으로 그 사이클을 연구해도 사람들 사이에서 어떤 상관성이 나타날 것이라고 상상할 이유는 없다. 만약 그럴 이유가 있다면, 나는 흥미를 느꼈을 것이다. 하지만 그렇지 않기 때문에, 나는 단지 이런 일을 그저 흥미로운 사실로만 기록할 뿐이다.

하지만 **서로 전혀 관련이 없는 현상들**에서 주기가 같은 사이클을 발견할 때마다 우리는 그 가운데 하나가 다른 하나의 원인일 가능성이 있다거나, 그 두 현상이 공통의 원인에 따른 결과일 가능성이 있다는 생각에 바짝 긴장한다. 물론 모든 종류의 현상에서 수많은 사이클이 주장되는 상황에서, 순전히 우연에 의해서만 동일한 주기의 사이클이 존재하는 게 아니라면 이건 충분히 놀라운 일이다.

여러 가지 사이클의 주기가 무작위적이고 서로 아무런 관련이 없다면, 각 주기별 사이클의 수는 고르게 분포될 것이다. 예컨대 15년 사이클의 숫자가 16년 사이클의 숫자와 거의 비슷할 것이라는 말이다. 그런데 만약 서로 전혀 관련이 없는 현상에서 특정 주기의 사이클이 유독 많다면, 이 사실을 어떻게 해석해야 할까?

예를 들어, 이른바 9.6년 사이클을 놓고 생각해보자. 여기에 속하는 현상의 사례는 다음 페이지의 표에서 보듯이 37개나 나열되어 있다.

이 모든 다양한 움직임이나 현상의 주기가 동일하다는 사실이 과연 그저 우연일 뿐일까? 그렇게 생각하는 게 논리적일까? 아니면, 이것들 대부분에 어떤 연관성이 있다고 보아야 할까?

자연과학 및 사회과학 현상에서 나타나는
9.6년 또는 9.7년 사이클들

과학	현상	기간(년)
포유동물학	색깔여우 개체수(캐나다)	9.7
	코요테 개체수(캐나다)	9⅔
	크로스여우 개체수(캐나다)	9.7
	물고기 개체수(캐나다)	9⅔
	스라소니 개체수(캐나다)	9.6
	담비 개체수(캐나다)	9⅔
	밍크 개체수(캐나다)	9⅔
	사향쥐 개체수(캐나다)	9.6
	토끼 개체수(북미)	9.6
	붉은여우 개체수(캐나다)	9.7
	은여우 개체수(캐나다)	9.7
	스컹크 개체수(캐나다)	9.7
	얼룩이리 개체수(캐나다)	9.7
	야생동물 개체수(캐나다)	9.6
어류학	연어 어획량(캐나다)	9.6
	연어 개체수(영국)	9.6
조류학	참매 개체수(캐나다)	9.7
	들꿩 개체수(캐나다)	9.6
	매 개체수(캐나다)	9.6
	부엉이 개체수(캐나다)	9.6
	자고새 개체수(캐나다 및 미국)	9.6
곤충학	애벌레 개체수(뉴저지)	9⅔
	긴노린재 개체수(일리노이)	9.6
	진드기 개체수(일리노이)	9.6
연륜연대학	나이테의 폭(애리조나)	9.6
농경학	밀 재배 면적(미국)	9.6

기후학	기압(파리)	9.7
	대기의 오존 함량(런던 및 파리)	9⅔
	강수량(전 세계)	9.6
	스톰트랙 변화(북미)	9.6
	자기 값(magnetic value)	9.6
수문학	강물 흘러넘침(인도의 리한드강과 손강)	9⅔
의학	인간 심장의 질병 발병(뉴잉글랜드)	9⅔
	야토병 발병(캐나다)	9.6
사회학	전쟁(국제 전투)	9.6
경제학	면화 가격(미국)	9.65
	금융위기(영국)	9.6

사이클들의 동시성

자, 이제 우리는 드디어 문제의 핵심에 다다랐다.

당신도 확인했듯이, 지난 30년 동안 우리는 놀랍도록 정확한 규칙성 아래에서 변동하는 것처럼 보이는 사이클들을 무수하게 많이 발견했다. 이 사이클들 가운데 어떤 것들은 기원전부터 이어져왔는데, 이것들의 리듬은 그 어떤 전쟁, 공황, 혁명, 불경기, 산업 변화 그리고 과학 발전을 거치면서도 중단되지 않고 거의 계속되었다.

우리는 어떤 계기로 리듬이 왜곡되었지만 우리로서는 알 수 없는 이유로 예전의 리듬을 회복하는 사이클들을 발견했다. 우리는 처음 발견된 뒤로 계속해서 반복되는 사이클들을 발견했다. 우리는 서로 관련이 없는 많은 현상에서 동일한 주기와 모양을 가진 사이클들을 발견했다.

우리는 사이클들이 적도에 가까운 곳에서 발견될수록 고점이 점점 더 늦게 나타난다는 사실을 발견했다. 또 우리는 사이클이 모든 주기에서 균등하게 분포하는 것이 아니라 특정한 주기에 집중되어 나타난다는 사실을 발견했다.

우리가 확인한 이 모든 모자이크 조각이 사이클이라는 것이 존재할 수 있음을 일러주는 단서였을까? 그렇다.

이것들이 모두 사이클이 존재한다는 증거였을까? 아니다. 어쩌면 우리는 그저 숫자놀음만 했을지도 모른다. 어쩌면 그 모든 게 그저 우연이었을지도 모른다.

그래서 우리는 동일한 주기의 모든 사이클을 한층 더 자세히 살펴보기 시작했고, 우리가 발견한 사실은 나뿐만 아니라 사이클의 실재를 의심했던 많은 과학자에게도 확신을 심어주었다.

마침내 궁극의 단서가 드러났다!

우리는 **주기가 동일한 모든 사이클은 동시에 돌아가는 경향이 있음**을 발견했다! 이 사이클들은 동시에 움직인다.

서로 무관한 현상에서 우연히 같은 주기를 발견하는 것만으로도 드문 일이다. 그런데 길이가 같을 뿐만 아니라 전환점까지 일치한다면? 이는 훨씬 더 놀라운 일이다. 더욱 놀라운 점은 주기가 동일한 모든 사이클이 같은 방식으로 움직인다는 사실이다. 5.91년 사이클들은 모두 서로 밀접하게 맞물려서 돌아갔고, 9.6년 사이클들도 자기들끼리 함께 움직였다. 이 사실은 실제로 존재하지만 무작위적이지 않은 움직임을 우리가 다루고 있다는 이례적으로 강력한 증거였다.

자, 그럼 이제부터는 심사대에 나와 함께 나란히 앉아서 소리 없는 북소리에 맞춰 진행되는 그 증거들의 행진을 지켜보라. 하지만 이때 우월감을 느끼면 안 된다. 왜냐하면 당신도 그 북소리에 맞춰서 행진하고 있기 때문이다. 당신도 그 행진에 참여하고 있는 사람이다.

가장 의미 있는 증거

앞으로 보게 될 내용은 굳이 따로 설명할 필요가 없다. [그림-62]부터 [그림-66]까지 다섯 개의 그래프가 있는데, 각각은 동일한 주기를 가진 모든 사이클들의 타이밍과 그 이상적인 전환점을 보여준다. 각각의 사이클을 관측한 기간도 적어두었다. 이 사이클들을 정리하면서 이상적 패턴에 정확하게 들어맞지 않는다는 이유로 제외한 사이클은 단 하나도 없음을 미리 밝혀둔다. 더 나아가, 새로운 사이클들이 발견될 때 이 사이클들은 거의 예외 없이 주기가 비슷한 다른 사이클들과 동일한 시기에 작동한다.

주기가 동일한 사이클 집단에서는 파동 전개의 타이밍이 놀라울 정도로 서로 일치한다는 사실은 거기에 우연이 작동했을 가능성이 거의 없음을 시사한다. [그림-62]부터 [그림-66]을 보면 알 수 있듯이, 각 사이클 파동의 파장에서 시간이 특정된 모든 현상에서 입증된 동시성 synchrony은 어떤 논리를 들이대더라도 우연이라고 볼 수는 없다.

이 다섯 개의 그림을 자세히 살펴보면, 적지 않은 현상이 일반적인 것과 반대로 역전되어 있음을 알 수 있다. 이 특정한 사이클들은, 동일한 주기의 다른 사이클들이 고점일 때 저점을 찍고 반대로 고점일 때는 저점을 찍는다. 이 경우, 고점이나 저점의 동시성이 아니라 전환점의 동시성이 유지된다고 볼 수 있다. 이것은 어떤 것들은 본성상 다른 것들과 정반대라는 뜻이다. 예를 들면 기온이 높을 때는 난방유 판매량이 줄어들고, 작물의 수확량이 높을 때는 이 작물의 가격이 낮아진다. 또 노동생산성이 높을 때는 도산하는 기업의 수가 줄어든다.

나는 사이클에 대한 개인적인 판단을 여러 해 동안 유보해왔다. 그러다가, 사이클들은 수백 년 아니 심지어 수천 년 동안 지속된다는 사실을 발견하고 나서야, 또 특정한 주기를 가진 사이클들은 거의 모두가 동시에 돌아간다는 사실을 확인시켜주는 비교주기 연구를 수행하고 나서야 비로소 나는 적어도 그런 움직임들 가운데 일부가 갖는 중요한 의미를 확신하게 되었다.

관찰된 **모든** 우연의 일치가 무작위적인 힘들이 빚어낸 결과일 수도 있다는 추론은 말도 안 된다.

그 신비로운 수수께끼는 허구가 아니라 실재다!

[그림-62] 5.91년 사이클들의 행진

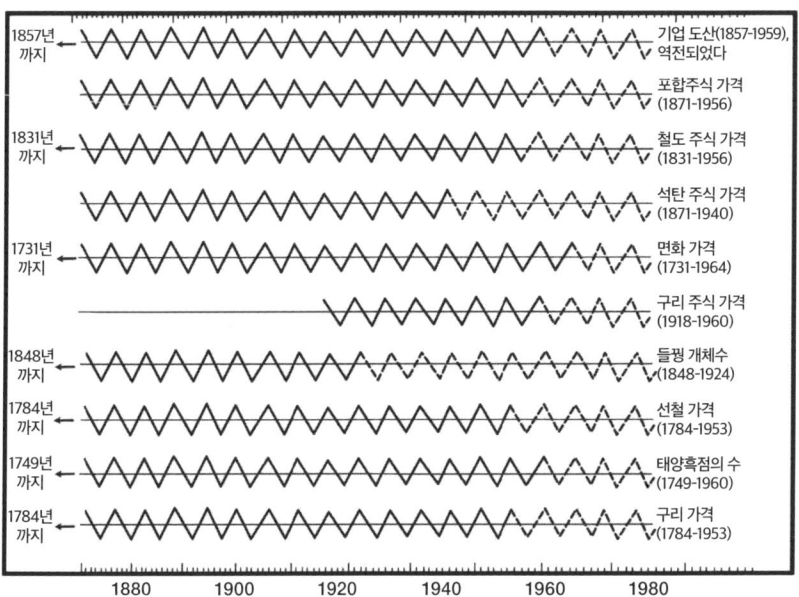

완벽하게 이상적인 고점의 타이밍을 보여주는 도표이다. 이 그림 및 그다음 그림에서도 고점이 거의 동시에 나타난다는 사실에 주목해라. 이런 사실은 매우 흥미로운 관계를 시사한다.

[그림-63] 8년 사이클들의 행진

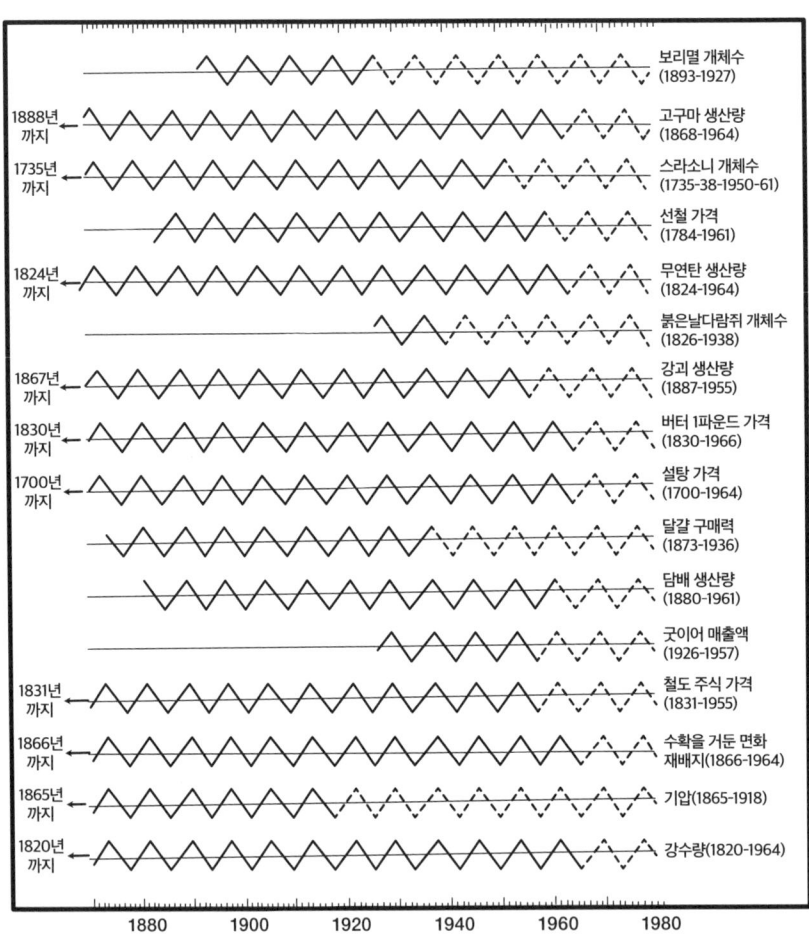

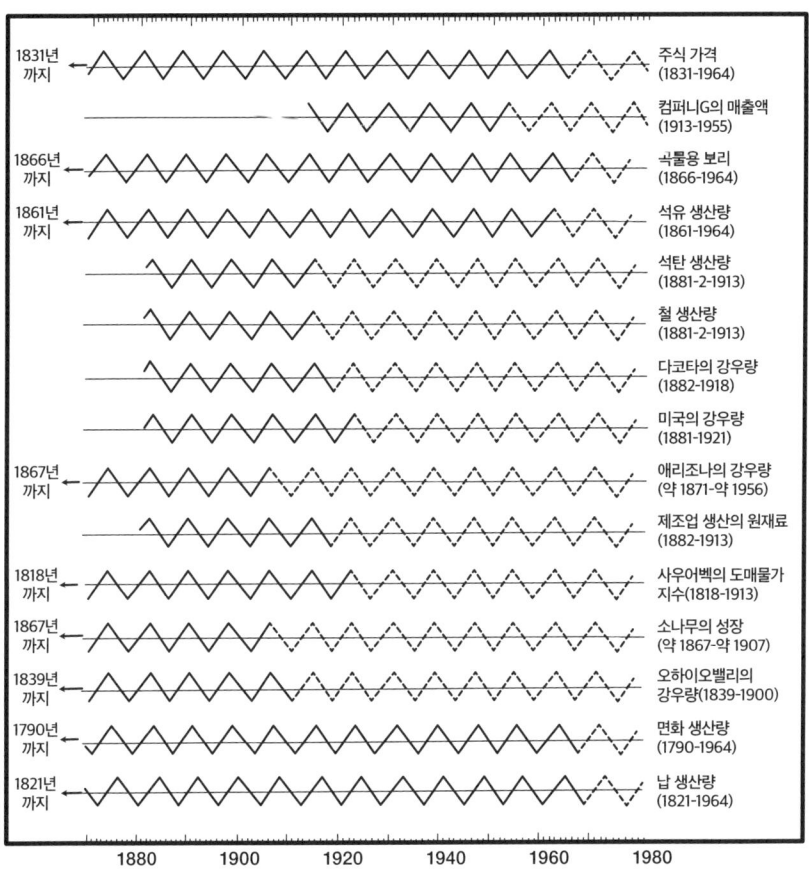

13장. 궁극적인 단서를 발견하다

[그림-64] 9.2년 사이클들의 행진

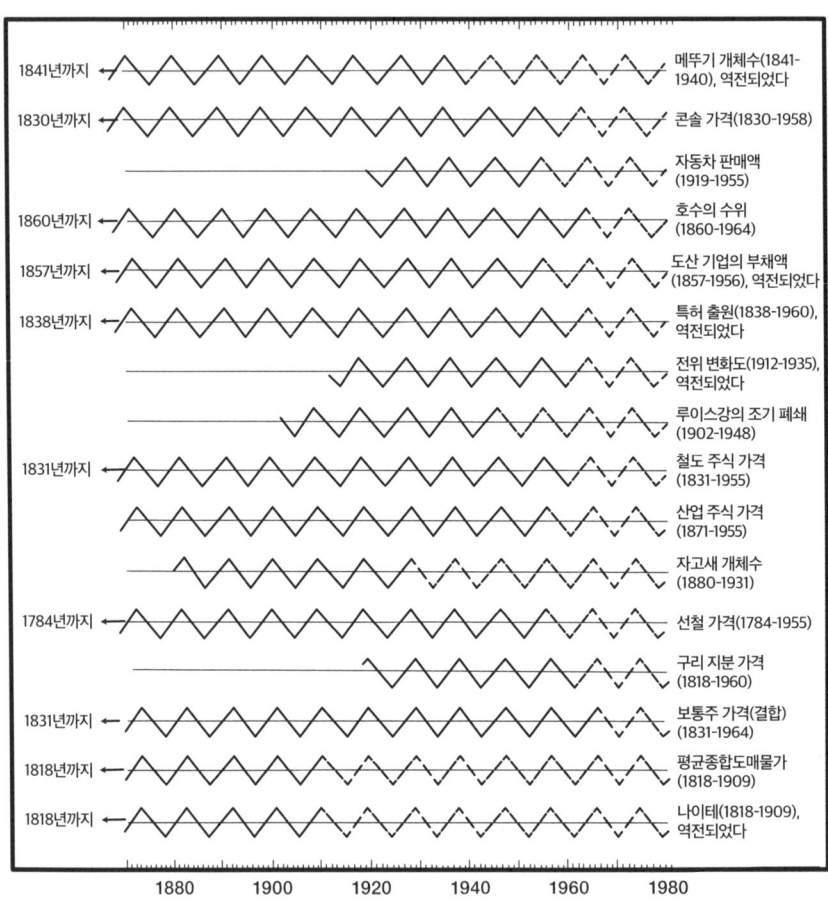

[그림-65] 9.6년 사이클들의 행진

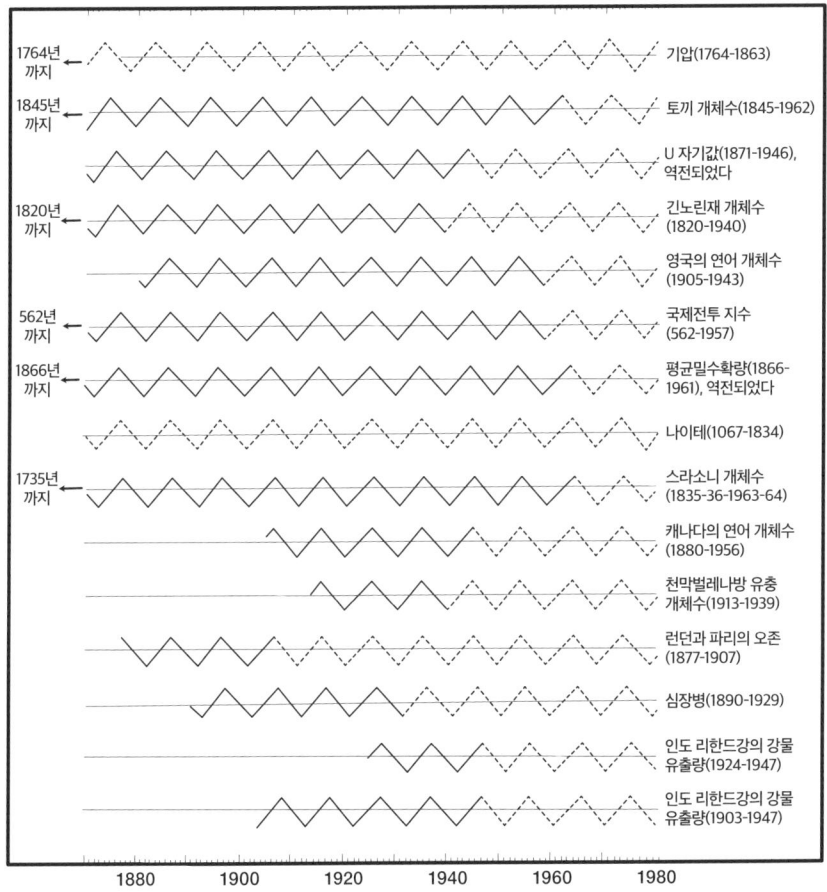

13장. 궁극적인 단서를 발견하다

[그림-66] 18.2년 사이클들의 행진

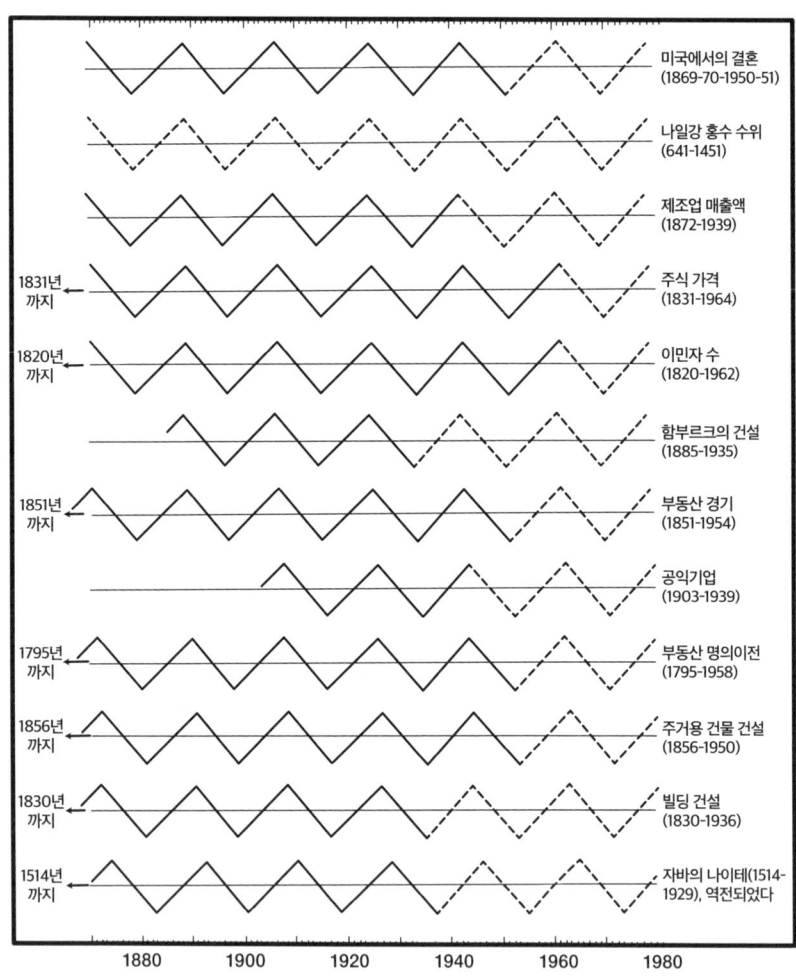

14

우리가 해야 할
긴급한 질문

"위대한 발견이나 개선에는 늘 수많은 사람의 협력이 전제된다. 사람들이 나를 보고 위대한 업적을 쌓았다고 칭찬할지 모르지만, 나는 다르게 생각한다. 내가 거둔 성취를 바탕으로 이루어진 후속 발전을 보면 그 업적의 공은 내가 아니라 다른 사람들에게 있다고 느낀다."

- 알렉산더 그레이엄 벨Alexander Graham Bell

CYCLES

티코 브라헤Tycho Brahe라는 이름이 당신에게는 낯설지도 모르겠다.

브라헤는 덴마크의 천문학자로 1601년에 사망했는데, 이때는 망원경이 발명되기 7년 전이다. 그러니까 망원경이 없던 시기에 그는 덴마크 해안 근처에 있던 개인 소유의 섬 천문대에서 20년이 넘는 세월 동안 달과 행성을 관찰하며 연구했다. 그가 죽고 나자 그가 오랜 세월 관찰하며 정리했던 자료들은 모두 그의 조수였던 요하네스 케플러Johannes Kepler에게 돌아갔다.

브라헤는 생전에 이론 하나를 개발했는데, 달과 태양은 정지된 지구 주위를 돌지만 다른 모든 행성들은 태양 주위를 돈다는 것이었다.

브라헤의 이 이론이 나중에 틀렸다고 판명되었지만, 케플러는 브라헤가 정리한 노트와 관찰 내용을 사용해서 장차 천문학계의 이정표가 될 행성운동법칙planetary laws of motion을 정리했다.

나중에 케플러는 자기가 한 그 기념비적인 발견에 상기되어서 "하느님은 자기가 한 일을 우리 인간 가운데서 누군가가 온전하게 이해하기까지 6,000년을 기다린 게 아닌가!"라고 썼다.

나는 브라헤와 케플러라는 두 명의 위대한 천문학자를 향해서 늘 존경심과 겸손함을 가지고 있는데, 그러면서도 티코 브라헤가 걸었던 길과 똑같은 길을 내가 걸어온 것은 아닐까 하는 느낌에 종종 사로잡히곤 한다. 그런데 따지고 보면 나는 다음과 같은 나의 절박한 질문에 대한 해답을 찾기 위해서 브라헤가 걸었던 세월보다 10년이나 더 긴 세월 동안 그 길을 걸어왔다.

"지구상에 존재하는 인간 및 그 밖의 생명체 그리고 심지어 생명이 없는 물질에까지 영향을 주지만 아직은 알려지지 않은 어떤 환경적 힘이라는 게 있을까? 만약 있다면 그것들은 무엇이며, 또 그것들은 어떻게 작동할까?"

내가 기울였던 탐구의 노력은 헛되지 않았다.

최근 몇 년 사이에 사이클 연구에 대한 관심이 엄청나게 높아졌다. 이런 사실을 지켜보면서 나는 커다란 만족감과 함께 약간의 자부심을 느낀다. 우리의 사이클연구재단이 피츠버그대학교 소속으로 정리된 뒤로 다른 여러 대학에서도 비교사이클연구소 또는 그와 비슷한 연구 센터를 만들고 싶다는 의사를 표해왔다. 이런 모습들은 우리가 최근에 우주와 관련해서 발견한 것들이나 시도하는 것들에서 촉발된 신선한 바람이 아닐까 싶다.

인간 세상에서 일어나는 온갖 사이클 관련 지식이 예전보다 훨씬 늘어나긴 했지만 미래를 온전하게 이해할 수 있는 수준에는 아직 도달하지 못했다. 어쩌면 그 수준에는 영원히 도달할 수 없을지 모른다. 설령 우리가 사이클과 관련해서 알려진 모든 것을 안다고 하더라도 그 지식은 커다란 전체 그림 가운데 그저 작은 하나의 조각에 지나지 않을 것이기 때문이다. 조수 변화에 대해서 인간이 기울였던 정교한 연구를 생각해보라. 이에 대한 천문학적 근거가 놀라울 정도로 정확하게 계산되었지만, 조석력에 대한 가장 주의 깊은 예측조차도 바람 때문에 빗나가는 경우가 자주 발생한다. 아닌 게 아니라 먼 미래에 바람이 어떻게 불지는 전혀 예측할 수 없다.

그럼에도 사이클 패턴에 대한 예측은 지금까지 알려져 있는 다른 예측 방법에 의한 예측보다 더 먼 미래에 대해서 그리고 더 큰 신뢰성 속에서 정확하게 맞아떨어진다.

그래서 우리는 우리의 긴급한 질문에 계속해서 매달리는데, 이 질문은 사실 다음 세 가지 질문으로 나뉜다.

(질문-1) '저 먼 바깥에 존재하며' 사이클을 유발하는 것은 무엇일까?
(질문-2) 놀라울 정도로 규칙적인 이 외부의 힘들이 어떻게 지구에 전달될까?
(질문-3) 인간과 동식물에 영향을 주는 이 메커니즘의 정체는 무엇일까?

우리는 여전히 '저 먼 바깥에 존재하며' 그 모든 다양한 주기로 역선

力線, lines of force(일정한 배열로 공간을 채우고 있는 보이지 않는 힘의 거미줄-옮긴이)을 바꾸어놓거나 끊어버리는 것이 무엇인지 알지 못한다. 그러나 과학은 우주시대에 접어들면서 질문-2와 질문-3에 대한 최소한의 부분적인 대답을 제공하는 데 커다란 진전을 이루었다.

이제 우리는 태양계 전체가 하나의 전자기장 속에서 작동한다는 사실을 알고 있다. 따라서 우리는 '저 먼 바깥'에서 일어나는 일이 지구에 있는 우리에게 **영향을 미칠 수 있고 또 실제로 미친다**는 것을 안다.

그러나 사이클 연구라는 관점에서 볼 때 훨씬 더 중요한 사실은, 전자기장이 식물과 동물의 생명에는 말할 것도 없고 무기화학 반응에까지도 영향을 미친다는 증거가 빠른 속도로 쌓이고 있다는 점이다.

끝없는 탐구

전 세계 다양한 분야에서 활동하는 소수의 뛰어난 과학자들이 사이클의 위대한 미스터리를 풀기 위한 탐구 여정에서 커다란 기여를 해왔다.

예일대학교의 해럴드 버 교수가 나무의 전위가 주기적으로 변동한다는 사실과 무려 30마일(약 48킬로미터)이나 떨어져 있는 나무들에서조차도 그 사이클이 동일한 주기로 변동한다는 사실을 밝혀낸 일을 기억할 것이다. 나무 바깥에 존재하고 또 그렇게 멀리 떨어져 있는 두 공간에서 모두 존재하고 작용하는 어떤 것이 그 이상한 움직임을 유발하고 있음은 분명했다.

또 노스웨스턴대학교의 프랭크 브라운 교수가 일정한 빛, 온도, 습도, 기압 조건으로 밀폐된 상태에 놓여 있는 식물이나 동물의 활동도 주기적으로 변동한다는 사실을 밝혀낸 일도 기억할 것이다. 해당 실험에서 감자는 사이클의 존재를 증명하고, 이틀 뒤의 날씨 패턴까지 예측하는 반응을 보였다. 심지어 이 감자의 대사율 변동 양상은 기압에 따라 변동하지만 아직은 정체가 밝혀지지 않은 어떤 환경적 힘에 의해 결정되는 것 같다.

무엇이 이 신기하기 짝이 없는 현상을 유발할까? 아마도 감자의 성장이 날씨를 바꾸어놓으려고 하는 지구의 물리학적 힘을 감지하는 것 같다. 이 힘 또는 이 힘들이 무엇인지를 알아내기 위해서 브라운은 많은 실험을 했다. 한번은 우렁이들이 깔때기 모양의 알루미늄 관을 통과해서 조명이 골고루 비치는 공간으로 나오도록 유도하면서, 그들이 오른쪽 또는 왼쪽으로 움직이는 경향을 바닥에 놓인 격자판을 이용해서 측정했다. 그런데 이 우렁이들이 격자 위를 기어가는 각도는 하루의 시간 및 달의 변화 단계에 따라 달랐으며, 또 그 깔때기 입구 아래에 자석을 놓아둘 때는 기존의 일정한 패턴이 깨지고 다른 패턴이 나타났다. 적어도 몇몇 동물들은 미묘한 환경적인 힘들 속에서 달의 변화를 감지하는 게 분명하다. 그리고 자성磁性이 이러한 힘 가운데 하나인 것도 분명하다.

또 다른 실험에서 브라운은 평범한 플라나리아 벌레가 감마선이 약하게 방출되는 원천을 외면하려 한다는 사실과 이 벌레가 동서남북이라는 방향의 차이를 알고 있다는 사실을 발견했다. (이 벌레가 가지고 있는 이런 능력은 내가 아는 몇몇 사람들의 능력보다 낫다.)

사이클 연구의 발전에 기여한 또 다른 공헌자로는 소르본대학교의 이브 로카르Yves Rocard 교수이다. 로카르는 인간 역시 이러한 전자기력에 반응한다는 사실을 발견했다. 그는 다우징 막대를 들고서 수맥을 찾는 사람들을 쫓아다니면서, 그 막대기가 움직이는 지점에서는 실제로 자기장이 다른 장소와는 다르다는 사실을 알았다. 또 그는 반대로, 다우징 막대를 들고 있는 사람들을 몰래 인공적으로 자기장을 조성해둔 장소로 유도해서 그 막대가 움직이는지 확인하기도 했다.

심지어 무기 물질도 이런 환경적인 힘에 반응한다. 이탈리아 피렌체대학교의 지오르지오 피카르디Giorgio Piccardi 교수는 10년이라는 긴 세월 동안 40만 건 넘게 온갖 실험을 하면서, 다양한 화학 반응이 완료되기까지 걸리는 시간은 그 시점이 하루 가운데서 몇 시인지, 1년 가운데서 며칠인지, 태양흑점 사이클에서는 어느 단계인지, 또 시험관과 플라스크 안에 담긴 화학 물질이 금속 차폐막에 둘러싸여서 외부의 전자기력으로부터 보호되는지 등에 따라 달라진다는 사실을 입증했다.

이 모든 것을 함께 놓고 본다면 무슨 뜻이 될까? 너무도 명백하다! 우리는 이제 더는 "**무언가가 어딘가에서** 어떻게든 다른 무언가에 작용하고, 그것이 다시 어떻게든 우리에게 작용해서 우리가 패턴화된 방식으로 행동하게 만드는 것처럼 보인다"라고 막연하게 말하지 않아도 된다. 이제 우리는, **어딘가의 무엇인가가** 지구를 감싸고 있는 전자기장에 작용하고, 또 이 전자기장이 우리 신체의 화학 작용에 영향을 주어서 우리를 낙관과 비관 사이를, 활력과 꾸물거림 사이를, 또 전쟁을 좋아하는 마음과 평화를 사랑하는 마음 사이를 오가게 만든다고 이론적으로 정리할 수 있다.

우리 앞에는 잘 검증된 수백 개의 사이클이 있고 또 다시 연구하고 평가해야 할 수천 개의 사이클이 있다. 특정한 파장의 사이클은 무리를 지어 존재한다. 주기가 같은 것들은 거의 동일한 시간에 동일한 움직임을 보인다. 사이클들은 자기 주기를 지키면서 예정된 시각에 전개되며, 도중에 어떤 요인으로 방해를 받아서 파동 전개에 시간 차가 발생하더라도 나중에 다시 원래대로 회복한다.

새로운 과학이 우리의 손과 눈 아래에서 형성되고 있다. 새로운 광경이 거의 날마다 드러나면서 구경하러 오라고 우리에게 손짓한다. 일들이 너무도 빠르고 또 우호적으로 돌아가서 따라잡기 어려울 정도이다. 비록 우리가 아직은 '거기'에 이르지는 못했지만, 상황은 꽤 잘 마련되어 있다. 원인만 제외하면 우리의 모자이크는 비교적 완성에 가깝고, 그 원인도 시간이 흐르면 다 해결될 문제이다.

하지만 아직 해야 할 일이 많이 남아 있다. 게다가 나는 사이클의 수수께끼가 풀리기 전까지는 티코 브라헤가 가 있는 곳으로 불려가기 싫다. 그러나 하느님의 패턴에서는 나의 바람이 중요하지 않다. 만약 이 탐구를 최종적인 승리로 이끄는 것이 내가 이어갈 운명이 아니라면, 어딘가에 또 다른 케플러가 나타나길 간절히 바라는 마음뿐이다.

어쩌면, 그 케플러가 당신일 수도 있다.

어쩌면, 1941년이나 1944년이나 1958년이나 1970년에 듀이가 했던 계산 속의 일련의 수치를 손가락으로 짚어가다가 "바로 여기다. 여기에 해답이 있다!"라고 고함을 지르는 사람이 당신일 수도 있다.

우리가 안고 있는 미스터리의 해결책은 바로 가까이에 있다. 문제라면 그저 많은 노력과 시간이 필요하다는 것뿐이다.

시간. 나는 내 인생의 대부분을 그 단어와 함께 살아왔다. 나는 시간을 측정해왔다. 나는 시간을 여러 개의 조각으로 쪼개왔다. 나는 오래전에 침묵으로 돌아선 파동을 탐구하기 위해서 시간을 거꾸로 되돌려 왔다. 나는 시간을 미래로 투사해왔다.

그래도 나는 여전히 시간을 통제하지 못하고 있다. 게다가 아직도 나에게는 실행해서 끝내야 할 것이 너무도 많다.

문득 몇 년 전의 어느 졸업식에서 라인홀드 니버Reinhold Niebuhr 박사가 축사를 하면서 했던 다음 말이 생각난다.

당신이 할 만한 가치가 있는 일인데 당신 생애에 완수할 수 있는 일이란 건 없다. 그러므로 당신은 희망으로써 구원받아야 한다. 아름다우면서도 지금 당장 의미가 있는 것은 없다. 그러므로 당신은 믿음으로써 구원받아야 한다. 당신이 할 만한 가치가 있는 일인데 당신이 혼자서 할 수 있는 일이란 건 없다. 그러므로 당신은 사랑으로써 구원받아야 한다.

감사의 말

수많은 사람의 도움이 있었기에 이 책이 나올 수 있었고, 이런 사실을 인정하고 말할 수 있다는 게 나에게 얼마나 큰 즐거움인지 모른다.

클레멘트앤제시스톤재단W. Clement and Jessie V. Stone Foundation이 지원해준 50만 달러 덕분에 나는 이 책의 기반이 되는 여러 연구를 수행할 수 있었으며 또 이 책을 출판할 수 있었다.

나의 분신이라고 할 수 있는 오그 만디노는 지난 3년 동안 내가 얼기설기 엮어둔 지루하기 짝이 없는 방대한 원고를 깔끔하고 매혹적인 책으로 바꾸어놓았다.

이 책의 기반이 되는 모든 초기 연구 및 후기 연구의 대부분에 들어갔던 돈은 사이클연구재단 회원들이 낸 기부금으로 지불되었다. 회원들에게는 영원히 변치 않을 감사의 마음을 전한다. 그리고 우리 재단에서 회원 관리를 맡아서 하는 책임자로서 헌신적으로 봉사하며 특히 재단 초기에 연구 지원금으로 100만 달러가 넘는 거금을 모금한 거트루드 로슬에게도 고맙다는 인사를 드린다(사실 새로운 과학을 개척하기란 쉽지도 않을뿐더러 돈도 많이 든다).

우리 재단의 초대 회장을 역임한 코플리 에이머리는 우리 재단의 아버지이자 나에게는 제2의 아버지이기도 하다.

또 나를 사이클 연구 분야로 이끌어줬던 채핀 호스킨스를 비롯해서 파라오 시대의 요셉에서부터 20세기 영국의 베버리지 경에 이르기까지 사이클을 연구했던 수많은 사람에게도 고맙다는 인사를 드린다. 그들이 있었기에 나는 그들의 어깨 위에 올라설 수 있었다. 앞으로는 내 어깨 위에 다른 사람들이 또 올라서겠지…….

그리고 아내 캐서린을 빼놓을 수 없다. 아내는 33년이 넘는 세월 동안 저녁과 토요일과 일요일을 포기하면서까지 내가 추구하던 대의를 위해 희생했다. 아내에게 영원한 사랑과 고마운 마음을 보낸다.

아울러 다음에 소개하는 여러분들에게는 특별한 감사의 말씀을 드린다. 거의 20년에 걸쳐 많은 연구를 진행한 거트루드 셔크, 내 뒤를 이어 우리 재단의 이사장직을 맡아서 사이클을 분석할 수 있는 컴퓨터 프로그램을 고안하여 며칠씩 걸리던 작업을 단 몇 분 만에 해치울 수 있게 해준 제임스 보, 그래픽 작업을 맡고 있는 로즈마리 체이시 그리고 오랜 세월 동안 충분한 보수를 받지도 못한 채 연구 작업을 지원해준 사람들 등이 그런 고마운 분들이다.

마지막으로, 나의 조수로서 이 책의 토대가 되는 원본 자료를 함께 준비했던 매들린 윌슨과 그녀의 후임자로 지난 2년 동안 내가 짊어진 짐을 가볍게 덜어주면서 내 인생을 밝게 비춰준 셰인 루드가 나에게 베푼 도움은 가치를 매길 수 없을 만큼 소중하고 고맙다는 말을 하고 싶다.

**_에드워드 듀이,
펜실베이니아 피츠버그에서**

그림 목록

1. 사이클 다이어그램
2. 스라소니 개체수의 9.6년 사이클, 1735-1969년
3. 대서양 연어 개체수의 9.6년 사이클, 1880-1956년
4. 뇌파의 사이클
5. 감정기록표
6. 막대자석의 자력선
7. 집단으로 존재하는 인간의 흥분성, 기원전 500년-서기 1922년
8. 장로교회의 신규 신자 추이, 1826-1948년
9. 회중교회의 신규 신자 추이, 1861-1950년
10. 양심 성금 사이클, 1923-1954년
11. 미국 결혼율의 18.2년 사이클, 1869-1951년
12. 매사추세츠 사망률의 8.9년 사이클, 1865-1961년
13. 미국 이민자의 18.2년 사이클, 1824-1950년
14. 여러 범죄의 연간 사이클 (후버의 자료를 바탕으로 작성)
15. 이것이 우리가 가지고 있는 미스터리의 단서일까?
16. 제너럴일렉트릭 주문 접수량의 6년 사이클, 1896-1946년
17. 항공 운송량의 5.5년 사이클, 1930-1955년
18. 알루미늄 생산량의 6.4년 사이클 1885-1962년
19. 부동산 경기의 18$\frac{1}{3}$년 사이클, 1795-1958년
20. 담배 생산량의 8년 사이클, 1879-1958년
21. 철강 생산량의 6년 사이클, 1874-1947년
22. 주거용 건물 건설의 33개월 사이클, 1920-1955년
23. 밀 재배지 면적의 9.6년 사이클, 1868-1947년
24. 생명보험 매출액의 9년 사이클, 1858-1962년
25. 캐나디언퍼시픽철도 운송량의 9.18개월 사이클, 1903-1948년
26. 베너의 선철 가격 9년 사이클, 1834-1900년
27. 유럽 밀 가격의 54년 사이클, 1513-1856년
28. 옥수수 가격의 3$\frac{1}{2}$년 사이클, 1860-1948년
29. 면화 가격의 17$\frac{3}{4}$년 사이클, 1740-1945년
30. 영국 연철 가격의 16$\frac{2}{3}$년 사이클, 1288-1908년
31. 선철 가격의 17$\frac{3}{4}$년 사이클, 1872-1950년

32. 귀리 가격, 1950-1959년
33. 주식시장 예측
34. 추세와 사이클
35. 세 개의 사이클과 이들의 조합
36. 주식 종목의 개별성
37. 주가의 9.2년 사이클, 1830-1966년
38. 주가의 41개월 리듬, 1868-1945년
39. 41개월 리듬, 뒤집힌, 1946-1957년
40. 뉴욕 대기압의 7.6년 사이클, 1874-1967년
41. 필라델피아 강수량의 4.33년 사이클, 1820-1960년
42. 볼티모어 강수량의 4.33년 사이클, 1820-1960년
43. 휠러가 구분하는 기후의 4단계
44. 지진과 태양흑점, 1829-1896년
45. 국제적인 전투의 142년 사이클, 1050-1915년
46. 국제적인 전투의 57년 사이클, 1765-1930년
47. 국제적인 전투의 22.2년 사이클, 1415-1930년
48. 국제적인 전투의 11.2년 사이클, 1760-1947년
49. 전쟁 사이클을 결합했을 때, 1930-1970년
50. 국제적인 전투의 지수, 1820-1958년
51. 전자파 스펙트럼
52. 연도별 평균 태양흑점 수, 1700-1968년
53. 태양흑점과 지구 자기, 1835-1930년
54. 태양흑점과 제조업, 1875-1931년
55. 태양흑점 이중 사이클, 1700-1968년
56. 애벗이 작성한 세인트루이스 강수량 사이클, 1860-1887년
57. 그 밖의 여러 가지 기상 사이클, 1934-1939년
58. 칠레 칼라마에서의 태양복사, 1920년 4월
59. 어떤 변광성에서 나타나는 사이클, 1922-1930년
60. 어떤 퀘이사에서 나타나는 사이클
61. 행성들 사이의 각도 관계
62. 5.91년 사이클들의 행진
63. 8년 사이클들의 행진
64. 9.2년 사이클들의 행진
65. 9.6년 사이클들의 행진
66. 18.2년 사이클들의 행진

옮긴이 이경식

서울대 경영학과, 경희대 대학원 국문학과를 졸업했다. 옮긴 책으로는 《무엇이 옳은가》, 《넛지 파이널 에디션》, 《댄 애리얼리 미스빌리프》, 《사람을 안다는 것》, 《댄 애리얼리 부의 감각》, 《신호와 소음》, 《안데르센 자서전》, 《카사노바 자서전》, 《태평양 전쟁》 등 150여 권이 있다. 저서로는 에세이집 《인물로 바라보는 대한민국》, 《치맥과 양아치》, 《1960년생 이경식》, 《청춘아 세상을 욕해라》, 《대한민국 깡통경제학》, 《미쳐서 살고 정신 들어 죽다》, 《나는 아버지다》, 소설 《상인의 전쟁》, 평전 《나는 박완서다》, 《유시민 스토리》, 《이건희 스토리》 등이 있고, 영화 〈개 같은 날의 오후〉, 〈나에게 오라〉, TV 드라마 〈선감도〉, 연극 〈동팔이의 꿈〉, 〈춤추는 시간여행〉, 오페라 〈가락국기〉, 음악극 〈6월의 노래, 다시 광장에서〉 등의 대본을 썼다.

세상을 읽는 기술

사이클

1판 1쇄 인쇄 2025년 10월 1일
1판 1쇄 발행 2025년 10월 10일

지은이 에드워드 R. 듀이 / 오그 만디노
옮긴이 이경식
펴낸이 고병욱

기획편집실장 윤현주 **기획편집** 신민희
마케팅 황혜리 황혜린 권묘정 이보슬 **디자인** 공희 백은주
제작 김기창 **관리** 주동은 **총무** 노재경 송민진 서대원

펴낸곳 청림출판(주)
등록 제2023-000081호

본사 04799 서울시 성동구 아차산로17길 49 1010호 청림출판(주)
제2사옥 10881 경기도 파주시 회동길 173 청림아트스페이스
전화 02-546-4341 **팩스** 02-546-8053
홈페이지 www.chungrim.com **이메일** cr1@chungrim.com
블로그 blog.naver.com/chungrimpub **페이스북** www.facebook.com/chungrimpub

ISBN 978-89-352-1488-4 03300

- 이 책은 저작권법에 따라 보호를 받는 저작물이므로 무단 전재와 무단 복제를 금합니다.
- 책값은 뒤표지에 있습니다. 잘못된 책은 구입하신 서점에서 바꾸어 드립니다.
- 청림출판은 청림출판(주)의 경제경영 브랜드입니다.